시편 명상

시편 명상

함성국 지음

대한기독교서회

시편 명상

2014년 12월 30일 초판 1쇄

지은이 / 함성국
펴낸이 / 서진한
펴낸곳 / 대한기독교서회
편집책임 / 하미자

등록 / 1967년 8월 26일 제1967-000002호
주소 / 135-882 서울시 강남구 테헤란로 103길 14(삼성동)
전화 / 출판국 553-0873~4, 영업국 553-0871~2
팩스 / 출판국 3453-1639, 영업국 555-7721
e-mail / cls1890@chol.com
edit1890@chol.com
http://www.clsk.org
facebook.com/clskbooks

직영서점 / 기독교서회
종로 5가 기독교회관 1층, 전화 744-6733, 팩스 745-8064

값 16,000원 / 책번호 2146
ISBN 978-89-511-1790-9 93230

The Christian Literature Society of Korea, Seoul
Printed in Korea

머리말

필자는 2005년 10월에 대한기독교서회에서 『시편 해석』을 출판하였다. 오래 전부터 연구해오던 시편 주석을 출판하게 되어 무척 기뻤다. 시편주석은 여러 세기 전 시편 저자들이 창작한 시들이 그 당시 사람들에게 어떤 의미를 전달하려고 했는지 여러 가지 비평 방법을 통해 규명한 것인데, 과거와 현재 사이에 놓여 있는 넓은 간격을 발견하게 된다. 이런 해석학적 과제를 라이트(Wright)는 저서인 『행동하는 하나님』에서 성서신학의 과제는 성서가 기록되었을 때 "그것이 무슨 의미를 주었는지"를 규명하는 동시에 "그 성서가 주는 의미가 오늘날 우리에게 무슨 의미를 주는지"를 규명하는 일이라고 했다.[1] 『시편 해석』에서는 하나의 주석으로 시편이 기록되었을 때 고대 이스라엘 사람들에게 무슨 의미를 주었는지를 알아보는 시도였다.

그러나 이번에 출판하는 『시편 명상』에서는 시편이 오늘 우리 삶의 상황에서 무슨 의미를 주는지를 규명한 것이다. 이 과제를 수행하는 것이 주

---

1) G. Ernest Wright. *God who Acts. Biblical Theology as Recital, Studies in Biblical Theology*. no. 8(London: SCM, 1969), 37–38.

석하는 과제보다 더 힘든 감을 느낀다. 이 과제를 위해서 필자는 현재 우리가 살고 있는 세계의 정치, 경제, 사회, 종교, 문화, 일상생활 등을 잘 이해하고 파악해야만 함을 발견한다. 오늘 우리가 사는 삶의 정황을 잘 이해할 때 시편의 메시지가 현대인들에게 잘 전달될 것이다.

이 과제를 수행하는 데 다음 몇 분의 시편학자들로부터 많은 도움을 받았다. 여기서 감사의 뜻을 표한다. 첫째는, 메이스(Mays)의 『시편 해석: 교육과 설교를 위한 성서 주석』이다.[2] 메이스에 의하면, 시편은 성서(Scripture)인 동시에 제의(Liturgy), 이 두 정체성을 가지고 있다는 것이다. 시편은 성서인 동시에 예배를 위한 찬송가요, 기도서라는 것이다. 또 한 가지 요소는 시편은 고대 이스라엘의 제의적 시들이라는 것이다. 시편을 주석/주해하기 위해서는 이 세 가지 요소를 항상 염두에 두어야 한다는 것이다.

둘째는, 매캔(J. Clinton McCann)의 『시편의 책, 서론, 주석과 명상』인데, 이 책은 여러 면에서 도움을 주었다. 특히 그의 명상 부분이 시편의 근본의미를 파악하는 데 도움이 되었는가 하면, 그의 명상 부분에서 오늘 현대 문화권에서 무슨 뜻을 주는지에 많이 도움이 되었다.[3]

셋째는, 레슬리 교수(Elmer Leslie)의 『히브리 생활과 예배의 상황에서 번역되고 해석된 시편』이다.[4] 그는 궁켈, 모빙켈과 여러 학자들의 뒤를 이어 히브리 사람들의 실제적인 예배 상황에서 시의 유형에 따라 시편을 연구했다. 나는 레슬리의 양식비평에 따라 시편들을 분류 구분하여 이 책의 차례를 구성하였다.

이 머리말 마지막 부분에서는 『시편 명상』을 어떻게 구상했는지를 시

2) James Luther Mays, *Psalms*, Interpretation. A Bible Commentary for Teaching and Preaching(Louisville: John Knox, 1994).

3) J. Clinton MaCann, Jr., *Book of Psalms*, Introduction, Commentary and Reflection(Nashville: Abingdon Press, 1994).

4) Elmer Leslie, *The Psalms*, Translated and Interpreted in the Light of Hebrew Life and Worship(NY: Abingdon Press, 1949).

편 51편을 예를 들어 설명하였다. 『시편 명상』에서는 다음 셋 혹은 네 부분으로 구분하여 진행한다.

첫째는, 시편이 양식비평적으로 볼 때 어떤 시편인지를 규명하도록 한다. 51편의 경우 '참회의 기도'로서 많은 독자에게 큰 감명을 주는 참회시이다. 죄 문제를 취급하는 개인 애가이다. 이 시편의 시인은 죄에 대한 이해가 깊다. 시인은 병에서 회복되기를 갈망한다. 그러나 육체적 회복보다는 용서에 대한 영적 욕망이 더 강하다. 왜냐하면 그의 육체적 병이 그의 죄로 말미암은 하나님의 징벌의 결과라고 보기 때문이다. 교회는 일곱 참회의 시(시 6, 32, 38, 51, 102, 130, 143편) 가운데 하나로 이 시편을 선택하고 많이 애용한다. 학자들은 이 시편이 '시편'에서 가장 뛰어난 작품이라고 한다. 51편은 신앙적으로나 사상적으로 그 통찰력이 매우 깊기 때문에, 깊은 영적인 명상과 깨달음 없이는 이해하기 힘든 작품이다.

둘째 부분에서는 이 51편의 신학적 또는 신앙적 측면들을 취급한다. 51편은 죄에 대한 인간의 끊임없는 측면을 보여준다. 인간 역사를 보면 인간이 끊임없이 죄를 범한다. 성서에 나타나는 역사도 그렇고, 이스라엘 역사도 인간의 죄로 가득 차 있다. 출애굽기 33-34장을 통해서 전체 이스라엘 역사를 한눈으로 볼 수 있다. 다윗 왕조를 비롯해 그 후의 왕조들도 죄투성이다. 51편에서 제시하는 인간의 죄 문제는 매우 보편적이다. 예수님의 제자들의 경우도 마찬가지이다(마 26:56). 바울의 서신들을 통해 보는 초대교회의 경우도 같다(고전 참고). 여러 세기에 걸친 기독교 역사도 마찬가지이다. 현대 교회와 회중들의 경우도 마찬가지이다. 즉 51편은 이스라엘이나 다윗이나 또는 잘 알려지지 않은 시인에 관한 것이 아니고 우리 인간의 근본 문제를 다루고 있다.

51편이 우리에게 주는 희소식은 하나님은 죄인을 용서하신다는 것이다. 하나님의 은혜가 죄보다 더 강하다는 것이다. 하나님은 은혜로 불복종의 이스라엘과 "영원한 계약"을 맺었다는 사실이다(사 55:3). 예수님의 말씀을 순종하지 않은 제자들이 세상을 전환시키는 역사를 창조했다는 사실이다(행 17:6). 이것이 희소식이라는 것이다.

셋째 부분에서 신약성서, 특히 예수 그리스도와 사도 바울의 역사적 증언을 취급한다. 사도 바울이 51편을 잘 이해한 것으로 보인다. 바울은 로마서 3:4에 이 시편을 인용하며 인간 죄에 대한 보편성을 주장한다. 그러나 바울은 하나님의 은혜와 믿음으로 의로워진다고 증언한다(롬 3:21-31). 또한 '누구든지 그리스도 안에 있으면, 그는 새로운 피조물이고, 옛것이 지나고 새것이 된다'(고후 5:17)라고 말한다.

51편을 하나님과 화해하는 초청으로 본다. 바울이 제안하듯이 화해는 하나님의 용서의 결과로 되는 것이다. 그리하여 새로운 피조물이 되는 것이다. 51편은 죄인들이 의로움을 받는 희소식의 선언이다.

넷째 부분에서는 시편이 교회의 절기 행사들과 관련되었음을 지적한다. 51편은 죄의 용서와 하나님과의 화해의 증언으로서 이 시편은 성회 수요일(Ash Wednesday)과 사순절에 사용하면 적절하다. 하나님의 은혜의 강한 선포로서 모든 계절에 이 시편을 사용하는 것이 좋다.

필자는 위에 51편을 중심으로 한 명상 설명이 도움이 되었으면 한다. 위에서 예로 51편을 명상 절차대로 시편의 각 시편들을 명상하도록 한다.

이 『시편 명상』 출판해 주신 대한기독교서회에 진심으로 감사한다. 특히 정지강 사장님의 친절과 후원에 진심으로 감사한다. 그리고 서진한 사장님과 직원들에게 감사한 마음을 전한다.

마지막으로 필자의 학문적 활동에 많은 희생과 지원을 아끼지 않은 아내 임병대에게 진심으로 감사하며, 함영환, 영혜, 영미의 이해와 지원에 감사한다.

함성국

차례

시편 차례

제1장

서론

1. 들어가는 말

시편은 하나님께서 세상을 통치하신다고 증언한다. 모든 백성과 나라들 가운데 하나님의 뜻에 따라 정의와 공의와 평화가 실현된다고 시편은 증언한다. 많은 성서학자가 제안하듯이 시편과 신약성서는 밀접한 연관성이 있다. 시편과 신약성서는 예수님의 삶, 그분의 십자가와 부활 사건 속에서 하나님의 통치가 성취되었다고 증언한다. 이 관련성을 이 시편 서론에서 좀 더 자세히 살펴보고자 한다. 시편을 자세히 읽어보면 하나님이 세상을 통치하신다는 것을 몸으로 보여주신 예수님의 대담한 구원 사역을 미리 엿볼 수 있다. 예수님은 그의 십자가와 부활을 통해 시편이 증언하는 정의와 공의와 평화를 구현하셨다. 이제 시편을 여러 비평 방식으로 고찰한 후 각 시편이 말하는 의미를 신학적으로 접근하도록 한다.

20세기에는 역사비평 방식으로 시편을 읽었다. 이 역사비평을 통해 시편은 이스라엘의 경건한 이의 기도이기도 하지만, 고대 이스라엘이 예배에서 사용하였다고 보기도 한다. 그러나 시편이 성전 예배에서만 사용된 것은 아니다. 시편은 하나님에 대한 인간의 반응만을 기록하고 전달한 것이 아니다. 인간에게 주신 하나님의 말씀으로 보존되고 또 전달되었다. 탄원자들이 하나님께 그들이 고통을 부르짖으며 불평하고 애원하며 도움을 구하는 말씀을 드리는가 하면 그러한 탄원과 애원에 응하여 하나님께서 그 탄원자에게 말씀을 주기도 하셨다. 그 탄원자들에게 주신 하나님의 말씀은 모든 인간에게 적용되는 것이다. 인간이 드리는 탄원과 애원에 호응하여 하나님은 탄원자에게 당신의 말씀을 주셨다. 시편은 차일즈(Childs)의 말처럼 하나의 성서이다. 기독교인의 구체적인 삶 속에 주시는 말씀으로 보자는 것이다. 이스라엘 전통 시가는 하나님의 말씀으로 현 세대뿐만 아니라 후 세대에 큰 의미를 줄 것이라고 차일즈는 강조한다.[1)]

시편은 거룩한 말씀(Holy Scripture)으로 보존되어 전해 내려왔다. 시편은 하나님을 향한 인간의 간증이고 또한 인간에게 주신 하나님의 말씀이다. 시편을 이렇게 하나님의 말씀으로 이해하면서 양식비평을 비롯한 여러 비평 방법을 사용해 시편이 그 당시 어떤 의미를 주었으며 또한 오늘 우리에게 어떤 의미를 주는지 알아본다. 여러 비평적 연구를 통해 시편이 어떤 상황(Sitz im Leben)에서 사용되었는지를 알아보는 것이고, 또한 우리의 삶의 자리에서 어떻게 읽혀야 하는지를 묻는 것이다. 그러면 시편의 비평 연구사를 간단히 알아보도록 한다.

2. 시편의 비평 연구사

지난 2-3세기 동안 성서학자들은 시편 표제에 나타난 인물들을 중심해서 연구했다. 다윗의 이름이 표제에 73번이나 나타나 표제가 없는 시편

1) Brevard Childs, "Reflections on the Modern Study of Psalms," in *Magnolia Dei*, Mighty Acts of God: Essays in Memory of G. Ernest Wright. ed. F. M. Cross, W. B. Lemke, P. D. Miller, Jr.(Garden City, NY: Doubleday, 1976), 385.

들도 다윗이 쓴 것으로 취급했다. 그러나 19세기 비평적 연구 학자들이 등장하여 이러한 가정을 의심하기 시작했다. 20세기 초에는 시편이 경건한 개인들의 산물이라고 보았다. 학자들은 시편을 역사-문학적 비평 방법으로 곧 역사적으로 또 문학적으로 고찰했다. 어떤 역사적 상황에서 생겨나고 사용되었는지 규명하려고 한 것이다. 그 당시 학자들은 대부분 시편을 후기(3/2세기 BC) 작품으로 보았다. 대개의 시편들은 고대 이스라엘 예배 의식에서 사용되기보다는 후기 개인의 영적 자료로, 찬송과 기도로 사용되었다고 보았다. 이러한 학자들의 연구를 벨링거(Belinger)는 개인/역사적 방법이라고 했다.[2] 그러나 근래에 와서 학자들은 이러한 역사비평 방법을 포기하고 양식비평 방법을 채택하기 시작했다.

1) 양식비평(Form Criticism)

20세기 초 독일 학자 헤르만 궁켈(Hermann Gunkel)은 역사비평이 충분하지 않다고 생각하여 양식비평을 통해 시편 연구에 큰 공헌을 했다.[3] 궁켈은 제의 활동, 즉 노래, 춤, 환호, 제사, 기도 등이 시편과 연관이 있음을 발견했다. 그의 결론은 시편이 이스라엘 공중 예배와 밀접한 관계가 있다는 것이다. 그리고 시편들을 그 양식(Form)에 따라 구분하여야 한다고 주장했다. 즉 시편들은 그 양식에 따라 찬송시, 감사와 신뢰시, 개인과 공동체 애가, 감사시, 지혜시 외 신뢰시, 왕의 시, 거짓증언으로 비난받은 자의 기도, 병든 자와 참회의 시, 전례식문 등으로 분류했다. 이것이 궁켈의 큰 공헌이다. 또 다른 중요한 공헌은 시편의 '삶의 자리'(Sitz im Leben)를 규정하여야 그 시편이 어떤 상황에서 시작되었고 또 사용되었는지를 알 수 있

---

2) W. H. Belinger, *Psalms: Reading and Studying the Book of Praises*(Peabody, Mass: Hendrickson, 1990), 15.

3) H. Gunkel, *The Psalms: A Form Critical Introduction*, trans. by T. H. Horrner. FBBS 10(Philadelphia: Fortress, 1967).

음을 밝힌 것이다. 궁켈은 대개의 시편들은 예루살렘 성전 예배와 관계가 있음을 지적했다. 그러면 궁켈과 그 후 학자들의 양식비평 방법에 따라 시편을 분류해서 간단히 고찰하고자 한다.

2) 찬양

찬양은 성전에서 공중 예배를 드릴 때 회중 앞에서 하나님께 영광을 돌리기 위해 부르는 노래이다. 공중 예배에 중요한 자리를 차지하는 찬송은 고대 이스라엘 때부터 바빌론 포로기 이후에 이르기까지 오랜 기간에 걸쳐 사용되었다. 초기 이스라엘 찬송 가운데는 미리암의 노래(출 15:21)가 있고, 개인의 노래로는 드보라의 노래(삿 5장)가 있다. 찬양은 다음과 같은 형태로 이루어져 있다.

찬양의 초청이 있고
찬양에 대한 이유가 나오고(히브리 접속사 '그러므로'[키]가 나온다.)
찬양의 초청에 대한 요약으로 마무리한다.

일반적으로 찬양은 직접 부르지 않고 제3인칭으로 시작한다. 그러나 시편 8편은 하나님께 직접 부르기도 한다. 공동체 애가가 개인 애가와 상호 관계가 있듯이 찬양은 개인 감사 노래와 상호 관계가 있다. 베스터만(Westermann)은 찬양시를 다음 두 가지로 구분한다.[4] 첫째는, 서술적 찬양(Descriptive Praise)이다. 서술적 찬양은 하나님의 일반 활동을 찬양하는 것이다. 둘째는, 선언적 찬양(Declarative Praise)이다. 이 경우 찬양은 구체적인 고난 속에서 구해주신 것을 찬양하는 경우를 말한다.

---

4) Claus Westermann, *Praises and Laments of the Psalms*, trans. K. R. Crim & R. N. Souter(Atlanta: John Knox, 1981), 30-35.

찬양에는 왕 즉위 시편과 시온 노래가 포함되어 있다. 왕 즉위 시편은 하나님의 통치를 선언하는 시편이다(시 29, 47, 93, 95-99편). 시온 노래는 순례자들이 부르는 노래들로 예루살렘을 찬양한다(시 48, 76, 84, 87, 122편). 궁켈은 위의 시편들을 종말론적 찬송들이라고 하는가 하면, 모빙켈(Mowinckel)은 이 시편들이 제의라는 삶의 자리에서 생겨난 것으로 규정한다. 모빙켈은 왕 즉위 시편이 매년 초 왕 즉위 축제 때 부른 것으로 본다. 왕 즉위 시편의 중요한 강조점은 하나님께서 새해에 새 창조와 질서라는 복을 이스라엘에게 주신다는 것이다.

3) 개인 애가

개인 애가는 한 개인이 어려움 속에서 하나님께 도움을 구하는 애원 기도이다. 개인 애가의 특징은 다음과 같다.

"오 주님"이라고 시작하며 하나님을 부른다.
고통/고난의 내용을 서술한다.
도와달라고 탄원하면서 하나님의 반응을 기다린다.
신뢰의 고백 곧 하나님께 신뢰를 고백한다.
하나님을 찬양할 것을 약속하거나 맹세하고 감사의 제물을 드린다.

애가 시편은 대부분 위에서 언급한 순서대로 따르지 않는다. 따라서 각 애가에는 어느 정도 특수성이 있다. 애가 시편의 삶의 자리를 말하면서 궁켈은 옛 개인/역사 비판을 완전히 포기하지 않는다. 기도는 후대에 생긴 것으로 개인의 영성에서 왔다고 보았으나 많은 애가 시편은 고대 예배의식에서 비롯되었다고 말한다. 병든 자가 성전에 와서 하나님의 도움을 구하는 기도는 성전 예배와 관계가 있다는 것이다.

물론 후기 학자들은 궁켈의 주장에 만족하지 않는다. 애가의 삶의 자리가 무엇인가에 대해 많은 토론을 했다. 병으로 하나님의 도움을 구하는 애가가 있는가 하면, 많은 애가는 적들의 공격 또는 핍박들로 인한 것이다. 또한 거짓증언으로 고통 받는 애가 시편들도 많다(시 5, 7, 11, 17, 26, 59, 109편). 또 거짓증언으로 고통당하는 자들이 정의가 실현되기를 성전에서 구하는 경우가 있다. 그런가 하면 군사 문제 때문에 생기는 고통도 있다. 애가의 삶의 자리를 찾으면서 다음과 같은 질문을 하기도 한다. "우리의 잘못이 무엇이냐?", "누가, 무엇이 우리의 적이냐!" 이런 질문을 통하여 애가시의 신학과 배경을 해결할 수도 있다.

4) 개인 감사시

시편에서는 개인 감사시가 가장 감동적이다. 레슬리(Leslie)는 양식비평 연구를 통하여 다음과 같은 시편을 감사시로 분류한다(시 23, 30, 34, 40, 66, 92, 107, 116, 138, 146편). 개인 감사시의 중요한 요소는 '맹세'와 '구원의 확신'이다. 감사시에서는 개인과 하나님의 관계에서 맹세가 중요한 요소로 등장한다. 시인은 어려운 상황에 처하여 하나님에게 도움을 구하는데, 하나님께서 도와주시면 무엇을 하겠노라고 맹세한다. 그 맹세와 구원의 확실성은 밀접하게 관계되어 있다. 구원을 얻을 때 고마운 마음에 노래가 절로 나온다. 감사 노래는 다음과 같이 구성되어 있다.

하나님께 찬양과 감사를 드린다.
고통에 처한 시인은 자기의 문제를 하나님께 아뢴다.
구원받은 뒤 어떻게 구원받았는지 공동체에게 증언한다.
구원받은 뒤 하나님을 찬양하며
함께 하나님을 찬양하자고 공동체에게 청한다.

5) 공동체 애가

공동체 애가의 요소는 개인 애가와 근본적으로 흡사하다. 그러나 공동체 애가의 기도는 제1인칭 복수로 시작한다. 또한 공동체 기도는 하나님의 백성과의 관계 그리고 백성을 위해 베푸신 구원의 역사를 회상하도록 한다. 그러나 개인 애가와 마찬가지로 공동체 애가 또한 특수성을 지니고 있다. 공동체 기도는 공동체가 겪는 고난과 고통을 중심으로 전개된다. 성서 속에서 공동체가 경험한 가장 고통스런 고난은 기원전 587년 예루살렘 파괴와 점령 그리고 바빌론 포로 사건이다. 모든 공동체 애가들이 모두 이러한 파괴나 포로 사건과 관련이 있는 것인지 확실치 않으나 몇몇 시편은 분명히 관계가 있다. 나중에 가서 공동체 애가가 이러한 위기 상황과 관계를 가지게 되었다고 말할 수 있다. 공동체 애가는 이스라엘 역사를 회상하는 장면에서 찾아볼 수 있다(시 9-10, 12, 36, 44, 58, 60, 74, 77, 79, 80, 83, 90, 94, 108, 137편).

6) 제왕 시편(Royal Psalms)

궁켈은 제왕 시편 속에 이스라엘과 유다의 왕들과 군주제도를 말하는 시편을 다 포함시켰다. 예를 들면, 시편 2편은 왕의 대관식 예식의 한 부분인 듯하고, 45편은 왕의 결혼식을 축하하는 시편이다. 72편은 본래 왕 대관식에서 비롯된 시편으로 왕을 위해 드리는 기도로 분류한다. 제왕 시편은 다음과 같다(시 18, 20, 45, 61, 63, 89, 144편). 제왕 시편은 시편 제1권-3권의 테두리 역할을 한다. 또한 차일즈(Childs)가 제안하듯이 제왕 시편은 시편 전체에 산재해 있다. 제왕 시편은 다윗 왕조의 시조를 언급하는 것으로 시작한다. 이런 시편은 하나님께서 당신의 백성을 다스리신다고 말한다. 군주 제도가 사라진 후에도 제왕 시편은 보존되어 이스라엘의 신앙생활 속에서 중요한 역할을 했다.

7) 지혜와 토라 시편(Wisdom/Torah Psalms)

시편에는 히브리 지혜 운동을 반영하는 여러 편의 노래가 있다. 고고학에 따르면, 지혜 운동은 이미 고대 근동, 즉 이집트, 가나안, 소아시아, 아랍 국가들, 메소포타미아 등에 일반화되어 있었다. 이 지혜운동이 이스라엘에 영향을 주었다. 비록 이스라엘의 초기 지혜 운동이 야웨 구원사와 직접적인 관계를 맺지 않았다 하더라도, 이스라엘은 그 지혜 문학을 자기들의 상황에 맞게 변형시키고 발전시켰다.

궁켈은 다음의 시편들을 지혜의 시로 분류했다(시 1, 37, 73, 128편). 제왕 시편과 같이 지혜 시편은 엄격하게 양식비평 방식에 따라 구분하지 않았다. 궁켈은 지혜 시편을 경건성을 반영하는 시편으로 보았다. 모빙켈(Mowinckel) 또한 몇몇 시편을 지혜 시편으로 구분했다.[5] 모빙켈은 몇 시편들을 지혜 시편으로 지적하면서 이들 지혜 시편이 성전 제의와는 관계가 없다고 주장한다.

1편은 지혜 시편으로 시편의 문을 여는 시로 작용한다. 시편에는 또한 율법 시편들이 있다. 19편과 119편을 율법 시편으로 구분하는 동시에 1편도 율법 시편으로 분류한다. 메이스(Mays)가 지적하듯이 이 율법 시편들(시 1, 19, 119편)은 다른 시편들과 같이 교육적 역할을 한다[6](시 18, 25, 33, 48, 89, 93, 94, 99, 103, 105, 111, 112, 147, 148편). 지혜와 율법 시편들은 신학적으로 또는 역사적으로 해석됨으로써 큰 자극을 준다.

8) 성전 입성 전례문(Entrance Liturgies)

전례(Liturgy)는 본래 헬라 시형에서 온 것으로 일반적 공동 예배를 의

5) S. Mowinckel, *Psalms in Israel's Worship*, II:104-125.

6) James Luther Mays, "The Place of Torah-Psalms in the Psalter," *JBL* 106(1987), 12.

미한다. 후기에 공중 예배뿐만 아니라 개인의 경건 생활에서도 적용되었다. 전례식문은 예배 인도하는 지도자들 혹은 성가대와 회중이 서로 교독하면서 사용했다. 성전입장 전례입장식문 시편들은 15, 24, 110편이다. 궁켈은 성전입장 전례식문에 많은 학문적 영향을 주었다. 전형적 성전입장 전례식문은 다음 세 가지로 분류할 수 있다.

첫째는, 성전 혹은 신전에 들어올 때 묻는 질문들이 있다.
둘째는, 입장 법규들에 관한 제사장의 대답이 나온다.
셋째는, 입장을 허락하는 축복과 전례식문의 결론이 나온다.

시편 15, 24, 100편의 성전입장 제의적 기원과 사용을 규정하면서 신학적 명상을 촉구한다. 즉 하나님 통치 안에 들어감이 무슨 뜻인지 명상하게 된다. 또한 하나님의 백성을 어떻게 하나님의 주권에 복종시키느냐 하는 신학적 명상을 강요한다.

9) 예언자의 권고(Prophetic Exhortation)

궁켈은 몇 개의 시편들에서 예언자들의 발언과 신탁들을 발견한다. 모빙켈과 다른 학자들의 연구 후 시편 50, 81, 95편들을 예언자의 권고로 분류했다. 게르스텐부르거(Gerstenburger)는 이런 시편들이 제의적 설교라고 규정한다.[7] 위에서 언급한 시편들은 독자들로 하여금 하나님의 주권에 순종할 것을 강요하며 결단을 요구한다.

---

7) Gerstenburger, *Psalms*, 210.

10) 신뢰/신임의 시편들(Trust/Confidence Psalms)

궁켈에 의하면, 신뢰/신임 시편들은 개인 애가의 파생 산물로 본다. 시편 16, 23, 91편들을 신뢰/신임 시편들로 분류한다. 신뢰의 시편들은 역사 혹은 제의와 관계가 있다고 본다. 또 이 시편들을 중심으로 신학적 명상의 중요성을 표명한다. 신뢰의 시편들은 하나님의 주권을 주장한다. 하나님을 신뢰한다는 신학적 주요성은 하나님의 주권과 통치를 모두 포함하기 때문이다.

11) 시편의 표제(Superscriptions)

시편들이 어떤 과정을 거쳐서 형성되었는지 알아보도록 한다. 대개의 학자들은 시편 형성은 오랜 역사적 과정을 통해 오늘의 시편 책이 완성되었다는 것이다. 여기서 시편 표제들을 살펴보면 시편의 편찬 역사를 짐작할 수 있을 것이다.

150개의 시편 중 117개의 시편들은 표제를 가지고 있다. 이 표제들에는 한 줄로 기록된 것이 있고 또 몇 줄로 기록된 것도 있다. 표제들을 종합해 보면 다음 세 구분으로 되어 있다.

(1) 개인의 이름으로 구성되어 있는 시편들이 있다. 다윗의 이름으로 73표제가 나오고, 다른 표제들은 "여두둔"(시 39, 62, 77편, 대상 16:41-42, 25:1-8), "헤만"(시 88편, 왕상 4:31, 대상 2:6, 6:17, 16:41-42, 25:1-8), "에단"(시 89편), "솔로몬"(시 72, 127편), "모세"(시 90편), "고라"(시 42, 44-49, 84-85, 87-88편) "아삽"(시 50, 73-83편) 등이 나온다. 어떤 경우에는 위에서 언급한 이름들이 저자임을 나타낸다. 그러나 대개의 경우 자료 수집자의 이름들일 가능성이 크다고 본다. 다윗의 이름이 표제에 많이 나타난다. 많은 경우 다윗의 이름을 기념하는 의미에서 표제들을 부쳤을 것이다.

(2) 제의적 시문을 설명하고 가르치기 위해서 표제를 붙인 듯하다. 55개의 표제는 "지휘자"나 "성가대 지휘자" 또는 "지휘자를 따라"(시 6, 12편), "깃딧"(시 8, 81, 84편), "뭇랍벤"(시 9편), "새벽 암사슴"(시 22편), "소산님"(45, 69편), "수산에둣"(시 60편) 등이 나온다. 표제들 안에 악기의 이름이 나오기도 한다(시 4, 5, 6, 54, 55, 61, 67, 76편).

(3) 시편의 유형 (장르) 표시가 나온다. "찬양"이라는 유형이 145편에 나오고, "기도"는 17, 86, 90, 102편에 나오며, 102편은 애가로 구분한다. 표제에 많이 나오는 "미즈모르"는 57번이나 등장한다.

12) 시편의 다섯 배열(Five Book Arrangement)

시편은 크게 다섯 책으로 구분한다. 그 구분은 다음과 같다.

제1권 1-41편
제2권 42-72편
제3권 73-89편
제4권 90-106편
제5권 107-150편

시편 41:13, 72:19, 89:52, 106:48에 나오는 송영(Doxology)이 시편을 다섯 책으로 나누는 역할을 했다고 많은 학자는 생각한다. 미드라쉬 테힐림(Midrash Tehillim)은 모세가 이스라엘에게 다섯 권의 율법을 준 것같이 다윗이 이스라엘에게 다섯 개의 시편을 주었다고 말한다.[3] 이런 전통에도 불구하고 위의 배열은 의도적인 것이 아니라 우연한 것이라고 학자들은

8) Wm. G. Braude, *The Midrash on Psalms*(New Haven: Yale University Press, 1954), 1:5.

주장한다. 후렴을 중심으로 시편을 다섯 책으로 나누려는 의도는 없었다는 것이다. 다섯 권으로 나누는 것은 후렴 때문이 아니라 고대의 유형을 따라 그렇게 나눈 듯하다. 시편을 최종 편집하는 과정에서 이렇게 나누지 않았을까 생각한다.

3. 시편의 신학

우선 시편 1-2편부터 시편 신학을 말할 필요가 있다. 구체적으로 말하자면 시편이 '행복'이라는 말로 시작하는 것이 중요하다. 시편 전체가 '인간 행복'을 논하고 있기 때문이다. 시편은 처음부터 끝까지 인간의 행복을 중심 주제로 삼는다. 시편 1:1은 '행복은 주님의 율법(Torah)을 명상하고 즐거워하는 사람이라'고 말한다. 즉 행복은 하나님의 가르침을 포함함과 동시에 하나님을 신뢰함으로써 삶 전체를 바칠 때 오는 것이라는 것이다. 시편 1:2에서 시편 전체를 이해함과 동시에 하나님의 구원의 질서에 대한 신학적 이해의 근본이 나온다. '행복'이라는 말은 시편 전체에 나타나는 동시에 시편 2편 결론 부분에 등장한다(시 31:1-2, 40:4, 65:4, 84:4-5, 89:15, 94:12, 106:3, 119:1-2, 127:5, 137:8-9, 146:15).

시편 2:12는 '행복'한 사람에 대해 결말을 내린다. 이 말과 함께 등장하는 중요한 개념은 '피난'(Refuge)이라는 말이다(시 5:11, 11:1, 25:20, 31:1, 46:1, 57:1, 61:3-4, 71:1, 91:2, 118:8-9, 141:8 이 외에도 14개의 시편에 '피난'이라는 말이 나온다). 앞의 시편은 모두 '하나님 안으로 피난'하는 사람은 '행복'하다고 증언한다. 즉 '행복'은 하나님 안에 피할 때 얻는다는 것이다. 자기 자신이 아닌 하나님께 완전히 의존할 때 '행복'이 가능하다는 것이다. 하나님 안에 피난한다는 내용에 중요한 말은 '신뢰'한다는 것이다(시 4:5, 27:7, 31:6, 52:8, 62:8, 84:12, 115:9-10, 143:8 이 외에도 16편의 시편에 '신뢰'가 나온다). '행복'하다는 것은 자신의 생존과 미래를 하나님께 의탁하는 것이다. 시편에는 '피난'과 '신뢰'라는 말이 '행복'이라는 말과 함께 반복적으로 등장한다. 행복한 사람은 하나님 안에서 피난처를 찾는 사람이고 또 하나님을 신뢰하는 사람이라는 것이다.

하나님께 삶과 미래를 완전히 의존한다는 말 속에는 '공의'(체덱)와 '의로운 사람'(차딕)이 나온다. 여기서 '공의'라는 말은 도덕적인 뜻을 담고 있기보다는 관계를 나타내는 말이다. 물론 공의는 실천해야 마땅하다. 시편에서 의로운 사람은 자신의 삶과 미래를 하나님께 완전히 의존하는 사람이다. '행복'은 하나님의 용서와 신실한 사랑 때문에 받는 선물이다(시 32:1-2, 32:10-11). 곧 행복하고 의로운 사람은 하나님의 은혜로 산다는 것이다.

지금까지 말한 '행복', '피난', '의존', '의로움'을 이해하려면 시편의 중심 사상인 '하나님의 통치'의 개념을 알아야 한다(시 93-99편). 하나님은 왕이시라고 시편은 말한다(시 5:2, 44:4, 68:24, 95:3, 145:1, 149:2 등). 시편은 다른 표현으로 하나님의 통치를 말하기도 한다. 예를 들면, 하나님은 우주적 심판자이시고 우주적 주권을 행하시는 분이다(시 7:7-11, 9:7-8). 또한 당신의 뜻을 행하시는 '용사'이기도 하다.

시편 전체에는 제왕시(諸王詩, Royal Psalms)가 전략적으로 산재해 있다. 제왕시는 하나님의 주권을 묘사한다. 이들 시편은 지상의 이스라엘 군주들에게 초점을 맞추고 있다. 하지만 이스라엘의 군주들은 하나님을 대신하여 통치하는 대변인일 뿐이다. 시편 2편을 보면 군주는 하나님의 통치를 위해 부름을 받았다. 그 부름은 '주님을 섬기기' 위함이다. 하나님의 통치는 정의와 공의를 실천하는 것이다. 제왕시는 세상에서 주권을 쥐고 계신 분은 하나님이시라고 주장한다.

시온 노래는 하나님의 통치를 우주적으로 확대한다. 46편과 48편은 47편과 같이 하나님의 왕권을 축하한다. 46편과 48편은 평화를 이룩하시는 용사로 하나님을 묘사하는가 하면, 48편에서는 하나님이 왕으로서 공의와 정의로 심판하시는 역할을 한다. 특히 예루살렘은 시간과 공간을 초월해서 하나님의 통치를 확대하는 상징적 무대이다. 온 세상과 온 백성을 하나님의 것으로 여긴다.

하나님의 우주적 통치를 생각하면서 제왕 시편과 시온 노래를 읽어보면 하나님의 통치에 반대하는 세력이 나타난다. 2편에 의하면 뭇 나라와 백성이 하나님께 반기를 들며, 하나님이 선택한 왕을 반대한다. 예루살렘은 여러 번 공격을 받는다(시 46:6, 48:5, 76:3-6). 그리하여 하나님의 통치를 종말론적 전망 속에서 바라보게 된다. 종말론적이라는 말은 여기서 하나님의 우주적 통치 선언을 반대하는 상황 속에서 생겨난 현상이다. 종말론적이란 말은 세상의 '마지막'을 말한다. 그러나 시편의 종말론적 전망은 미래가 아니라 현재에 그 초점이 맞추어져 있다.

곧 시편 2편과 3편에서 볼 수 있듯이 시편이 말하는 종말론적 전망이란 하나님이 선택하신 왕과 백성이 공격을 받고 있다는 사실을 말하는 것이다. 곧 '행복'(시 1:1, 2:12)과 '번영'(시 1:3)과 '피난처'(시 2:12)가 고통 속에 존재한다는 것이다. 따라서 시편에서는 '의로운 사람'을 가난한 자, 고통받는 자, 겸손한 자, 도움이 필요한 자와 동일시한다(시 9-10편). 이런 상황 속에서 시편 속에 울려 퍼지는 음성은 바로 기도이다. 기도는 하나님께 자기 전체를 바치는 제물이다.

일반적으로 기도와 찬양은 다른 것으로 생각한다. 그러나 신학적으로 볼 때 기도와 찬양은 분리시킬 수 없다. 시편에서 도움을 구하는 기도는 신뢰와 찬양의 표현으로 끝을 맺는다. 시편에서 탄원, 애원, 도움을 구함, 신뢰, 구원 성취, 감사와 찬양 등이 모두 혼합되어 사용된다. 따라서 신실, 고통, 영광은 분리할 수 없다. 기독교인들은 십자가와 부활을 분리하지 않고 함께 바라본다.

기도와 찬양은 분리시킬 수 없다. 하나님을 완전히 신뢰한다는 것을 나타내는 방편이다. 기도는 고통 속에서 하나님께 드리는 산 제사인가 하면, 찬양은 하나님의 주권을 지향하며 하나님께 바치는 것이다. 찬양은 심오한 희소식으로 전 우주, 백성, 피조물 모두 하나님께 속한다고 노래하는 것이다.

우리의 삶이 하나님께 속하기 때문에 우리의 삶은 우리의 것이 아니다.

현대 문화가 주장하는 자율성은 하나님의 통치의 관점에서 볼 때 무의미하다. 우리의 삶이 하나님께 속하고 또 하나님께서 모든 삶을 섭리하기 때문에 '모든 것에 정의'라는 중요한 내용으로 등장한다. '모든 사람에게 정의'라는 말은 정치 경제 제도 속에서 살아가는 모든 사람을 다 포함한다는 뜻이다. 하나님이 인간과 모든 피조물을 다 포함하신다는 뜻이다. 인간을 위한 정의를 원하시기 때문에 하나님은 평화를 이루시는 것이다. 그런고로 우리 인간은 살고 있는 이 지구와 동반자가 되어 우리 땅의 청지기가 되어야 한다(시 8, 19, 29, 104, 147, 148편).

시편의 종말론적 성격은 하나님과 인간이 누구인가를 이해하려 할 때 무척 중요하다. 인간의 행복은 하나님의 통치를 인정하고 하나님 안에서 피난처를 찾을 때 가능하다고 시편은 가르친다. 하나님의 통치를 끊임없이 반대하기 때문에 필연적으로 고통이라는 결과를 낳는다. 그러므로 고난 받는 종의 멍에를 메고 살아가는 삶이 충성되고 의로운 삶이다.

하나님의 통치에 계속 반대하는 일반적 주권은 하나님의 주권과는 다른 개념이다. 주권이란 일상적으로 자기의 뜻을 강요하기 위한 능력(힘)으로 생각한다. 그러나 하나님의 주권은 그렇지 않다. 오히려 하나님은 당신의 뜻을 이루도록 힘을 북돋고 격려하고 또 능력을 주신다. 그러나 성서에 따르면, 인간은 하나님의 뜻을 실천하지 않고 반발한다(창 3장). 하나님이 할 수 있는 선택은 그의 뜻을 강요하여 인간을 파괴하든지 그렇지 않으면 인간의 불복종의 결과의 고통을 감수함이다(창 6-9장). 하나님은 후자를 택한다는 것이다. 즉 하나님은 인간을 참되게 대우하기 위해 상처를 감수한다는 것이다. 즉 강한 세력을 행사함이 아니고 사랑과 용서를 행사하기 때문에 하나님은 고통을 경험한다는 것이다. 시편의 종말론적 전망은 하나님 통치 선언에 반대하는 인간들에게 한결같은 사랑으로 받아들인다는 것이다. 곧 하나님 자신이 고통 받는 종의 역할을 한다는 것이다.

그러므로 시편에서 가장 중요한 신학적 개념은 히브리어 '헤세드', 곧 사랑이라는 것이다. 헤세드라는 개념을 넬슨 글뤽(Nelson Glueck)은 '계약적 사랑' 혹은 '한결같은 사랑', '변하지 않는 사랑'으로 표현한다. 헤세드 사랑이 시편 5:7과 그 외 많은 시편에 나타난다(시 42, 89, 90, 106, 107, 118, 138, 145편). 헤세드 사랑이 시편의 여러 상황 속에 나타난다. 이스라엘은 기도를 통해서 하나님의 헤세드에 호소한다(시 6, 13, 31, 44, 51, 63편). 이스라엘은 찬양의 노래들 안에서 하나님의 헤세드를 노래한다(시 33, 100, 103, 136, 145, 147편).

시편의 마지막 신학은 '가르침'(Torah)이다. 이스라엘의 미래가 위협을 받을 때 하나님은 그 자신을 계시하기를 "자비롭고 은혜로우며, 노하기를 더디하고, 한결같은 사랑과 진실이 풍성한 하나님이다"라고 했다(출 34:6). 이 계시가 이스라엘 백성의 가장 근본적인 신앙 고백이다(민 14:18, 느 9:17, 욜 2:13, 욘 4:2). 사랑과 같은 중요한 개념은 '자비'라는 개념이다. 자비라는 히브리말은 어머니의 '자궁'(womb)과 같은 어근이다. 하나님은 어머니의 자비를 나타낸다는 것이다. 또한 '자비롭다'라는 말은 '은혜스럽다'라는 말과 함께 나온다.

하나님은 본래 자비롭고 은혜롭고 충실하게 사랑하시는 분이라는 것이다. 그렇다고 해서 하나님이 아무런 원칙도 없이 행동한다는 말은 아니다. 시편은 처음부터 하나님이 '노하시는 분'이라고 말한다. 그러면 하나님이 어떻게 사랑하는 동시에 노하고, 또 은혜로운 동시에 정의를 행하고, 용서하며 징벌을 줄 수 있는가? 하나님은 출애굽기 34장에 나타나는 대로 사랑을 행하는가 하면 죄 짓는 자에게는 벌을 주시는 분으로 나타난다. 하나님은 상도 내리시고 벌도 내리시는 분이다. 그러나 시편에 의하면 악은 계속 성하지 못한다는 것이다. 이스라엘 역사를 자세히 들여다보면 하나님의 정의는 궁극적으로 사랑으로 나타나신다는 것이다. 기독교인들의 입장에서 보면 시편에 나타나는 신비로운 하나님의 주권은 십자가를 지신 예수 그리스도의 한없는 사랑으로 완성된다.

4. 시편과 신약성서의 연관성

초대교회의 시편 사용은 본래 시편 학자들이 제시한 방향과 일치한다. 곧 초대교회는 시편을 예배 자료로 사용했고, 또 신학 자료로도 사용했다. 그 첫 증거가 사도 바울이 골로새 교인들에게 보낸 서신에서 찾아볼 수 있다. 바울은 "감사한 마음으로 시와 찬미와 신령한 노래로 여러분의 하나님께 마음을 다하여 찬양하십시오"라고 교인들에게 권면했다(골 3:16). 이 구절에 '찬미'와 '노래'와 '찬양'이라는 세 낱말이 나오는데 무엇을 말하는지 확실치 않으나 일반적으로 '시편'을 말하는 것이라고 추정한다. 초대교회 교인들이 대개 유대인들이었음을 미루어 볼 때 이렇게 시편을 사용했을 가능성이 높다. 시편에서 감명받은 새로운 자료 곧 "영적 노래"(눅 1:46-55)를 사용했을 것이다. 예를 들면, "마리아의 노래"(눅 1:46-55)가 98편과 113편을 반영하고 있고, "시온의 노래"(눅 2:28-32)는 119편과 123편을 반영한다.

초대 기독교인들이 시편을 찬송과 기도로 사용했는가 하면 또한 시편을 신학적 자료로 사용했다. 구약성서에서 어느 다른 책보다도 시편을 신약성서에서 인용하고 또 언급했다는 사실을 많은 학자들이 지적한다. 시편 신학이 예수님의 설교와 가르침과 일치한다고 해서 놀랄 것이 없다는 것이다. 시편 신학의 중심인 '하나님이 통치하신다'라는 사상이 예수님 초기 공생활에서부터 강조한 점이라는 것이다(막 1:14-15). 예수님은 하나님의 통치가 현재 실현되고 있다고 선언하면서 모든 백성이 그 하나님 나라에 참여하라고 말씀하셨다. 따라서 예수님의 선언은 종말론적이라는 것이다. 그렇지만 예수님의 하나님 나라에 반대하는 세력이 등장하여 고난과 억압을 받았다는 사실이다. 예수님의 삶, 제자들의 삶 또 예수님의 가르침을 따르는 사람들은 고난과 핍박이 따랐다. 이 고난 받는 사람들을 가난한 자, 궁핍한 자, 핍박받는 자 등으로 묘사한다. 그러나 시편과 같이 예수님은 고난 받는 자들이 '행복'한 사람들이고 '복'받은 이들이라고 말씀하셨다.

신약성서는 단편적으로 말하면, 시편들과 마찬가지로, 예수님의 고난 받는 종의 사역을 주권에 대한 일반적 정의를 근본적으로 재규정한 것으로 보았다. 주권이란 강력한 권력의 행사가 아니라, 참된 사랑이라고 규정했다. 시편이 이미 증언한 것처럼 인간에게 주신 그분의 은총은 성육신의 예수 그리스도를 통해서 완성되었다는 것이다. 초대 기독교인들은 예수님이 하나님이 성육신하신 분이라는 사실을 받아들였다(요 1:14). 초대교회는 예수님을 "기름 부음 받은" 메시아라고 불렀다(시 2:14, 막 1:1). 십자가는 패배가 아니고 부활은 하나님의 참된 사랑을 살아가는 삶의 토대라고 선포했다. 예수님은 제자들을 불러 제자로 삼으셨다. 곧 예수님은 고난 받는 종의 사역을 하라고 우리를 부르신 것이다. 고난 받는 종의 사역만이 하나님의 구원사를 성취하기 때문이다. 예수님은 당신의 고난 받는 종의 역할을 다음과 같이 말한다. '나를 따라 오려고 하는 사람은, 자기를 부인하고, 자기 십자가를 지고, 나를 따라오라'(막 8:34). 예수님을 따르는 제자들의 삶은 시편의 시인들이 살았던 삶을 되풀이하는 것이다.

시편과 예수님에 따르면, 하나님의 형상과 충성된 삶은 같은 것이다. 그러므로 복음서 저자들이 시편을 언급하지 않고 예수님에 관한 이야기를 말할 수 없었다는 것은 놀랄 일이 아니다. 예를 들어, 누가복음의 예수님 탄생 기사 속에 등장하는 천사들의 이야기를 읽으면 시편 29편이 생각난다. 이 이야기는 예수님의 탄생이 바로 하나님의 현현이라고 말한다(눅 2:13-14, 시 29편). 예수님이 세례 받으실 때 들려온 천사의 음성은 시편 2:7을 인용한 것이다. 여기서 예수님을 하나님의 뜻을 성취하시는 분으로 소개하면서 동시에 최종적으로는 하나님의 왕권을 성취하는 분으로 나타난다(마 3:17, 막 1:11, 눅 3:22). 시편 2:7은 예수님 산상변화에서 다시 인용된다. 이 산상변화 사건은 공관복음서에서 예수님이 어려움을 겪을 것이라고 예언한 후 일어난 첫 사건이다(마 17:5, 막 9:7, 눅 9:35). 따라서 예수님께서 하나님이시면서 동시에 고난 받는 종의 사역을 감당하고 계신다는 메시지를 강조하는 결과를 낳았다.

물론 이러한 메시지는 예수님의 자비의 사역과 가르침을 다시 강조하는 것이다(시 24, 37, 73편). 예수님의 고난에 관해서 복음서 저자들은 시편을 많이 의존했다. 곧 앞으로 닥쳐올 고난을 출애굽과 바빌론 포로 귀환이라는 연속적 고난으로 읽었다. 네 복음서의 십자가 이야기는 시편을 자료로 삼아 형성되었다. 예수님께서 십자가에서 언급하신 말씀은 시편 22:1을 인용한 것이다. 누가복음에 나오는 예수님의 마지막 말씀은 시편 31:5를 인용한 것이다. 즉 요약해서 말하면 복음서 기자들은 예수님의 고난의 이야기를 가장 길고도 인상적인 개인 애가를 인용하여 말한다(시 38:41). 예수님을 충성스럽게 고난 받는 자의 전형으로 묘사한다. 이렇게 십자가는 기독교인들에게 궁극적 신비의 계시이다. 바로 시편이 말하고 있는 신비이다.

물론 십자가가 '유대 사람에게는 거리낌이고, 이방사람에게는 어리석은 일이다.' 그러나 힘의 파라독스는 약한 데서 완전케 한다는 것이다(고후 12:9, 고전 1:23). 곧 시편의 하나님과 예수님이 증거한 하나님은 강하기 때문에 약해질 수 있다는 것이다. 이 약함이 부활에서 나타남과 같이, 가장 강한 힘이 되었다는 것이다. 십자가와 부활이 분리될 수 없는 것과 마찬가지로 탄원과 찬양은 시편에서 분리시킬 수 없다는 것이다. 이렇게 신약성서가 선언하는 십자가와 부활은 시편의 구도를 그대로 따른 것이다. 베드로의 오순절 설교는 성서에서 부활 이후 처음 선포된 설교로서 시편 16:8-11, 110:1, 132:11 등을 중심으로 선포한 것이다.

예수님이 고난을 통하여 보여주신 사랑 속에 나타난 하나님의 주권은 사도 바울 서신에서도 찾아볼 수 있다. 하나님의 주권은 예수님의 고난을 통한 사랑으로 나타난다고 바울은 증언한다. 예수님의 하나님 통치 선언이 의로움이라는 것인데, 이 의로움을 떠받치는 것이 바로 그분의 은총이다. 이렇게 하나님의 은총은 사랑으로 모든 사람에게 미친다는 것이다. 하나님의 정의는 모든 백성이 삶을 살아갈 수 있는 확신을 뜻한다. 곧 하나님의 정의의 신학은 은혜로운 사랑으로 계시된다는 것이다. 바울은 이 은총을 로마서에서 주장한다.

마지막으로 시편과 신약성서의 연관성은 요한계시록에서도 찾아볼 수 있다. 요한계시록이 시편을 직접 인용하는 것을 찾아보기는 쉽지 않다. 그런데도 요한계시록은 시편에서 오는 감명의 노래와 찬양으로 가득 차 있다. 요한계시록은 하나님이 세상을 통치하신다는 시편의 근본적 신념을 받아들인다(계 11:15, 12:10, 15:3). 요한계시록 5:9와 14:3에서 '새로운 노래'라는 말은 시편 96:98과 149편을 회상하는 말이다. 이들 시편은 모두 하나님의 통치를 주장한다. 요한계시록은 흔히 묵시문학으로 구분하나, 요한계시록을 세상의 연대적 시간표로 보아서는 안 된다. 요한계시록은 하나님이 뜻하시는 미래를 묘사하는 것이다. 미래가 가장 중요한 이유는 하나님이 세상을 통치하시기 때문이다. 세상 끝을 논할 때 현대인들은 세속적 종말을 생각해 보아야 할 것이다. 즉 핵무기의 파괴력에서 오는 대학살, 생태학적 참사들을 심각하게 생각해야 할 것이다. 그러나 기독교인들은 하나님이 통치하는 새 하늘과 새 땅의 비전을 꿈꾸며 실생활 속에서 그 비전을 실현하기 위해 노력해야 한다.

제2장

히브리 예배와 찬송

찬송이란 성전에서 공중 예배 때 하나님께 영광을 돌리기 위하여 부르는 노래이다. 성가대 또는 독창자가 부르는 노래를 말한다. 공중 예배에서 매우 중요한 자리를 차지하는 찬송은 고대 이스라엘 때부터 바빌론 포로 이후까지 오랜 기간에 거쳐서 사용되었다. 초기 이스라엘 찬송 가운데는 미리암의 노래(출 15:21)가 있고, 개인의 노래로서는 드보라의 노래(삿 5장)가 있다. 두 찬송의 기원은 기원전 1000년경으로 추정된다. 히브리 찬송의 근본적인 바탕은 국가적이거나 정치적인 것이 아니다. 오히려 모든 인간이 참여할 수 있는 우주적 보편성을 띠고 있다.

1. 찬양시의 일반적 이해

찬송은 이스라엘뿐만 아니라 고대 이집트와 바빌론, 가나안 등 고대 근동 전 지역에서 찾아볼 수 있다. 이집트에는 피라미드 시대(2890-2470 BC)부터 종교적인 찬송이 있었는데 그들의 찬양시 가운데는 신 앞에서 아름다운 가수들이 부르는 노래가 있었다. 이스라엘이 가나안 정착 전 바빌론에는 악기 반주에 맞추어 부르는 찬양시가 있었다. 히브리 시가 문학과 고대 근동의 시가 문학을 비교해 볼 때 병행하는 공통점을 발견할 수 있다.

그 가운데에서도 이스라엘의 찬양시에 크게 영향을 끼친 것은 우가릿 시가 문학이다. 1928년 고고학자들이 가나안 북부에 지중해 해변인 라스 샤므라(Ras-Shamra)라는 곳에서 고대 우가릿 문서들을 발굴했다. 발굴된 문서에 기록된 시의 언어와 문법과 문학적 기법 등이 이스라엘의 시에 나타나는 것과 매우 흡사하다. 이를 통하여 이스라엘 시가 문학이 가나안 시가 문학과 밀접한 관계를 맺고 있었음을 알 수 있다. 특히 솔로몬 성전 시대부터 가나안의 찬송시는 히브리 찬양시에 영향을 주었다.

히브리 찬송은 성전에서 드리는 공중 예배의 일부분이며, 이스라엘의 제의와 밀접하게 관련되어 사용되었다. 찬송시에는 두 가지 요소가 있는데, 첫째는, 분위기이고, 둘째는, 내용이다. 찬양의 분위기는 넘쳐흐르는 기쁨이고, 그 내용은 영혼의 중심에서 우러나오는 환희의 노래이다. 찬송에 흔히 나타나는 동사는 '찬양하라', '찬미하라', '기쁘게 노래하라' 등이다.

히브리 찬송은 이스라엘 종교라는 삶의 자리 속에서 하나님의 현현과 하나님의 능력을 경험한 사건으로부터 시작했다. 히브리 찬송은 자연과 역사에 나타나는, 특히 이스라엘 역사에 나타나는 야웨 하나님의 영광과 위대함을 찬양하는 노래다. 이스라엘은 여러 가지 상황에서 하나님을 찬양한다. 예를 들면, 신년 축제 예식 때 제의적 드라마를 통해 야웨 하나님의 활동을 찬양하며 창조주 하나님께서 매년 새로운 질서와 번영을 가져옴을 찬양한다.

찬양시는 일반적으로 다음 세 부분으로 구분한다. 117편을 예를 들어 보면, 첫째는, 찬양의 동기가 나온다. 117편에서 '너희 모든 나라들아, 주님을 찬송하며, 너희 모든 백성들아, 그를 찬송하여라' 하고 찬양의 동기를 말한다(시 117:1). 둘째는, 찬양의 이유를 말한다. 주님의 인자하심과 주님의 진실하심이 영원하다고 외친다(시 117:2). 셋째는, 결론으로 하나님을 찬양하라(할렐루야)고 다시 명령한다.

찬양시와 공중 예배는 밀접한 관계가 있다. 찬양의 시들은 일반적으로 공중 예배 때에 사용되었다. 역대하 29:26-30에 의하면, 예배를 드릴 때 부르는 제의적 찬송에는 두 가지 요소가 들어 있다. 첫째는, 분위기이며, 둘째는, 내용이다. 찬송의 노래가 나올 때 온 회중은 기쁨과 감사로 넘친다. 찬양의 내용은 둘째로, 하나님의 사랑과 성실하심을 찬양한다. 하나님의 구원의 역사를 찬양한다.

찬송에는 많은 종류가 있다. 대다수의 찬양시는 북왕국 이스라엘에서 시작되었다고 학자들은 주장한다. 기원전 721년 북왕국이 멸망한 후에 찬양시는 예루살렘 성전으로 그 자리를 옮겨 예배 의식에 합류되었다.

2. 일반적 찬양시(시 117, 150편)

일반 찬양시로는 117편과 150편이 있다. 117편은 짧은 시편으로 하나님은 찬양을 받을 만한 가치 있는 존재임을 강조한다. 우주의 모든 인간에게 사랑과 신실하심이 넘치시는 하나님은 찬양의 대상이라는 것이다. 150편은 인간의 목소리와 모든 악기를 동원하여 하나님을 찬양함을 강조한다. 이 두 시편은 짧고 매력적이어서 성전 예배에서 다양하게 사용되어 왔다. 유대교는 117편을 할렐 시편(Hallel, 시 113-118편) 중 하나로 보고 있으며, 150편은 열 번의 할렐루야를 내용으로 하고 있는 가장 완벽한 찬양시로 여긴다.

시편 117편 ● 모든 나라들아, 주님을 찬양하여라!

117편은 일반 회중들이 하나님께 드리는 찬양의 시이다. 시편 가운데 가장 짧으나 찬양 시편으로 중요한 요소들을 다 소유하고 있다. 예배 보는 회중에게 하나님을 찬양하라고 명령하며 외친다. 복수 명령형 동사를 사용하여 예배드리는 공동체 전체가 주님을 찬양할 것을 요구한다. 이스라엘 공동체뿐만 아니라 온 세계 모든 백성에게 주님을 찬양하라고 외친다. 117편은 하나님을 찬양할 대상들을 나열한다. 그 참여자들의 범위는 이 세상 전체와 그 안에 존재하는 모든 것이 다 포함되어 있다. 찬양의 동기는 하나님은 사랑(hesed)이시고 또 신실하신 분이기 때문이다.

117편은 일반 회중 찬양시로서 하나님은 온 세상, 즉 모든 나라와 백성을 끝까지 사랑하신다는 것이다(시 9, 87편, 요 3:16-17을 보라). 그분은 신실하신 사랑으로 세상을 통치하신다는 것이다. 하나님 아버지 통치 아래 있을 때 평화를 얻을 것이라고 예수님은 말씀하셨다(요 15:33). 하나님을 떠나서는 인간의 삶은 의미가 없고, 또 하나님의 사랑을 떠나서는 인간은 존재할 수 없다는 것이다. 따라서 하나님을 찬양하는 것은 하나님과 인간의 관계를 가장 깊이 표현하는 것이다. 하나님을 찬양하는 가장 중요한 이유는 바로 하나님의 사랑 때문이다. 넬슨 글뤽(Nelson Glueck)은 하나님의 사랑을 나타내는 시편의 헤세드(hesed) 개념은 무제한적이며 계약적인 하나님의 사랑이라고 결론을 내린다.[1] 계약적 사랑이란 인간을 향한 하나님의 사랑을 계약적 관계로 묘사하는 말이다. 그 계약적 사랑 또는 한결같은 사랑이 시편 전체에 그리고 성서 전체에 하나님의 본질로 나타난다. 하나님은 계약적 사랑으로 우리 인간을 사랑하시기 때문에 우리 인간은 그를 찬양하는 것이다. 그 한결같은 사랑 때문에 인간이 자신을 하나님께 완전히 복종할 때 인간의 참 성실성을 찾을 수 있다는 것이다. 그런데 오늘날 세상을 바라볼 때 그와는 상반되는 모습을 찾아볼 수 있다. 모든 나라가 하나님의 통치를 인정하고 찬양할 때 세상은 분쟁과 파괴와 혼란에서 벗어나 평화를 획득할 수 있다.

117편은 하나님의 통치를 종말론적 전망에서 보고 있다. 시편 2편과

---

1) Nelson Glueck, *Hesed in the Bible*(Cincinnati: The Hebrew Union College Press, 1967), 70-102.

아울러 117편은 하나님의 통치에 의존할 때 복이 있다는 것을 주장한다. 하나님께서 통치하심을 확인하고 또 그 통치 아래 살 때 행복이 있다는 것이다(시 2편). 모든 나라는 종말론적 전망에서 국가들과 인종들을 하나로 묶고서 하나님을 찬양한다는 것이다. 하나님의 이름을 찬양함에 모두 하나가 될 때 분열된 나라들이 하나가 되고 또 치유받을 것이라는 것이다. 미래적 종말론적 하나님의 통치가 인간의 현재 삶 속에서 영향을 준다는 것이다. 예를 들면, 117편이 보여주는 종말론적 전망에서 볼 때, 사도 바울도 기독교가 이방인들과 또 모든 나라에게 문을 열어야 한다는 주장을 한다(롬 15:11).

오늘날 교회는 인종과 국가, 빈곤증대, 남녀 차별과 장벽을 초월할 때 하나님의 몸 된 교회로서 참된 역할을 할 수 있을 것이다. 이 시편은 우리로 하여금 믿는 자와 믿지 않는 자 사이에 대화하도록 촉구하고 있다. 오늘날과 같은 다원론적 사회에서 하나님을 찬양하는 것은 다른 종교전통과 함께 대화하고 교류하는 일이다. 대화가 우리의 살길이다. 다른 종교인들을 개종시키려 하지 말고 대화를 통해 서로 배우며 성장하는 것이다. 전쟁으로 가득 차고 분열된 오늘의 세계에서 모든 종교는 힘을 합쳐서 평화를 이루도록 힘써야 한다. 이러한 활동을 통해서 우리 전체 인류가 하나님을 찬양하는 것이다. 이 시가 제시하는 대로 하나님 안에서 하나가 되는 운동에 참여하는 것이다. 이것이 진정한 의미에서 하나님을 찬양하는 일이다.

시편 제150편 ● 주님을 찬양하여라

150편은 일반 찬양시로, '찬양하여라'라는 히브리어를 열 번이나 사용하는 것은 시인의 분명한 의도로 보인다. 이 시편은 '할렐루야'라는 제의적 부르짖음을 통하여 전체 시편을 찬양으로 장식하고 있다. 150편은 열 개의 명령형과 결론에서 '우리 모두 찬양하자'라는 명령형으로 끝을 맺는다. 시편이 친양하는 책이라고 할 때 마지막에 시편을 찬양시로 끝맺음한 것은 매우 적절한 편집이다. 이 시편은 어디서, 왜, 어떻게, 누가 하나님을 찬양할 것인가를 다루고 있다. 150편은 일반적으로 교회 예배의식에서 많이 사용하고 특히 옛 이스라엘 축재 때 시용되었을 것으로 추정된다.

하나님을 어디서 찬양할 것인가? 성전과 하늘에서 찬양하라고 한다. 하나님을 왜 찬양해야 하는가? 주님은 위대한 일을 하시고 또 위대하시기 때문에 찬양하라는 것이다. 어떻게 찬양할 것인가? 인간이 가지고 있는 모든 악기로 찬양하라는 것이다. 즉 나팔과 거문고와 수금과 소고와 춤과 현금과 피리와 큰 소리나는 제금 등을 총동원하여 찬양하라는 것이다. 숨쉬는 사람은 모두 찬양하라고 명령한다.

하나님의 백성이 찬양할 때는 반드시 악기의 반주에 따라 할 것을 기독교 제의 역사에서 강조해 왔다. 유대교와 기독교 공동체는 항상 시편의 기도를 노래로 불렀다. 메이스(Mays)는 시편과 음악이 밀접하게 연결되었음을 강조한다.[2)]

예배의식에서 음악은 중요한 자리를 차지하고 또 많은 영향은 주어 왔다. 아름다운 감정을 일깨우는 놀라운 음악의 힘을 보여준다. 말씀과 음악이 결합할 때 우리의 예배는 더 풍성해진다. 음악이 주는 힘은 모든 것을 초월하여 영적 감명을 준다. 음악은 하나님의 주권의 메시지를 전달하는 가장 적절한 매개체 중 하나이다. 교회 예배의식에서 아름다운 음악과 인간의 음성으로 하나님의 이름을 찬양할 때 천사들도 같이 찬양할 것이라고 한다. 하나님의 주권을 인간이 가지고 있는 모든 것을 동원하여 찬양할 때 우리 인간에게 말할 수 없는 기쁨과 은혜가 넘칠 것이다.

시편 150편은 마지막 절에서 숨쉬는 사람마다 주님을 찬양하여라, 할렐루야!라고 결론을 맺는다. 구약성서에서 호흡(neshamah)은 하나님께서 주시는 인간의 육체적 삶의 생명력을 말한다. 인간 창조 때(창 2:7) 하나님

---

2) James Luther Mays, *Psalms*, Interpretation : A Bible Commentary for Teaching and Preaching(Louisville : John Knox Press, 1994), 450-451.

께서 인간에게 호흡을 주었다. 그리하여 활동력과 이성(욥 32:8, 33:4, 사 42:5)을 모든 인간에게 주었다. 하나님께서 그의 호흡을 제거하면 인간은 흙으로 다시 돌아가게 된다(욥 34:14-15). 하나님의 호흡 때문에 인간은 살아 있는 존재이다. 그런고로 인간은 하나님의 영에 전적으로 의존한다(사 2:22). 그러므로 하나님을 찬양함에 인간의 호흡이 중요하다. 즉 인간이 그의 전체 생명을 바쳐서 하나님이 주시는 호흡으로 찬양하는 것이다.

150편은 시편의 마지막 책으로 시편의 결론을 맺고 있다. 150편은 시편 전체의 주제인 하나님의 주권의 절정에 도달하고 있다. 제1편에서 율법을 준수함으로 시작한 시편은 그 하나님을 찬양하는 것으로 끝을 맺는다. 150편에서 강조하는 '찬양'(hillel)과 시편 책의 제목 테힐림(tehillim)이 서로 화답하여 조화를 잘 이루고 있다. 시편 전체 1-150편은 하나님께서 주신 호흡을 가지고 하나님의 이름을 찬양하라고 명령한다.

3. 시온 찬양시(시 48, 87, 46, 76편)

이스라엘 백성이 바빌론에서 노예 생활할 때 시온인 예루살렘은 그들에게 특별한 의미를 가지고 있었다. 하나님이 거하시는 시온 예루살렘은 이스라엘 백성에게 영적인 동경인 동시에 민족을 하나로 묶고 또 회복시키는 중심지였다. 그리하여 그들은 바빌론에서 노예 생활 때 시온을 향해 노래를 불렀다. 이러한 배경을 잘 아는 갈대아 사람들은 노예 생활하는 이스라엘 사람들에게 '시온의 노래'를 불러 달라고 했다.

시온은 다윗 시대부터 종교적·국가적·군사적 요지였다. 다윗이 여부스 사람들을 정복하여 이스라엘의 수도로 삼았다(삼하 5:7). 그리고 하나님의 현현을 상징하는 계약의 궤를 안치했다(삼하 6:17). 이렇게 바빌론 포로기 이전까지 시온은 이스라엘에 예배와 국가적 중심지였다.

시온을 찬양하는 시편은 48, 87, 46, 76편 등이 있다. 46편과 76편은 종말론적 시편으로서 주님께서 모든 이방 나라의 권세를 물리치고 승리하는 것을 묘사한다. 이러한 낙관적 전망은 예언자들의 영향을 받은 것이다.

시편 48편 ● 시온 순례자의 기록(고라 자손의 시, 곧 노래)

48편은 시온을 순방하는 순례자들이 부르는 시온의 노래로서 시온을 찬양하는 영적인 노래 중 하나이다. 특히 이 시편은 순례자가 시온을 찬양하는 절차를 자세히 묘사한다. 특히 대축제 때 시온을 방문하는 순례자들의 모든 절차는 일기처럼 자세히 기록되어 있다. 예루살렘은 이스라엘 민족의 신앙생활의 중심지였다. 순례자들은 앙망하는 시온에 도달할 때 그들의 종교생활은 그 절정에 다다른다.

일반적으로 현대인들은 예루살렘을 팔레스타인의 중요한 하나의 도시로 볼 것이다. 그런데 48편에서 묘사하는 예루살렘은 매우 과장되게 표현되어 있으며 또 국수주의적 입장에서 기록되었다고 볼 수도 있다. 그리하여 보통 사람들은 시온에 대한 표현이 잘못되었다고 생각할 수도 있을 것이다. 사실 예루살렘은 17번이나 파괴를 당했다. 특히 기원전 587년에는 바빌론에게, 기원후 70년에는 로마에게 크게 파괴를 당하는 비극을 경험하기도 하였다. 그렇다면 시편 48편의 예루살렘 묘사는 저자의 실수라고 할 수 있을까? 아니면 예루살렘에 대해서 이 시편 작가는 너무 과장되게 인식하고 있는 것은 아닌가? 그러나 시편 48편의 시적인 묘사를 살펴보면 작가가 말하는 예루살렘은 지리적 도시보다는 그의 신앙적 표현으로 보는 것이 좋을 것이다. 즉 예루살렘은 일상적인 한 도시가 아니라 '왕의 위대한 도시'라는 것이다(2절). 예루살렘은 상징이다. 곧 하나님의 통치를 강하게 나타내는 상징인 것이다. 예루살렘이라는 도시가 제시하는 하나님의 능력과 통치가 시간과 장소를 초월하여 역사할 수 있다고 보는 것이다(시 48:2, 10). 저자는 장엄한 시적 묘사를 통해 하나님이 세상을 통치한다고 하는 가장 심각한 사실을 선언하는 것이다. 세상의 어떤 권력도 사랑(hesed)과 정의와 공의를 이루시려는 하나님의 목적을 훼방할 수 없다는 것이다(9-11절).

48편의 메시지를 제2차 세계대전 나치 독일 수용소에서 살아남은 노벨 평화상 수령자 엘리 위젤(Elie Wiesel)이 잘 표현하고 있다. 위젤은 예루살렘에 대해서 다음과 같이 서술한다.

> 예루살렘, 그 얼굴이 보이면서도 가려져 있다. 인간의 활기와 피가 인간을 살게 하는가 하면 또한 생명을 제거하기도 한다. 어둠에서 반짝이는 불빛과 행복과 즐거움에서 울려 나오는 속삭임, 유배당한 자의 기도, 또 외국 사람들에게 17번이나 파괴되었던 예루살렘이 분명히 약속한다. 예루살렘은 인간을 기적적으로 변화시켜 순례자가 되게 한다. 그 도시에 들어가는 사람은 변하지 않고 떠날 수 없다.[3)]

48편 시인은 한번 이 도시에 들어가면 변하지 않고 떠날 수 없음을 말한다. 왜냐하면 믿는 자들에게는 예루살렘이 시간과 공간을 초월한 하나님의 통치의 상징이기 때문이다. 그러므로 순례자가 그 도시 영역에 어느 때나 들어가면 변하지 않고 돌아올 수 없다는 것이다. 왜냐하면 순례자의 발걸음이 영원성을 띠고 있기 때문이다.

기독교인들은 2000년 전에 일어났던 예수님의 생애, 골고다의 십자가를 역사의 초점으로 믿는다. 그 유명무실한 십자가의 사건이 유대 사람에게는 거리낌이고, 이방사람에게는 어리석음이지만 부르심을 받은 사람에게는 그리스도는 하나님의 능력이요, 지혜가 된다는 것이다(고전 1:23-24). 우리는 지금 허약하고 고통스럽고 무서운 공포에 싸인 세상에 살고 있음을 시편의 시인은 알고 있었고, 사도들도 알고 있었고, 우리도 알고 있다. 그러나 이런 험한 상황 속에서 시편의 시인과 같이 우리는 새로운 하나님의 실재를 선언해야 한다. 시편 저자가 가지고 있는 하나님의 도시 예루살렘에

3) Elie Wiesel, *A Beggar in Jerusalem*(New York: Pocket Books, 1970), 19.

대한 비전을 가지는 것이다. 기독교인들은 나사렛 예수의 삶과 죽음과 부활이 세상을 새롭게 함과 같이 우리가 사는 시간과 공간에서 새로운 실재를 창조해 나가는 것이다. 그런고로 우리의 고통과 어려움을 새로운 동기로 삼아 새로운 세상을 창조해 나갈 수 있다는 것이다.

시편 87편 ● 시온에서 사는 기쁨(고라 자손의 찬송가)

87편은 시온 찬송시 중 하나로서 유대인들이 이방인들 틈에 살았던 디아스포라 시대의 산물이다. 바빌론 포로 이후 초반 때 이 시편이 기록되었을 것이다. 다후드(Dahood)는 4절에 이집트와 바빌론은 언급되어 있고 아시리아에 대한 언급이 없는 것으로 보아 기원전 7세기의 것이라고 주장하기도 한다.[4] 디아스포라 공동체는 시온을 하나님의 거룩한 도시로 추대하는 동시에 어머니처럼 여기고 늘 동경하였다.

87편은 두 개의 개념을 제시한다. 첫째는, 시인의 노래의 주제는 하나님의 도시 시온이고, 둘째는, 하나님의 도시가 모든 나라 백성에게 거룩하고 또 영적 복음자리라는 것이다. 이 두 가지 개념은 시간과 장소를 초월한다는 것이다. 즉 하나님께서 설계하시고 세우시고 튼튼한 기초로 만든 도시라는 것이다(히 11:10). 하나님께서 시온을 선택한 것은 지리적 중요성보다는 하나님께서 예루살렘을 사랑하셨기 때문이라는 것이다. 모든 백성이 하나님의 자녀라고 하는 깊은 함축성을 가지고 있다.

87편에 의하면 유대교와 기독교와 이슬람교 교도들은 모두 예루살렘을 성지라고 믿는다는 것이다. 예루살렘은 모든 백성과 나라들을 환영한다는 것이다. 즉 하나님은 모든 백성을 사랑한다는 것이다. 인간을 비인간화하는 오늘의 정치, 경제, 사회, 문화는 하나님의 구원의 역사를 거역하는 경향이 있다. 87편이 제시하는 것은 하나님께서 모든 백성과 나라들에게 사

---

4) M. Dahood, *Psalms* II(Garden City, NY: Doubleday and Co., Inc., 1966), 298.

랑과 평화를 실현하는 것이다. 시온을 통해서 우리에게 보여주시고자 하는 것은 하나님이 세상을 사랑한다는 것이다.

초대교회는 모든 이방인을 환영하며 복음의 메시지를 선언했다(마 28:19-20, 눅 24:47). 분열된 여러 가지 요소들을 하나로 통일하는 신학적 과제를 수행하는 일을 초대교회는 힘썼다(엡 2:14). 하나님의 몸 된 교회는 비배타적 공동체로서 주님 안에서 하나가 된 거룩한 성전이라고 강조했다(엡 2:21-22).

요하나 바스(Johanna W. H Bos)는 덧취 칼빈 교회(Dutch Calvinist Congregations)가 전통적으로 87편을 세례시편으로 사용했다고 한다.[5] 오순절에 모든 백성이 하나가 됨을 87편이 이미 예상했다고 보는 것은 적절한 생각이라고 한다(행 2:8-11, 37-39). 세례식의 근본 의도를 87편은 잘 나타내고 있다. 즉 우리가 이 세상에서 존재함과 동시에 우리는 모든 인간과 운명을 같이하며 산다고 하는 사실이다. 우리는 하나님의 자녀들이라는 것이다.

하나님의 자녀들은 시온성과 같이 전 세계를 하나님이 통치하는 영역으로 선언한다. 뉴톤(Newton)은 "시온성과 같은 교회"라는 찬송에서 전 세계를 하나님이 통치하는 영역으로 선언한다. 뉴톤은 "시온성과 같은 교회 그의 영광이 한없다"고 시온성을 찬양한다(통일찬송가 245장).

시편 46편 • 하나님은 우리의 피난처와 힘이시다

(지휘자를 따라 알라못에 맞추어 부르는 노래, 고라 자손의 시)

46편은 시온 찬송으로 하나님은 우리의 피난처와 힘이라는 주제를 가지고 찬양한다. 어려움을 당할 때 하나님을 믿고 의지함이 최선의 방법이라고 신앙고백하며 노래한다. 이사야 예언자는 아하스 왕과 히스기야 왕에

5) Johanna W. H. Bos. "Psalms 87," *Int.* 47(1993), 281.

게 이집트에 도움을 구하기보다 주님을 신뢰하는 것이 국가의 위기를 극복할 수 있는 가장 좋은 정책이라고 충고했다. 이 시편을 소재로 하여 종교개혁가 마르틴 루터(Martin Luther)는 '내 주는 강한 성이요 방패와 병기되시니 환난이 오고 원수마귀가 힘을 써도 이길 자 없다'고 신앙고백했다(통일찬송가 384장). 루터는 주님은 자신을 어려움에서 구원해 주시는 강한 성이라고 고백한다.

46편은 다음 네 주제를 담고 있다. 첫째는, 하나님께서 시온에 거하신다는 것이다. 둘째는, 하나님께서는 당신의 백성 안에 거하신다는 것이다. 셋째는, 주님께서 모든 나라의 왕으로서 당신의 궁전에서 말씀으로 명령하시고, 넷째로, 주님께서 현재로부터 영원까지 활동하시는 존재라는 것이다.

초대 기독교인들은 예수 그리스도가 선포한 메시지가 46편이 선포하는 것과 같다고 보았다. 즉 하나님께서 통치하신다는 것이다(막 1:14-15). 예수님이 결단을 요구했던 것같이 46편 시인도 우리가 결단하기를 원한다(시 46:8, 10). 모든 사람은 하나님의 통치 안에 들어와야 한다고 말한다. 인간의 어떤 제도를 의지하기보다 하나님을 의지하라는 것이다. 그 위로와 희망이 고대 이스라엘 때나, 종교개혁 때나, 또 어떤 시대에나 어려움 당하고 있는 사람들에게 힘과 위로와 희망이 된다는 것이다(시 46:1). 이 시편이 제안하는 신학적 테마는 오늘날 흔하게 떠돌고 있는 긍정적 신학(positive theology)과는 정반대의 것이다. 우리가 최악의 어려움 속에서도 하나님을 의지할 때 우리는 두려워하지 않는다는 신앙이다.

46편이 주장하는 하나님의 주권을 받아들일 때 나라들 간에 평화가 온다. 예수님이 선언한 하나님의 통치가 실현될 것이다. 오늘날의 상황을 바라보면 하나님의 통치나 평화가 실현될 수 없다고 생각할 수도 있다. 그렇지만 우리는 종말론적인 결단을 내려야 한다. 우리는 우리의 안전(security) 문제를 우리의 무기와 기술로 해결하여야 한다고 유혹을 받고 있다. 많은 나라는 안전이라는 이름으로 파괴적 행동을 많이 계획하고 실행한다. 그 결과는 안전보다는 파괴이다. 우리는 탱크, 잠수함과 핵무기로 우리의 안전을 보장하려고 한다. 그러나 이 시편이 강하게 주장하는 것은 우리의 힘으로 안전과 평화를 이룰 수 없고 하나님의 현현과 능력으로만 가능하다고 주장한다. 주님은 위대한 심판자이시며, 구원자이시라는 것이다.

시편 76편 ● 주님은 위대한 심판자이시며 구원자이시다
(아삽의 시, 지휘자를 따라 현악기에 맞추어 부르는 노래)

76편은 시온의 노래 중 하나이다. 시온에 거하는 주님은 심판자요, 구원자라는 것이다. 많은 학자는 이 시편이 46편과 48편과 밀접하게 연관되어 있다고 본다. 76편의 특징은 극적이고 상징적 표현이 많이 나오는 무언극이라는 것이다(3절 참조). 이 시편의 삶의 자리가 무엇이었을까 살펴보면 이 시편을 이해하기 쉬울 것이다. 삶의 자리의 첫째는 마카비의 승리 시대 또는 기원전 701년 산헤립 예루살렘 점령으로 볼 수 있고(왕하 19장, 사 37장, 시 76:7-9), 둘째는, 축제 예배의식 제의 상황에서 이 시편이 사용되었을 가능성도 있고, 셋째로, 예언자들의 종말론적 예언을 그 삶의 자리로 볼 수도 있다. 또 하나의 가능성은 제1-3절과 5-7절을 보면 유다 왕국에서 일어난 과거의 사건이 전제되어 있는 것으로 보아 이 시인은 이스라엘의 역사를 회상하면서 이 시를 저작한 것으로 볼 수도 있다. 결론적으로 다윗의 시대를 그 역사적 배경으로 보는 것이 적절하다고 판단된다.

언뜻 보면 76편의 내용을 오늘의 생활에 적용하는 것이 적절하지 않은 것으로 보인다. 그러나 좀 더 자세히 검토하면 76편이 묘사하는 시온은 시간과 장소를 초월하여 작용하는 하나님의 주권이 상징적으로 나타난다. 왜냐하면 하나님의 주권의 특징은 언제나 종말론적이기 때문이다. 예루살렘은 범접할 수 없는 하나님의 도시이기 때문에 파괴할 수 없다는 것이다. 그런데 기원전 587년 바빌론에 의해 파괴당했을 때 시온에 대한 개념은 재고해야만 했다. 따라서 예루살렘 불침범 사상은 문자적이기보다는 상징적으로 해석하여야 할 것이다. 그러나 데이비드 플레인즈(David Pleins)가 제시하듯이 시온의 이미지는 상당히 더 활력을 띠고 새로운 시대를 맞이한다.[6)]

이사야와 미가 예언자들은 시온을 극적 해석으로 표현하고 있다(사 2:2-4, 미 4:1-3). 전쟁으로 가득 찬 세상에서 시온은 새롭게 살고 또 예배드리는 출발점이라고 그들은 지적한다. 시온이라는 이미지(image)는 안전(security)을 나타내는 상징성으로 해석되어 그 정의가 넓어진다. 그 도시의 벽과 탑들은 역사하시는 하나님의 현현을 생생하게 나타내는 상징적 의미를 드러낸다. 즉 하나님의 활동하심이 활을 부숴버리고 전쟁의 종말의 꿈을 소생시킨다는 것이다.

마지막으로, 이 시편은 하나님의 주권(11절) 아래 살아가라고 한다. 하나님의 길과 가치관(8-9절)을 따라 살아야 한다는 것이다. 하나님께서 판결을 내릴 때 받아들여야 한다. 하나님은 판결을 통하여 억압받는 자들을 구하신다. 하나님의 주권은 폭력이 아니라 사랑을 행사하는 힘이다. 제11절의 초청은 하나님의 사랑에 응하라는 초청이다. 하나님은 강한 권력자인 동시에 상상을 초월하는 사랑으로 인간을 사랑하시는 존재이다. 그런고로 하나님의 자녀들로서 우리는 평화를 받아들이는 자들이어야 한다(마 5:9). 우리는 무기보다 더 강한 사랑의 힘에 전체를 바치고 살아가야 한다. 이렇게 시온으로 상징되는 하나님의 사랑은 예수 그리스도의 십자가에 구체적으로 구현되었음을 우리는 믿는다. 예수 그리스도를 통해서 하나님의 현현이 새롭게 나타난다.

6) J. David Pleins, *The Psalms: Songs of Tragedy*, Hope and Justice(Maryknoll, NY: Orbis, 1993), 122-123.

4. 순례자의 찬양시(시 84, 122편)

신명기 법전에 의하면, 일년에 세 번 예루살렘 성전을 중심으로 축제가 거행되었다. 여러 곳에 흩어져 사는 유대인들은 예루살렘 성전에서 거행되는 축제/제의에 참여할 의무가 있었다. 그 셋 축제는 유월절과 맥추절과 장막절이다. 예수님도 유월절에 예루살렘을 방문했다는 복음서의 기록이 있다. 흩어져 살던 유대인들은 순례자로서 예루살렘 성전을 방문하여 축제에 참석했다. 예루살렘 성전에 하나님이 거하시기 때문에 순례자들은 기뻐 뛰며 성전을 향하였다. 순례자들에게 시온의 찬송은 그들의 애창곡이었다. 이 가운데 대표적인 찬송이 84편과 122편이다.

시편 84편 ● 성전에서 예배드리는 기쁨

(고라 자손의 시, 지휘자를 따라 깃딧에 맞추어 부르는 노래)

84편은 시온의 성전을 중심으로 전개되는 순례자의 찬송이다. 한 순례자가 시온을 향하여 부르는 찬송이다. 이 시편은 다른 시온 순례자의 시와 마찬가지로 예루살렘에 도착하면서, 또 성전 안에 발을 들여놓으면서 불렀던 것으로 보인다. 제1절에 의하면, 순례자가 시온 성과 성전을 접근할 때 점점 밀려오는 흥분을 묘사한다. 그는 성전 건물과 그 주위의 아름다움에 감탄한다. 살아 계신 하나님을 직접 접견하듯 순례자는 말할 수 없는 영적 기쁨으로 가득 찼다. 그는 신비함과 웅장함에 감화되어 하나님을 소리 높여 찬송하지 않을 수 없었다.

하나님의 현현에 대한 이해가 때와 장소에 따라 다를 수 있으나 오늘날 우리는 84편 시인과 같이 하나님께 가까워지고 싶은 갈망은 마찬가지라고 본다. 마빈 테이트(Marvin Tate)는 84편이 묘사하는 순례자의 경험은 성례적(sacramental)이라고 해석한다.[7] 즉 직접 시온성을 순례할 때 하나님의 현현의 은혜와 계시를 경험하게 된다는 것이다.

우리가 찬송과 기도를 통해 직접 하나님의 임재를 구할 때 하나님께서 우리에게 오셔서 은혜와 계시를 주신다는 것이다. 순례자들은 예루살렘 성전에 직접 자신들의 몸을 보여드릴 때 하나님의 현현을 직접 경험한다는 것이다. 그런 맥락에서 우리도 성만찬에 참여하여 그리스도의 피와 살을 나눌 때 우리는 그리스도와 하나가 되고 또 하나님으로부터 영적 힘을 얻는다.

우리는 또한 교회에서 우리의 삶은 우리의 것이 아니고 하나님의 주권에 속한다고 신앙 고백한다. 우리의 행복은 물질적 축복이 아니다. 하나님께 우리의 삶과 미래를 맡긴다고 신앙 고백할 때 우리는 완전히 하나님의 것이 되는 것이다. 우리가 목적으로 삼고 있는 것은 매일 또는 영원히 하나님 안에 있다고 하는 희소식을 84편은 선언하고 있다. 좋은 소식은 우리가 하나님 안에서 힘, 가치, 삶을 발견하고 또 변화시키는 능력이라는 것이다.

시편 122편 ● 예루살렘을 위한 찬양과 기도의 노래 (성전에 올라가는 순례자의 노래, 다윗의 시)

122편은 예루살렘 순례의 찬송이다. 순례가 끝나고 귀가하면서 부른 작별의 노래다. 신명기 법전에 의하면 이레 동안 장막절을 예루살렘 성전에서 지킨다(신 16:13-15). 또한 예루살렘에는 여러 지파가 모여 주님의 이름을 찬양한다. 순례자들은 지난 7일간의 장막절 축제를 통하여 깊은 감동을 받았을 것이고, 흩어진 이스라엘의 모든 지파가 이제는 하나로 통일될 수 있다고 믿고 성전을 떠나려고 했을 것이다. 이 순간에 순례자들은 예루살렘의 평화와 번영을 위해서 기도했을 것이다.

이 시편의 연대는 바빌론 포로기 이후로 보인다. 이스라엘 지파들이 예

7) Marvin E. Tate, *Psalms 51-100*. WBC 20(Dallas: Word, 1990), 632.

루살렘으로 순례했다는 언급(4절)은 시기적으로 신명기 이후로 봄이 좋을 것이다(신 21:5).

"예루살렘에 평화가 깃들기를 기도하여라"(6절)라는 말씀은 오늘날 이스라엘과 팔레스타인의 분쟁을 두고 하는 말과 같다. 중동 지역, 특히 예루살렘을 중심으로 하는 전체 팔레스타인에는 평화가 하루빨리 이루어져야 한다. 예루살렘의 평화를 기원하면서 122편이 묘사하는 예루살렘은 그냥 하나의 도시가 아니고 하나님이 거하시는 상징적 도시라는 것이다. 예루살렘을 둘러싼 계속적 논쟁은 시온의 상징적 의미를 이해하지 못하는 데서 오는 것이다. 하나님의 현현을 상징적으로 보기보다는 내가 (우리가) 소유하여야 하고 점령하여야 한다는 욕망 때문이다. 예루살렘에 입성하는 일은 하나님의 통치를 경험하는 일이다. 그러한 경험을 통해서 하나님의 세상이 하나님의 뜻을 성취하도록 변화시키는 것이다. 즉 예루살렘에 입성한다는 것은 오늘날을 종말론적으로 산다는 것을 의미한다. 왜냐하면 하나님이 요구하시는 일과 그 목적은 항상 우리 인간의 뜻과 상치되기 때문이다.

예루살렘에 입성하는 일은 항상 종말론적이다. 즉 종말론적 삶은 하나님의 통치 아래 산다는 것을 말한다. 122편 시인이 예루살렘에서 보고 느낀 것은 '주님이 여기 계신다'는 것이다. 이 세상은 캄캄한 어둠의 세계이고, 또 아무것도 제대로 돌아가지 않는 좌절이 가득한 세상이지만 '주님이 여기 계신다'는 희망을 예루살렘에서 발견하는 것이다. 기독교인들은 예수 그리스도가 이 세상에 오심을 통하여 '하나님이 같이 하신다'는 임마누엘을 믿는다. 예수께서 우리와 같이 하시니(임마누엘) 이 세상이 험난하고 어려우나 희망을 갖고 살아 나가는 것이다. 122편 저자가 제시하는 희소식은 고통 속에 있는 인간을 변화시키고 또 그 어둠의 세계를 밝은 빛의 세계로 변화시킨다.

하나님의 통치 실현을 위해서는 기다림이 중요하다. 성서 테마 중 하나가 기다린다는 것이다. 시편 시인들은 "나는 하루종일 주님을 기다린다"고 간증한다. 이사야 40장은 이렇게 약속한다.

오직 주님을 소망으로 삼는 사람은 새 힘을 얻으리니
독수리가 날개를 치며 솟아오르듯 올라갈 것이요
뛰어도 지치지 않으며, 걸어도 피곤하지 않을 것이다(사 40:31).

성서에서 언급하는 기다림은 항상 냉혹하고 모진 상황에서 일어난다. 이스라엘 백성은 노예 생활에서 해방을 기다렸다. 포로생활을 하다가 귀국하기를 기다렸다. 이렇게 아주 처참한 상황 속에서 그저 기다렸다. 이러한 처참한 상황을 예언자들은 "깊은 암흑 속에 앉아 있다"고 표현한다. 그래서 기독교인들은 강림절에 다음과 같은 찬송을 부른다.

곧 오소서 임마누엘, 오 구하소서 이스라엘,
그 포로생활 고달파 메시아 기다립니다.
기뻐하라 이스라엘 곧 오시리라 임마누엘(통일찬송가 104장).

예수님께서 공생활 끝에 제자들에게 앞으로 올 것을 위해 준비하라고 말씀하셨다. 예수님은 말씀하시기를 희망을 가지고 기다리며 앞으로 올 사건을 기대하라고 했다. 깨어 기다리라고 예수님은 그의 제자들에게 말했다. 강림절에 기독교인들은 아직까지 완전히 성취되지 않은 것이 실현될 것이라고 믿으며 기다린다. 즉 인간의 구속, 죄에서 해방, 성취, 평화, 하나님이 원하시는 나라가 온다는 것이다. 모든 나라에게는 평화가 오고, 모든 백성에게는 정의가 실현되고, 억압당한 자들이 해방된다는 것이다. 즉 하나님의 통치를 기다린다.

5. 위대한 개인 찬양시(시 103, 111, 145편)

찬양시에는 아주 훌륭하고 뛰어난 개인 찬양시가 있다(시 103, 111,

145편). 개인은 항상 공동체 속에서 존재한다. 그런가 하면 찬송시 가운데 몇 편은 확실히 개인 찬송시임이 분명하다. 개인 찬송시의 중요한 내용은 개인 자신이 회중 앞에서 "하나님께서 자신을 고통으로부터 건져 주셨다"는 것을 고백하는 찬송이다. 자신의 신앙 체험을 공동체 앞에서 고백하는 찬송이다. 이런 과정을 통해서 회중을 가르치는 교육적 역할도 한다.

일반적으로 찬송시는 세 그룹으로 나눠져 있다. 첫째는, 우주의 창조주를 찬양하는 것이다(시 8편). 둘째는, 이스라엘을 창조하고 선택하신 하나님께 드리는 찬송이다(시 100편). 셋째는, 역사를 주관하시는 창조주께 드리는 찬송이다(시 103편). 103편에서 시인은 "내 영혼아 주님을 찬송하여라. 주님이 베푸신 모든 은혜를 잊지 말아라"고 외치며 역사를 주관하시는 하나님을 찬양한다. 이들 개인 찬송시 가운데 103, 111, 145편을 명상하도록 한다.

시편 103편 ● 내 영혼아, 주님을 찬양하여라(다윗의 노래)

103편은 개인 찬송시다. 시인이 자신의 신앙과 경건성을 표현하는 노래이다. 이 시편의 영적 깊이는 신약성서에 나타나는 영적 깊이와 흡사하다. 하나님은 모든 것을 통치하시고 또 인간에게 모든 것을 베푸심을 찬양한다. 모든 피조물은 그 은혜의 하나님을 찬양한다. 이 시편은 히브리 알파벳에 따라 24행으로 구성되어 있다. 즉 103편의 이러한 구조는 모든 것을 포함한다는 뜻이다. 시인은 다섯 가지 복을 받은 것을 하나님께 감사하라고 자신에게 명한다. 첫째는, 죄의 용서, 둘째는, 병으로부터 회복, 셋째는, 스올(Sheol)로부터 구출, 넷째는, 사망 후에도 복된 삶으로 인도함 받음이고, 마지막으로는, 하나님의 영원한 아름다움에 기쁨을 느끼게 된다는 것이다.

일반적으로 구약성서에 나타나는 하나님은 분노와 심판의 존재로 생각한다. 그러나 이 시편을 읽으면 하나님은 그 반대의 존재이시다. 베스트만

(Westermann)은 그의 저서 『구약신학 요소들』에서 103편을 중심으로 하나님은 자비와 긍휼의 존재라고 한 것을 강조한다. 그는 이 문제를 다음과 같이 설명한다.

> 103편 시인은 하나님이 분노하신다는 사실을 그대로 받아들인다. 그러나 하나님의 분노에는 제한성이 있다고 생각한다. 하지만 하나님의 선하심에는 아무런 제한성이 없다고 말한다(17절). 또한 죄 용서에도 경계선이 없다. 만일 하나님이 인간이 죄짓는 대로 행동한다면 우리는 실망할 것이다. 하나님의 분노와 선하심이 일치하게 행동한다. 그분의 용서, 그 선하심은 측량할 수 없다는 것이다. 이렇게 103편 전체는 인간이 다 이해할 수 없는 하나님의 선하심을 취급하고 있다.[8)]

이 시인이 우리에게 보여주는 것은 주권을 가지고 일하시는 하나님의 마음이다. 하나님은 노하시고 심판하는 하나님인 동시에 하나님은 은혜가 충만하여 용서하신다는 것이다.

하나님은 은혜로우시어 한없이 용서하시나 또한 하나님은 절대적 복종을 요구하신다. 하나님의 은혜와 용서에는 제한성이 없다. 이러한 무조건적 사랑은 사랑하는 부모와 같다. 이렇게 하나님은 인간을 사랑하신다. 하나님께서는 그의 본질적 성격상 사랑할 수밖에 없다. 왜냐하면 하나님의 본질이 그렇기 때문이다.

기독교인들에게는 예수 그리스도의 십자가가 그 모순의 초점이다. 기독교 신학은 전통적으로 십자가를 통해 하나님의 정의를 실현시키는 것으로 해석해왔다. 그러나 사실은 하나님 자신이 희생 제물을 바침으로써 하나님의 정의가 실현된 것이다(롬 5:8). 하나님의 정의가 하나님의 주권과

---

8) Claus Westermann, *Elements of the Old Testament*, trans. D. W. Stott(Atlanta: John Knox, 1982), 139.

절충되는 것은 아닐까? 주권의 신비성과 은혜의 기적이 절충되는 것이다. "보좌를 하늘에 두시고 그의 정권은 만유를 통치하시는"(19절) 하나님을 신앙 고백하는 것이다. 보좌에서 통치하시는 하나님은 또한 사랑하는 부모님과 같이 사랑하는 주님이시라는 것이다(사 49:15). 그러한 사랑이 우리의 영, 우리의 삶, 우리의 전체를 지배하신다.

시편 111편 ● 하나님의 훌륭한 업적을 찬양하여라!

레슬리(Leslie) 교수는 111편에 "하나님의 훌륭한 행적을 기리기 위한 예술적인 찬양의 노래"라는 제목을 달았다.[9] 111편은 알파벳 찬송이며 회중 예배에서 한 개인이 부르는 노래이다. 111편과 112편을 하나의 노래로 읽는 것이 이 시편을 이해하는 데 도움이 될 것이다. 두 시편 모두 회중 앞에서 부르는 개인 찬송시라는 공통점이 있다. 시인은 자기의 영적 경건성을 회중 앞에서 예술적으로 표현하는 것이다. 시인은 바빌론 포로기 이후에 살았던 것으로 보인다. 이 시편의 주제는 이스라엘에 베푸신 하나님의 행위에 영광을 돌린다는 것이다.

111편은 '찬양'으로 시작하여 '찬양'으로 끝맺는다(1, 10절). 이 시인은 온 마음을 다해 하나님을 찬양할 의도를 표현한다(1절). 하나님께 온 맘을 다해 찬양하는 것이 찬양의 실재(essence)이다. 하나님을 찬양한다는 것은 필연적으로 하나님께 복종한다는 것을 뜻한다. 이러한 하나님에 대한 태도는, 즉 하나님께 찬양, 감사, 복종을 말한다. 하나님께 찬양, 감사, 복종한다는 것은 바로 하나님을 두려워한다는 뜻이다(10절). "주님을 경외하는 것이 지혜의 근본이다"라는 10절의 말씀에는 찬양, 감사, 복종이 다 포함되어 있다. 하나님을 두려워함은 어떤 공적을 쌓는 일이 아니고 하나님의 은혜에

9) Elmer Leslie, Elmer, *The Psalms Translated and Interpreted in the Light of Hebrew Life and the Worship*(New York: Abingdon-Cokesbury Press, 1959), 50.

의해 인간이 전체를 바쳐서 그의 부름에 응하는 것이다. 주님을 경외함이 인간이 업적을 쌓는 동시에(8, 10절) 또한 하나님의 은혜는 인간의 업적을 일깨워 준다는 것이다(4-6절). 예를 들면, 이스라엘에 의하면 출애굽이 시내산보다 먼저 있었다는 것이다. 즉 하나님의 은혜와 구원은 백성이 전체를 바쳐서 응할 때 선물로 주시는 것이다. 즉 은혜가 먼저 있고 구원은 전체를 바쳐 응할 때 주시는 선물이다. 그런고로 찬양은 제의(liturgy, 1절)이고, 삶의 양식(style)이다(8, 10절).

그러면 하나님을 찬양하는 동기는 무엇인가? 하나님의 훌륭한 업적을 찬양하는 것이다. 하나님이 그들을 광야에서 먹이시고 인도하셨기 때문이다. 그들은 하나님의 사랑과 자비를 기억하고 있다. 즉 "주님은 은혜로우시며 긍휼이 많으시다"라는 것이다(4절). 그들은 광야에서 살았던 경험을 고백한다. 주님의 은혜와 긍휼은 육체적 축복만을 말하는 것은 아니다. 제5절에 보면, 하나님은 그의 언약을 영원토록 기억하신다고 했다. 하나님께서 영원토록 지켜 주시는 진실성에 찬양과 감사를 드리는 것이다. 하나님께서 "손수 하신 일들은 진실하고 공의로우시며, 주님이 지시하신 법은 모두 든든하며"(7절)라는 말씀을 확신하는 이 시편 시인은 언약을 진실하게 지키시는 주님께 감사한다. 여기 하나님의 진실과 정의, 진실과 공의를 찬양하고 그의 거룩하고 두려운 이름을 찬양한다는 것이다(9절). 이러한 하나님을 즐거워하는 사람은 하나님을 만나기 위해 찾는다는 것이다(2절). 하나님을 찾는 사람은 예배 공동체에서 영원히 찬송한다고 시편은 끝을 맺는다(10절).

시편 145편 • 하나님은 위대하시고 선하시다(다윗의 찬양시)

145편은 개인 찬송시로서 하나님의 영원한 왕국을 노래한다. 개인 찬송시로서 예배드리는 회중 앞에서 부른 노래다. 111편과 같이 145편도 알파벳 순서에 따라 구성되어 있다. 시인은 이 시를 통하여 하나님의 위대하심과 존엄성에 영광을 돌리라고 요구한다. 그는 깊은 영적 감각으로 고상한 신앙을 고백한다. 알파벳 형식을 따랐으나, 히브리 알파벳 가운데 하나인 '눈'(N)으로 시작하는 절이 없다. 칠십인역(LXX)에 빠져 있는 '눈'에 해당하는 절에 다음과 같은 구절을 삽입하여 전체적으로 균형을 맞추었다("주님이 하시는 말씀은 모두 다 진실하고, 그 모든 업적에는 사랑이 담겨 있다").

유대교 전통에 따르면, 유대인들은 하루에 세 번씩 이 시편을 음미했다고 한다. 메이스(Mays)는 탈무드(Talmud)을 인용하면서 145편의 가치성을 강조한다.[10] 즉 누구든지 다윗의 찬양(Tehillah)을 하루에 세 번 반복하면 그는 앞으로 태어날 어린애와 같이 될 것이라고 믿었던 것이다. 시의 문학적 유형으로 보아 정확한 시기를 알 수는 없으나, 알파벳 형식으로 되어 있는 것으로 미루어 후기의 저작임이 틀림없다.

유대 탈무드(Talmud)는 145편을 자주 반복해 읽는 것이 영적 수련에 중요하다고 한다. 이러한 수련을 통해 인간이 자기 자신의 부족함을 느끼며 하나님의 주권을 받아들인다는 것이다. 오늘날 많은 인간이 추구하는 삶과는 완전히 다른 것이다. 하나님의 요구하심은 하나님의 통치와 주권을 중요시하고 그 요구에 따라 행동하는 것이다. 이러한 삶은 인간의 자율권을 주장하는 문화권과 충돌이 불가피하다. 확실히 145편은 하나님의 주권 속에서 살 것을 원한다. 그 하나님의 통치와 주권은 은혜롭고, 자비로우며 사랑으로 표현된다. 예수님도 그의 제자들을 불러 이러한 삶을 살아가라고 말씀하신다. 회개하고 자기 자신을 부인하고 하나님 나라에 들어올 것을 예수님은 초청한다(막 1:14-15). 인간이 성취하여야 할 것은 자기 자신을 부인하는 것이라고 강조한다(막 8:34-35). 예수님과 145편 저자는 가난한 자와 핍박을 받는 자들이 행복하고 낮은 자가 높이 들리고, 또 꼴찌가 처음이 되는 하나님의 통치를 주장한다(시 145:14-20, 마 5:3-11, 막 8:33-37, 10:41-45, 눅 18:9-14). 145편이 요구하는 세상에 산다고 함은 종말론

10) James L. Mays, *Psalms*, Interpretation(Louisville: John Knox, 1994), 437.

적인 삶을 말한다(시 2, 93, 95, 96-99편). 악한 세상에서 하나님을 사랑하고, 하나님의 요구에 복종하며 산다는 것은 하나님의 약속된 미래, 즉 종말에 사는 것이다.

기독교와 유대교는 145편의 중요성을 강조한다. 아우구스티누스(Augustine)는 그의 고백록에서 하나님을 찬양하지 않고는 행복을 경험할 수 없다고 했다. 어거스틴은 다음과 같은 유명한 말씀을 고백한다. 즉 그는 "우리 인간은 당신의 피조물이기 때문에 우리 영혼이 당신 안에 쉴 때까지 평화를 발견할 수 없다."고 고백했다.[11] 어거스틴은 145편 저자가 말하는 진리를 미리 알아차리고 우리 모두에게 그 진리를 알라고 이렇게 고백한 것이다. 우리는 하나님의 능력은 은혜롭고 자비로우시며 또 사랑이 크시다는 이 좋은 소식을 다른 사람들에게 알려야 한다(시 145:7-13, 8, 100, 103-104, 117편).

---

11) Augustine. *Confessions*, trans. R. S. Pine-Coffin(NY: Penguine Books, 1979), 21.

제3장

히브리 신년 축제의 찬송과 노래와 기도

제3장은 히브리 신년 축제 의식에서 사용되었던 찬송과 노래와 기도를 고찰한다. 히브리 신년 축제는 다음 여섯 가지 주제로 노래와 기도로 구성되어 있다. 첫째는, 새해를 맞이하는 전날 밤에 부르는 노래이고, 둘째는, 주님의 제왕 즉위를 찬양하는 노래이며, 셋째는, 새해에 왕으로 즉위하는 것을 찬양하는 새로운 노래이고, 넷째는, 군림하는 군주를 위한 새해 노래와 기도이고, 다섯째는, 공동체 감사의 노래이며, 마지막 여섯째는, 재판관이신 주님께 드리는 찬양과 번영을 위한 기도이다. 이 여섯 주제는 서로 밀접하게 연결되어 있고, 또 가끔은 서로 합쳐져서 나타난다.

1. 신년 축제 전야제 찬송(시 134편)

신년 축제를 준비하기 위해 전날 밤에 부르던 찬송이다. 거룩한 축제 기간 동안 제사를 밤낮으로 계속 드린다. 역대상 9:33에 의하면, 레위지파 족장들이 부속 건물에 살면서 밤낮으로 찬양을 맡아 본다. 장막절 이레 동안 밤에 축제를 거행하는데 새벽까지 계속된다. 이와 관련되어 있는 134편을 명상하기로 한다.

시편 134편 ● 축제를 준비하는 밤에 부르는 찬양 (성전에 올라가는 순례자의 노래)

134편은 축제를 준비하는 제사장의 찬양이라고 보는 것이 적절하다. 이 시편은 순례자의 노래들(시 120-134편) 가운데 마지막 시편이다. 시인은 예루살렘을 순례하는 순례자들에게 주님을 찬양하라고 촉구한다(1-2절). 순례자들이 예루살렘으로 상경하는 것은 하나님의 복을 받기 위함이다. 이 시편의 삶의 자리는 장막절을 준비하는 전 날 밤에 각지에서 모여든 순례자들을 축복하는 제사장의 축도이다(민 6:23-25, 신 21:5, 시 118:26). 순례자들이 주님을 우주의 주권자라고 신앙 고백한다. 백성에게 복을 베푸는 과정을 통하여 하나님과 백성이 밀접한 관계를 맺는다.

축제에 참석한 순례자들이 하나님의 종으로서 "주님을 송축하여라"고 두 번씩 외친다(1-2절). 하나님을 송축한다(brk)는 뜻은 하나님 앞에 무릎을 꿇고 경배한다는 뜻이다. 하늘과 땅을 창조하신 하나님은 백성의 주권자라고 신앙 고백한다(3절). 놀라운 것은 하나님과 순례자들이 서로 축복하며 외치는 것이다(3절). 송축은, 무릎을 꿇고 축복한다 함은 하나님 자신도 무릎을 꿇는다는 뜻이다. 하나님께서 자진해서 종의 역할을 자발적으로 겸손한 태도를 나타냄을 말한다. 하나님께서 시온의 백성에 대해 책임을 진다는 겸손한 선택과 책임을 말한다(시 132:13-14). 백성을 축복한다는 뜻은 하나님께서 고통을 감수한다는 말이다. 즉 용서와 사랑을 아끼지 않으시는 하나님의 성격을 나타내는 것이다. 그러므로 우주의 하나님이 시온의 죄인들을 축복한다는 것이다. 우주적 하나님께서 시온에 오심은 고통의 종의 형상으로 오신 예수님의 성육신을 말하는 것 같다.

2. 제왕 즉위 시편(시 47, 68, 93, 96, 97-99편)

모빙켈(Mowinckel)은 시편 연구에 많은 공헌을 했다. 특히 이스라엘이 매년 초에 주님을 왕으로 모시는 '제왕 즉위 축제'에 관한 시편을 연구했다.[1] 이스라엘은 새해가 시작할 때 주님이 온 땅의 왕으로 즉위하는 예식을 거행했다. 제왕 즉위 시편들은 주님을 만군의 주, 영광의 왕으로 모시는 축제를 거행하는 시들을 말한다. 하나님을 왕으로 고백하는 개념은 이미 고대 이스라엘 역사 자료에서 찾아볼 수 있다. 고대 자료에 의하면, "주님께서 보좌에 앉으시고, 그 좌우 옆에는, 하늘의 모든 군대가 둘러 서 있다"라고 했다(왕상 22:19). 이러한 전통은 바빌론이나 가나안 종교에 영향을 받았다고 할 수 있다. 신년 즉위식에서 성전에 모인 회중과 예루살렘 전체 백성은 주님이 왕이시라는 내용의 개선가를 부른다. 그러면 다음 왕 즉위 축제 시편인 47, 68, 93, 96-99편을 고찰해 보자.

시편 47편 ● 온 땅을 통치하시는 왕이신 하나님
(지휘자를 따라 부르는 노래, 고라 찬송의 시)

47편은 왕이신 하나님께 드리는 축하 행진의 모습을 가장 실감나게 묘사한다. 결론부분인 제8-9절은 하나님께서 왕이시라고 선언한다. 모든 사람은 주님의 주권을 인정해야 하고(1절), 주님을 찬양할 것을 요구한다(6

---

1) S. Mowinckel, *The Psalms in Israel's Worship.* vol. 2. trans. D. R. Ap-Thomas (NY: Abingdon Press, 1962), 81. 또한 J. W. Patton, *Canaanite Parallels in the Book of Psalms*(Baltimore: John Hopkins University Press, 1944), 15-19; E. Leslie, *Old Testament Religion in the Light of Canaanite Background on Discussion on the Ras Shamra*(NY: Abingdon-Cokesbury Press, 1936)를 참조하라.

절). 주님을 찬양할 근본 이유는 하나님께서 온 땅에 왕이시기 때문이다 (2, 7절). 하나님이 상징적으로 법궤에 임재하시는 왕으로 나타나는 것이다 (5절). 이것이 제왕 즉위식과 관련된 가장 중요한 경험이라고 모빙켈은 주장한다.[2)]

이스라엘 백성은 하나님을 인간과 같은 존재로 만들려는 유혹을 끊임없이 받았다. 그와 마찬가지로 기독교도 역사적으로 하나님을 그의 소유물로 만들려는 유혹을 받아왔다. 우리는 하나님의 선택과 사랑을 노래하면서도(4절), 하나님이 세상을 사랑하고 통치하신다는 사실을 쉽게 잊어버린다 (9절). 기독교인들은 예수님이 우리의 구세주라고 고백하면서도 그 사실을 망각할 때가 많다. 하나님이 우리를 소유하기보다는 우리 인간이 하나님을 소유하려는 경향이 많다. 아브라함의 하나님과 예수 그리스도를 통해 나타나신 하나님을 예배한다는 것은 우주적 주권자를 경배하는 것이다. 즉 세상의 모든 인간을 형제자매로 맞아들임을 말한다. 우주적 주권자로 그분을 인정하고 받아들인다면 우리는 전쟁보다는 평화를 추구할 것이다.

47편의 구조와 내용으로 비추어 볼 때 제의(liturgy)의 중요성을 지적하게 된다. 예배를 통해서 우리 인간의 존재와 세상의 통치자로서 하나님의 존재를 경험하고 또 세상에 나가 그 신앙을 행동으로 옮기는 것이다. 예배를 통해서 경험한 하나님을 우리 일상생활에서 반영시킨다. 47편과 예수님의 선언에 의하여(막 1:14-15) 우리는 하나님이 세상을 통치하고 또 세상이 하나님의 주권의 범위 안에 있다고 고백한다. 우리의 신앙 고백은 그런고로 종말론적이다. 우리가 우리의 제의/예배를 통해서 하나님의 주권이 존재함을 믿고 고백하는 것이 중요하다는 것이다. 예배의식에서 하나님의 주권을 신앙 고백하며 하나님의 통치를 받아들인다고 선언하고 고백할 때 47편의 근본 의도와 예수님의 근본 요구를 실현시킨다고 본다. 47편을 기독교에서는 전통적으로 승천절에 사용해왔다. 47편도 교회가 예수님의 삶,

2) Mowinckel. *op. cit.*, 117.

죽음과 부활을 지향한다고 본다.

시편 68편 ● 제왕 즉위를 찬양하는 노래들
(지휘자를 따라 부르는 다윗의 찬송시)

68편은 제왕 즉위식에 사용된 노래들을 하나로 편집한 것이다. 제왕 즉위식에 관한 제의 예식을 모아 놓은 것이다. 독립된 여러 제의 예식을 수집하고 편집한 68편은 그 자체로 하나의 훌륭한 시편이다. 중간마다 계속 변하는 문학적 형식 때문에 이해하는 데 다소 어려운 점이 있기는 하나 문학적 통일성에는 문제가 없다. 이 시편의 삶의 자리는 바빌론 포로기 이후였을 것으로 추정된다. 이 시편의 주제는 이스라엘 역사, 즉 인간의 역사 안에서 활동하시는 주님의 구원의 역사이다. 이스라엘 왕권을 수립하게 하신 하나님의 승리와 통치를 찬양한 시이다. 하나님은 이스라엘과 모든 이방나라까지도 통치하시는 주님이시다. 68편은 크게 세 단락으로 구성되어, 첫째는, 1-10절이고, 둘째는, 11-23절, 마지막 단락은 24-35절이다. 각 단락마다 특별한 장소와 관련되는데, 첫째는, 시내산(8절), 둘째는, 바산(15, 22절), 셋째는, 예루살렘과 연결되어 있다. 언급한 세 곳에서 벌어지는 하나님의 활동을 묘사하고 있다.

68편의 내용은 초월적 하나님께서 오래 전에 활동하셨던 사건들을 모은 것이다. 시편은 인간의 언어로 과거 하나님의 활동을 어떻게 서술하느냐 하는 신학적 과제를 다루고 있다. 시내산에서 예루살렘까지의 하나님의 행적을 추적한다. 메이스(Mays)는 과거와 현재를 연결시키는 신학적 과제의 중요성을 제기한다. 즉 68편은 하나님의 행적을 어느 특정한 때나 장소에 따라 묘사하는데, 앞으로 다가올 하나님의 통치는 이렇게 시간과 공간과 연결되어 있다는 것이다.[3] 이러한 시공간적 특수성은 믿을 수 없는 것같

3) James L. Mays, *op. cit.*, 228.

이 보이기도 하나 기독교인들로서는 받아들이기 어려운 일이 아니다. 역사적 예수를 취급할 때 이러한 신학적 질문이 제기되기 때문이다. 예수님은 하나님의 나라가 현재 인간 역사 속의 시간과 공간에 나타난다고 선언한다. 예수님은 그 나라에 우리가 참여할 것을 요구하신다(막 1:14-15).

68편은 신약성서가 주장하는 것처럼 하나님의 통치는 어떤 시간과 장소에서도 항상 종말론적이라고 말한다. 하나님의 통치 활동은 절대로 완전히 나타나지 않는다. 항상 반대 세력이 역사한다는 것이다. 이스라엘과 예루살렘은 적들로부터 자주 공격을 받았다. 예수님도 마찬가지로 십자가에 못 박혔다. 현대 사회의 현상을 보면 국가적 안전, 정치 경제 제도 등이 하나님의 통치에 반대하며 풍파를 일으킨다. 68편에는 종말론적 논쟁들이 많이 나타난다. 즉 하나님을 군대의 용사와 같이 묘사한다. 68편이 시작과 끝을 탄원으로 장식한 것을 보면 하나님은 그냥 적을 소멸하시지 않는다(68:1-3, 28-31). 물론 하나님은 그의 반대자들과 싸우고(1-2절), 또 호전자들을 적대시한다(3c). 그러나 하나 확실한 것은 하나님은 자비와 사랑으로 전쟁하신다. 한마디로 말하면 68편은 우리로 하여금 승리주의자가 아닌, 한없는 사랑과 자비로 정의를 실천하는 사람들이 되라고 촉구한다(5-6절).

이렇게 성서가 요구하는 것은 우리 문화가 요구하는 것과는 다르다. 즉 인간 삶이란 우리 인간이 어떤 목적을 성취함이 아니다. 하나님께 의존하고 하나님의 뜻에 맘을 여는 것을 말한다(19-20절). 우리는 예배드릴 때 누가 세상을 통치하고 우리는 누구에게 속하는가 고백한다. 이러한 고백은 하나님의 능력과 힘이 필요함을 말한다. 기독교인은 부활의 힘과 능력을 믿고 싸워 나간다. 우리는 68편의 기도를 통해 이러한 힘과 능력을 얻는다.

이 시편 시인은 "하나님이 일어나실 때에 하나님의 원수들을 흩으시고 하나님을 미워하는 자들이 하나님 앞에서 도망친다"고 말한다(1절). 그리고 "그는 당신의 백성에게 힘과 능력을 주시는 분이시다"라고 강조하며 끝맺는다(35절).

시편 93편 ● 하나님이 세상을 세우셨다

93편은 제왕 즉위 찬송시이다. 주님의 존엄성을 표현한 짧은 찬송이다. 이 시편에서 우리는 바빌론 신년 축제가 이스라엘 신년 축제 의식에 영향을 주었음을 확실하게 알 수 있다. 이 시편에서 묘사하는 주님은 혼돈의 폭풍과 홍수와 싸워서 승리하시어 질서를 창조한다. 우리는 이 시를 통하여 바빌론 신화에서 질서와 무질서의 신들의 투쟁을 통해서 세상을 창조하는 이야기를 엿본다. 하나님의 백성이 무질서의 악의 세력과 투쟁함을 엿볼 수 있다. 아마도 페르시아에 아르타크세스 3세(344 BC)의 무자비한 공격으로 이스라엘이 패한 역사를 말하는 것으로 보인다. 시인은 하나님이 나타나 주시기를 간절히 바란다.

93편은 일어난 사건들이 하나님의 충실성과 사랑에 따라 일어난 것이라고 생각하고 쓴 것인 듯하다(시 89:40). 오늘날과 같이 악이 성할 때 사람들은 마음속으로 그렇게 질문을 할 것이다. 즉 하나님의 통치는 종말론적이라고 긍정할 것이라는 것이다. 그러나 93편을 포함한 전체 시편을 살펴보면 하나님이 홀로 통치하신다는 사실과 하나님의 목적을 인간들은 신뢰하지 못하고 거부한다. 즉 포로생활의 고통, 악, 죄, 죽음 등이 하나님의 통치를 거부하는 징조로 나타난다. 그러나 확실한 것은 하나님께서 세상을 통치하신다는 것이다. 바이저(Weiser)는 93편이 하나님과 세상의 특수성을 들어내는 신앙의 눈을 갖게 해준다고 주장한다.[4] 즉 하나님은 과거와 현재와 미래에 존재하신다는 것이다. 하나님은 시간을 초월하신다는 말이다. 시간의 제한성을 받지 않는다는 것이다. 앞으로 일어날 사실을 오늘, 현재 시점에서 결단하고 행동하기를 원한다. 예수님께서 하나님의 통치를 선언하면서 백성이 그 통치 안에 들어오기를 원했다. 그러나 그 당시 사람들은

4) Artur Weiser, *The Psalms*. OTL. trans. H. Hartwell(Philadelphia : Westminster, 1962), 618.

예수님이 세상과 멀리 떨어져 있는 것으로 생각했을 것이다.

93편이 제의(liturgy)의 형식을 띠고 있는 점이 중요하다. 기독교인들은 예수님을 통해서 하나님께서 통치하신다는 사실을 믿는다. 예배 의식을 통해서 하나님의 통치를 재확인하는 기회를 갖기 때문이다. 그러나 문제는 오늘날 우리 세계는 하나님이 필요 없다고 생각한다. 인간이 세상을 모두 조절하고 있다고 믿는 것이 문제이다. 우리의 미래를 우리의 힘으로 해결해 나간다는 잘못된 생각이 문제이다. 그런고로 제의(예배)를 통해서 93편의 근본적 메시지, 하나님이 통치한다는 근본적 사실을 재확인하고 또 재확인하여 나가야 한다.

우리에게 주어진 좋은 소식은 또한 심각한 결과를 낳을 수도 있다. 하나님이 통치한다는 희소식을 믿느냐 안 믿느냐에 따라 돌이킬 수 없는 결과를 가져온다. 생태학적 문제를 예로 들 수 있다. 우리가 좋은 청지기가 되면 우주는 생태학적으로 깨끗해질 것이다. 예수님의 가르침, 즉 자기 자신을 부인하고 십자가를 지라고 하는 말씀이 하나님의 통치에 들어가는 첫길이다(막 8:34). 예수님의 근본적 요구는 하나님이 통치하신다는 것을 받아들여야 한다는 것이고, 우리 모두 그 통치에 참여하라는 것이다. 본회퍼가 그 삶을 통해서 우리에게 보여주었듯이 우리는 주님의 참 제자로서 그 대가를 치러야 한다.

시편 96편 • 세상을 심판하려고 오신 왕

96편은 제왕 즉위 시편(시 93, 95–99편) 가운데 하나로서 시편 제 IV권(90–106편) 안에 들어 있다. 96편은 전략적으로 매우 적절한 위치를 차지하고 있다. 제왕 즉위 시편 가운데 96편은 시적으로 가장 아름답다. 96편은 바빌론 포로기 이후의 작품으로 보인다. 어떤 학자는 96편이 다윗이 법궤를 예루살렘으로 옮길 때 창작되었다고 주장한다. 바빌론 포로기 이후 작품으로 96편과 이사야 40–55장 사이에는 밀접한 관계가 있다고 본다. 즉 하나님이 이 세상 전체를 통치하시고 심판한다는 것이다.

96편은 '하나님이 통치하신다'는 전체 시편의 신학적 중심 사상을 명료하게 서술한다(시 2, 29, 47, 65-68, 93, 95, 97-99편). 하나님이 통치하시니 온 땅의 회중들이 찬양하여야 한다는 것이다(1, 9절). 온 땅의 회중이란 물론 인간들이고, 또한 하늘과 땅과, 바다, 들, 나무 모두를 포함한다(11-12절). 이 시편은 만방의 민족이 다 동반자로 참여해야 한다(7절)고 선포하면서 동시에 또한 생태학적 함축성을 품고 있다. 인간과 온 땅의 운명은 분리될 수 없다는 것이다. 우리 인간, 식물들, 땅, 바다 모두 운명을 같이한다(시 150:6, 호 4:1-3, 시 8, 104편).

96:7-9는 29:1-2와 비슷하게 하나님을 찬양하라고 외친다. 그러나 96:7은 모든 민족이 찬양해야 한다고 선언한다. 즉 하나님의 주권은 온 땅과 하늘까지 확장된다는 것이다. "나라가 임하게 하시며 뜻이 하늘에서 이루어진 것같이, 땅에서도 이루어지게 하옵소서"(마 6:9-10)라는 예수님의 주기도문도 같은 내용으로 또한 하나님의 주권을 말하고 있다. 96편과 주님의 기도는 종말론적 면을 암시하고 있다. 하나님의 현재성과 미래에 다가올 하나님의 나라를 암시하고 있다.

96:2-3은 '현현주일'(Epiphany)과 관련이 있다. 96편은 또한 성탄절에 읽는 전통이 있다. 그 이유는 예수님 탄생이 바로 하나님의 통치를 드러낸다고 믿기 때문이다. 즉 이 시편의 '하나님이 통치하신다'라는 메시지는 예수님의 메시지와 같다. 예수님과 96편 시인은 우리가 하나님의 통치에 참여해야 한다고 말한다. 하나님의 주권은 항상 도전을 받는다. 심한 핍박 중에서도 요한계시록은 다음과 같이 확신한다.

> 세상의 나라는 우리 주님의 것이 되고
> 그리스도의 것이 되었다.
> 주님께서 영원히 다스리실 것이다(계 11:15).

하나님이 세상을 통치하신다는 믿음으로 우리는 세상의 불의와 싸울 수 있다고 말한다.

시편 97편 • 위엄이 넘치는 시온의 왕

97편은 다른 제왕 즉위 시편들과 마찬가지로 역시 하나님께서 온 세상을 통치하신다는 사상을 전개시킨다. 97편에 나타나는 언어와 주제도 다른 제왕 즉위 시편들과 흡사하다. 그러나 이 시편의 특수성도 있다. 앞 단락(1-5절)에 하나님이 나타나시는데 현현하시는 그 모습은 무척 구체적이다. 또한 이 시편에는 하나님이 심판자로 등장하신다.

97편은 하나님의 통치에 반대하는 악의 실재와 악한 자의 능력을 인정한다(10절). 이러한 현실을 인정하면서도 이 시인은 더 깊은 믿음을 드러낸다. 즉 하나님이 통치하신다는 것이다(1절). 다른 제왕 즉위 시편들과 같이 97편에도 종말론적 전망이 나타난다. 이것은 희망을 지향한다는 말이다. 하나님의 통치에 대한 시인의 희망이다. 하나님이 통치하신다는 시인의 선언은 공의를 이루고자 하는 희망이다. 곧 악을 대항하는 공의를 향한 희망이다. 하나님의 나라를 선포할 때 의로운 사람은 용기를 얻는다. 그런 의미에서 97편은 단지 희망을 품는 것보다 더 중요하다. 악의 현실 속에서 기쁨과 즐거움의 새로운 현실을 선언하며 그 희망에 참여하기 때문이다. 예수님의 근본 메시지도 이 시편의 메시지와 흡사하다(막 1:14-15). 예수님도 또한 그의 제자들에게 핍박 가운데서 즐거워하고 기뻐하라고 격려한다(마 5:12, 시 97:1, 12). 하나님의 통치와 그 통치 안에 사는 사람들에게는 예수님의 이러한 초청을 충분히 이해할 것이다.

96편과 같이 97편은 전통적으로 성탄절 날에 사용한다. 성탄절에 우리는 예수님의 탄생을 축하하는 동시에 하나님이 세상에 임재하신다는 사실을 축하한다. 97편도 하나님의 통치가 세상에 임재한다는 사실을 축하한다. 성탄절 또한 성육신을 축하하는 축제이다. 요한복음 1:14는 "말씀이 육신이 되어 우리 가운데 계신다"는 예수님의 성육신 사상을 말한다. 성육신은 하나님을 사랑하고 악을 미워하고, 정의와 공의를 실천하는 것을 뜻한다. 십자가에 돌아 가셨으나 이러한 과정을 통해서 영생의 길로 인도하신다(마 7:13-14).

기독교인들은 궁극적으로 하나님의 주권을 실행하여 모든 악의 세력을 제거해야 한다(10절). 악이 정복되며 정직한 사람들이 승리하게 될 것이다(11절). 말구유에서 빈 무덤까지 예수님이 세상에 성육신하심으로 우리는 정의와 공의를 추구하는 기쁨을 향유하도록 초청받는다. 이러한 초청에 응하여 악을 미워하고 정의와 공의를 사랑하는 삶을 추구함이 기독교인의 본분일 것이다. 97편을 명상하며 성탄절과 부활절에 성육신의 역사가 하나님의 통치를 새롭게 전환시킨다. 그 하나님의 통치 안에서 우리는 윤리적·도덕적 가능성을 보게 된다.

누가복음 1:52-53에는 성 마리아의 찬가(The Magnificat)가 나온다. 마리아는 다음과 같이 찬가를 부른다.

> 제왕을 왕좌에서 끌어내리시고
> 비천한 사람을 높이셨습니다.
> 주린 사람들을 좋은 것으로 배부르게 하시고
> 부한 사람들을 빈손으로 떠나 보내셨습니다(눅 1:52-53).

이 노래는 혁명적이다. 사실 칼 마르크스가 할 말이지 마리아가 할 말은 아닌 듯하다. 예수님의 탄생 이야기는 아주 아름답고, 가냘픈 이야기로 시작되는데 끝 부분에 가면 혁명적 내용의 말씀으로 변한다. 마리아의 찬가의 내용은 일상적 내용과는 정반대의 내용으로 되어 있다. 금전주의 현대 문화를 배격하고 자비와 정의의 삶을 살아가라고 요구한다. 마리아의 찬가는 사회개혁을 말하기보다는 인간의 근본적 요구(Needs)를 말하고 있다. 부한 사람들보다는 가난한 사람들이 요구가 더 많다는 것이다. 그들은 또한 다른 사람들에게 의존하여야 한다는 것이다. 이것이 마리아 찬가의 초점이다. 마리아 찬가의 가르침은 아주 간단하다. 당신의 삶 속에 이 세상에서 무엇이 필요하다는 긴급성이 없으면 당신은 선물을 받을 수 없다는 것이다. 사랑을 받아야 할 필요성이 없으면 사랑받을 수 없다는 것이다. 하나님의 통치 안에서 악한 정치와 사회 제도를 물리치고 주린 사람들로 하여금 좋은 것으로 배부르게 한다는 것이다. 이것이 바로 하나님의 통치의 한 측면이라는 것이다.

시편 98편 ● 온 땅이 주님을 왕으로 선포한다

98편은 제왕 즉위 찬송이다. 이 시편은 다른 제왕 즉위 시편과 공통점과 차이점도 있다. 첫째는, '구원'이라는 말이 맨 처음에 나온다(1-3절). 시인은 구원이라는 말을 반복하여 사용함으로써 하나님의 구원의 행위를 강조한다. 그러면서 이스라엘은 그들을 구원하신 하나님을 찬양해야 한다고 말한다. 둘째는, '즐거운 노래로 찬양하여라'는 메시지가 이어진다(4-6절). 셋째 단락에서도 찬양이 계속된다. 여기서는 창조의 질서를 찬양하라고 한다(7-8절). 마지막 단락은 2절의 내용을 상기시킨다(9절). 여기서 강조되는 것은 하나님께서 이스라엘과 온 피조물을 구원하신다는 것이다.

98편은 시편의 중심 사상인 하나님이 통치하신다는 메시지를 용기 넘치게 선언한다. 다른 제왕 즉위 시편과 같이 98편은 하나님께서 뜻하고 행하시는 정의와 공의가 그의 정책의 근본이라고 말한다. 이러한 정책은 또한 하나님의 성실과 사랑에 따른 것이다(3절). 요약해서 말하면 하나님이 성실과 사랑으로 우주를 통치하신다는 복된 소식을 98편은 말하고 있다(시 29, 47, 93, 95, 96, 97, 99편).

하나님의 적에 대해서는 꼬집어 언급하지 않았으나 98편은 그 세력을 넌지시 암시한다. 하나님의 주권이 실행될 때는 반드시 그 반대 세력이 나타나기 마련이다. 이 시편은 종말론적인 면을 강조하면서 이스라엘 백성에게 하나님이 통치하신다는 사실을 믿으라고 격려한다. 우리는 예수님 안에서 하나님의 통치가 이미 실현되었다고 믿는다. 또한 신실과 사랑이 가득하신 예수님이 모든 인간을 위해서 선포하신 정의와 공의를 알고 있다. 예수님 자신이 궁극적으로는 하나님의 통치라는 사실을 믿는다. 기독교인들은 이렇게 98편을 예수님의 노래로 불렀다. 예수님의 탄생을 선포하면서 마리아는 앞으로 올 이 사건을 하나님의 자비의 징조로 보았다(눅 1:54, 시 98:3).

이렇기 때문에 98편은 전통적으로 성탄절에 읽어왔다. 기독교인들은 출애굽과 바빌론 포로 해방을 하나님의 훌륭한 행적으로 받아들이면서(1절) 예수님의 탄생을 하나님의 놀라운 행적으로 보았다. 많은 기독교인은 이삭 왓츠(Isaac Watts)의 "기쁘다 구주 오셨네"라는 찬송이 98편에서 온 것으로 본다. 예수님의 탄생을 반기며 98편을 찬양할 때 우리는 또한 우주적 중요성을 깨닫게 된다. 98편은 또한 전통적으로 부활절 기간에도 읽었다. 즉 예수님 생애 전체, 즉 탄생, 십자가, 그리고 부활의 사건은 하나님께서 세상을 사랑하신다는 좋은 소식이고 또한 하나님의 주권을 나타낸다는 우주적 중요성을 말한다.

시편 99편 ● 하나님의 거룩하심을 찬양

99편은 제왕 즉위 시편(시 93, 95-99편) 가운데 결론에 해당한다. 신학적으로 시편의 핵심에 자리를 잡고 있다. 이 시편은 언약궤가 지성소 안에 안치될 때 주님이 왕으로 임하시고 온 땅은 두려워 떠는 모습을 묘사한다. 주님은 지진을 통해서 당신 자신을 드러낸다. 시온의 주님께서 왕의 자리에 즉위하신다는 것이다. 시온이 그 하나님의 통치의 중심으로 전 세계를 향하여 그 통치가 뻗어 나간다고 본다. 무서워 떠는 백성은 거룩하고 공의로운 왕을 찬양한다. 하나님의 거룩하심이 후렴으로 반복되어 나타난다(3, 5, 9절). 그 후렴은 "주님의 이름을 찬양하여라"를 세 번 반복하며 주님의 이름을 찬양하라고 강조한다.

99편은 마지막 제왕 즉위 시편으로 하나님의 주권의 본질에 그 초점을 맞춘다. 주권은 일반적으로 거룩성, 절대적 자유, 우월성 그리고 접근하기 어려운 존재를 가리키는 말로 이해되어 왔다. 그런데 99편은 이와 달리 접근하기 무서운 존재이신 하나님이 사랑과 용서를 행하시는 분이기에 가까이 다가갈 수 있는 존재이며 또 신실하시어 인간에게 임하시는 존재라고 새롭게 정의를 내린다. 한마디로 말하면, 99편의 신학은 성육신의 정신을 말한다. 하나님은 특수한 방식(1–2, 5, 9절)으로 특수한 인간(6–8절)을 통하여 정의와 공의를 위한 투쟁(4절)에 참여하시는 분이다. 이런 참여를 통해서 예수님은 하나님의 현현과 능력 등이 무엇인지 다시 정의 내린다. 곧 예수님의 성육신은 거룩성에 대한 궁극적인 재정의이다. 하나님이 인간의 몸에 거하신다는 엄청난 사건이다. 99편도 하나님의 거룩성에 대해 재정의를 내린다. 하나님의 주권이 궁극적으로는 고통의 사랑으로 나타난다는 것이다(고전 1:22, 25, 고후 12:9).

99편은 전통적으로 예수님의 산상변화 주일(Transfiguration)에 읽어 왔다. 99편을 산상 변화 사건과 연관시켜 읽어보면 모세와 구름이 등장하는 것을 알 수 있다. 그러나 여기에는 이보다 좀 더 깊은 연결성이 있다. 산상의 변화 현상은 거룩성이라는 근본적 의미를 가지고 있기 때문이다. 예수님이 제자들로부터 분리되어 접근하지 못하게 되었고 그 결과 제자들 또한 두려움으로 가득 찼다는 것이다. 그런데 이런 산상 변화 후 예수님은 예루살렘에서 고난의 십자가를 지시고 부활하셨다. 예수님은 99편 저자와 같이 하나님의 거룩성과 주권을 재정의하면서 사랑으로 고난에 참여하셨다. 이렇게 지금까지 일반적으로 이해되어온 하나님의 거룩성은 예수님을 통하여 인간 삶 속에 구체적으로 나타났다. 거룩한 존재가 인간 삶 속에 거하며 정의와 공의를 성취한다는 것이다. 그리하여 예수님은 우리에게 다음과 같은 기도를 가르쳐 주셨다.

이름을 거룩하게 하시오며
나라가 임하게 하시오며
뜻이 하늘에서 이루어진 것같이
땅에서도 이루어지게 하시옵소서(마 6:9-10).

3. 새로 즉위한 왕을 위한 새 찬양(시 33, 149편)

이스라엘 신년 축제의 주제는 모든 것을 새롭게 한다는 것이다. 새해에 주님께서 왕으로 즉위하셔서 모든 것을 새롭게 창조하시는 것을 선포한다. 주님께서 이스라엘 백성에게 새로운 은혜를 베푸시고 새해에는 복과 번영을 가져온다는 것이다. 즉 제왕 즉위 축제의 본래 의미는 주님께서 모든 것을 새롭게 함으로써 새해에도 복이 보장된다는 것을 확인하는 것이다. 하나님의 재창조의 역사 속에서 이스라엘 백성의 안전과 평화를 확인하는 행사이다. 새로 즉위한 왕을 위한 새 찬양은 33편과 149편이 있다.

시편 33편 ● 창조주이시며 역사의 주이신 주님께 드리는 찬양

33편은 공동체 찬송으로 성전 성가대가 부르는 노래이다. 성가대는 예배드리는 회중에게 새 노래로 찬양하라고 한다. 수금과 거문고를 타면서 주님을 찬양하라고 한다. 이에 성전 제사장들이 나팔을 불고, 성가대와 회중이 새로운 찬송으로 주님의 창조를 찬양한다. 이 시편의 대다수 동사와 대명사가 복수인 것으로 보아 공동체가 찬양한 것이 확실하다.

33편은 32편 마지막 절의 직접적인 응답이라고 할 수 있다(시 32:11). 즉 32:11에서 의인들과 정직한 사람들은 주님을 생각하며 즐거워하고 기뻐하라는 요구가 나온다. 이러한 맥락에서 33편을 읽어야 한다. 32:11의 '기뻐 환호하라'와 33:1의 '기뻐하라'는 두 동사는 같은 어근을 가지고 있다. 또한 32:11에 나오는 '사랑과 신뢰' 개념이 33편에서도 나타난다. 하나님은 자기를 신뢰하는 자들을 사랑한다고 한다. 이 시편은 또한 하나님께서 모든 것에 주권자이심을 강조한다.

33편은 크래이기(Craigie)가 제안하듯이 "성서신학의 핵심을 상기시킨다."[5] 33편은 시편 전체와 예수님의 교훈처럼 '하나님이 세상을 통치하신다'는 성서의 핵심을 선포한다(시 2편, 막 1:14-15). 현대 사회에 던지는 좋은 메시지이다. 우리 삶에 필요한 모든 것은 은혜롭고 한결같은 하나님의 사랑에 의한다는 사실이다(18-19절). 현대인들은 삶을 순전히 생물학적 면으로만 본다. 우리의 교육적·경제적 제도가 훌륭하여 우리 생명이 유지된다고 믿는 것이 문제이다. 또한 우리는 세상을 과학의 눈으로만 바라본다. 하나님의 거룩한 청지기가 되어 그분이 창조하신 세상을 보살피려 하지 않고 착취만 하려고 한다. 미국과 다른 나라들은 전쟁을 통해 그들의 국가적 안전을 찾으려고 한다. 이런 과정을 통해서 우리는 더 불안에 빠지게 된다. 인간은 자신의 영향력을 하나님의 뜻에 맞게 사용하지 않고 그릇된 목적으로만 사용한다. 인간은 피조물이지 창조주가 아니라는 엄연한 사실을 알아야 한다.

우리는 하나님이 통치하신다는 사실을 망각한다. 하나님을 찬양하는 대신 우리 자신을 찬양하고 축하한다. 33편은 인간의 힘을 의지하지 말고 겸손하게 하나님을 신뢰하고 살라고 촉구한다. 그 부름에 응한다는 것은 아주 혁명적 정황을 말한다. 정치가들, 무기, 군사, 인간 역사, 인간의 경험 등은 하나님의 주권에 비해 무기력하고 환상적이라고 본다. 우주의 참된 힘은 인간역사나 개인의 경험이 아니고 하나님의 끊임없는 사랑인 것이다(시 33:5b). 가장 강한 실재는 사랑과 용서함이라고 32편은 지적한다. 이 힘과 능력은 가장 약한 태도를 취할 때 완전해진다는 것이다(고후 12:9). 이러한 놀라운 진리가 예수 그리스도의 십자가에 계시되었다.

5) Peter Craigie, *Psalms 1-50*. WBC 19(Waco: Word, 1983), 275.

시편 149편 ● 이스라엘을 향한 하나님의 선하심을 찬양

149편은 네 번째 할렐루야 찬송이며 전형적인 찬양시로 주님의 제왕 즉위식과 관련을 가지고 있다. 이 시편의 중심 사상은 하나님께서 적들을 심판하신다는 것이다. 물론 이것은 새로운 것이 아니다. 그러나 주님께서 왕으로 새로 임하셔서 적들을 심판하신다는 것이 새롭다. 이 시편의 삶의 자리는 영적인 요소와 군사적인 요소가 융합되어 있다. 이러한 상황에 새로운 노래가 필요했기에 이 시편을 창작한 것으로 보인다. 이 시편의 분위기는 한마디로 열광적인 기쁨이다. 회중이 기쁨에 겨워 춤을 추고, 갖가지 악기를 연주하면서 흥겹게 노래한다. 이 시편의 삶의 자리에 대해 많은 견해가 있다. 마카비 시대나 기원전 5세기로 보는가 하면 이방나라와 전쟁하기 전날 밤에 예배 공동체가 부른 것으로 보기도 하고, 9절에 근거하여 이스라엘 백성이 가나안의 이방 나라 파괴 사건을 그 핵심으로 보기도 한다.

149:6-9를 보면, 하나님의 적들을 대항하는 전쟁의 부름으로 승리주의의 냄새가 난다. 사실 149편은 역사적으로 전쟁을 도모하는 데 사용되어 왔다. 카스파 샵(Caspar Schopp)에 따르면, 천주교는 149편을 이용하여 신교를 대항하는 전쟁을 일으키기도 했다. 프로테로(Prothero)가 지적하듯이 그 결과 30년 전쟁이 일어났다.[6] 독일에서는 149편을 인용하면서 농부 반란 사건이 일어나기도 했다. 사실 149:6-9의 군사적 상징이 문제이다. 만일 149편을 문자 그대로 해석하면 아주 위험한 상황을 초래할 수도 있다.

따라서 6-9절을 문자 그대로 해석해서는 안 된다. 이 시편의 근본 의도는 하나님의 우주적 주권을 주장하는 것이다. 또한 이 세상에서 하나님의 일을 하라는 것으로 보아야 한다. 시편 전체가 말하는 하나님의 일이란 정의와 공의를 추구하는 것이다(시 96-99편을 보라). 그 결과는 평화이다(시

6) Rowland E. Prothero, *The Psalms in Human Life and Experience*(New York: E. P. Dutton, 1903), 115.

72:3, 7). 곧 6-9절은 깊은 신학적 과제를 제기하고 있다. 하나님의 주권 선언은 이 시편의 종말론적 성격을 드러내는 선언이다. 물론 하나님의 주권에 항상 도전하고 그 주권을 거부하는 경우도 있을 수 있다. 하나님의 통치를 선언하는 일은 항상 종말론적이기 때문에 십자가를 지고 살아가는 제자의 길이다. 하나님 앞에서 충성스럽게 살아가는 삶은 언제나 투쟁적이어서 싸울 수밖에 없는 경우도 있다. 그러나 우리는 전쟁 대신 평화를 이룩하시는 그분의 제자가 되어야 한다(엡 6:15). 하나님이 세상을 통치하신다는 말은 권력 쟁탈을 거부하고 하나님의 통치를 받아들이는 일이다. 이스라엘 백성은 바빌론에서 포로생활을 하면서 자신들이 하나님의 구속의 역사 속에서 고난 받는 종이라는 사명감을 느꼈다. 이렇게 신학을 발전시켜 나갔다(사 42:1-9). 그러한 자발적 고난이 우리에게는 영광이다(롬 8:17, 시 149:9).

요한계시록을 보면 초대 기독교는 로마 제국의 핍박을 받을 때 시편 149편을 인용한다. 또한 시편 96편과 이사야 40-66장도 참고한 듯하다. 그 당시 로마는 세상을 장악하고 통치하는 시저(Caesar)를 주님인 것처럼 생각했으나 초대교회는 주님의 주권을 주장하며 저항했다(계 11:15). 하나님이 세상을 통치하시기에 주님의 제자들은 새로운 찬송을 부르게 되었다는 것이다. 미래에 하나님이 통치하신다는 것이다. 시편 149편 시인은 신실하신 하나님의 통치를 선언한다. 모든 나라와 백성이 하나님의 뜻에 충성해야 한다는 것이다. 하나님의 통치를 따를 때 정의와 공의와 평화가 이루어질 것이다. 하나님이 다스리시기에 모든 성도는 '주님을 찬양하라'고 외치게 된 것이다.

4. 군림하는 군주를 위한 새 찬양(시 2, 21, 72, 101, 110, 132편)

시편 중에는 이스라엘의 왕이 군주로 등극할 때 부르는 노래와 기도가 있다. 군주 군림 시편은 2, 21, 72, 101, 110, 132편 등이다. 고대 근동 바빌론이나 여러 나라에서 새로운 왕이 즉위할 때 신년 찬송을 부르고 기도를 드렸던 것과 같이 이스라엘 백성도 왕을 위해서 신년 찬송을 부르고 기도를 드렸다. 시편 가운데 열세 편이 이스라엘 왕에 관한 것인데, 이 가운데 일곱 시편은 신년 축제와 무관하다. 위에서 언급한 왕을 위한 신년 찬송과 기도는 예배 순서에 포함되어 있다.

신년 축제는 하나님께서 이스라엘과 맺은 계약을 갱신하시는 것을 강조한다. 왕에게 기름을 붓는 의식은 일종의 종교적 행사로 제사장(왕상 1:39)이나 예언자(왕하 9:6)가 거행한다. 솔로몬의 성전 헌당식 기도(왕상 8:22-26)를 보면, 왕이 계약을 갱신하는 것은 하나님께서 이스라엘의 왕을 통해서 그의 백성에게 복을 내리신다는 약속을 새롭게 확인하는 것으로 볼 수 있다.

시편 2편 ● 기름 부음 받은 자에게 주시는 하나님의 약속

학자들은 일반적으로 2편을 1편과 함께 '시편' 전체의 서론으로 본다. 1편은 의로운 사람과 악한 사람을 날카롭게 분리한다. 2편에서도 하나님을 신뢰하는 사람은 복이 있다고 강조한다(시 2:12). 1편에는 바르게 살아가라는 교훈이 들어 있는가 하면, 2편의 핵심은 하나님께서 통치하신다는 것이다. 하나님이 통치하시는 세상에서 어떻게 행복한 삶을 갖느냐를 2편에서 안내해준다. 1편의 처음 절은 '복 있는'이라는 말로 시작하고, 2편의 마지막 절은 '복 있는'이라는 말로 끝난다.

2편은 이스라엘의 왕이 기름 부음을 받을 때 사용되었던 노래이다. 2편에 나오는 왕이 누구를 가리키는지 질문해 볼 수 있다. 그 왕이 메시아를 가리키는가 아니면 역사적 왕을 말하는가? 이 시편에서 언급하는 왕은 다윗일 수도 있다(상하 5:17). 다윗이 기름 부음을 받을 때 블레셋 사람들이 다윗 왕을 잡으러 왔다는 기사를 보면 다윗의 대관식을 가리키는 듯하다.

2편의 중대한 질문 '누가 세상을 통치하느냐?'는 오늘날 우리의 삶과 직접적 연관성을 가지고 있다. 2:1-2에 나타나는 '누가 다스리느냐?' 하는 질문은 대우 중요하다. 우리가 살고 있는 마을, 교육제도, 가정, 교회는 하나님의 통치 밖에 있다고 많은 기독교인이 말한다. 고대 이스라엘, 유대 왕조 시대, 바빌론 포로 이후, 또한 현재 삶에서 하나님의 통치 사상이 무시되어 왔다. 제2편의 선언과 약속 사이의 차이점은 잘 해석하고 헤아려야 한다. 이러한 불균형이 제시하는 것은 놀랍게도 하나님이 그의 주권을 행사하고 있다는 것이다. 하나님의 능력은 독재자의 절대적 힘이 아니고 사랑의 힘이다. 즉 하나님의 정의에 힘이 있다고 보는 것이다. 하나님의 주권 아래 의롭게 사는 사람은 세상의 권력에는 약하나(시 3:1-2), 그들에게는 항상 도움이 있다(시 3:8). 2편이 주장하는 행복은 하나님 안에 피난처를 찾는 것이다(시 2:12).

그러므로 1편과 2편은 우리의 결단을 촉구한다. 우리는 세상의 권력을 믿을 것인가 아니면 하나님을 신뢰할 것인가?

2편이 제안하는 불균형의 선택에서 교회는 후에 하나님의 기름 부음을 받은 자를 선택한다(2절). 즉 고난 받으시는 주 예수님을 선택한다(2, 7절). 예수님이 세례 받을 때 '너는 나의 아들이다'라는 음성이 들렸다. 예수님을 고난 받는 메시아로 불렀다. 산상변화 사건 때 하늘의 음성으로 2:7을 언급하면서 '그의 말을 들어라'라고 덧붙였다(막 9:7). 예수님은 자신이 고통 받고 죽어야 한다고 반복해서 말씀했다(막 8:21-33, 9:30-32, 10:32-34). 2편은 예수님과 같이 하나님이 세상을 통치하신다는 희소식을 우리가 고백해야 한다고 촉구한다. 또한 하나님의 통치하에 살아가라고 요구하기도 한다. 우리가 살고 있는 세상은 이런 요구가 무의미할 수도 있다. 하지만 결단은 시편의 시인과 예수님에게는 이 세상이 줄 수 없는 행복을 차지하게 되는 것이다(시 2:8-9, 계 2:26-27).

시편 21편 ● 하나님의 보호와 승리에 감사

(지휘자의 지휘를 따라 부르는 다윗의 노래)

20편과 같이 21편은 왕을 위한 시편이다. 1-6절은 20:1-5에서 왕을 위한 기도가 성취된 것을 감사하며, 또한 20:5-9에서 기원했던 전쟁의 승리가 하나님의 도움으로 성취됨을 감사한다. 21편은 이스라엘 왕으로 군림하는 군주 앞에서 성전 성가대가 부르는 신년 찬송이다. 이 노래의 삶의 자리는 제관식이라고 할 수 있다. 시인은 이 시편에서 일반 회중이 제관식에 열정적으로 참여하는 분위기를 볼 수 있다. 이 시편은 왕권을 지지하는 것보다는 주님의 통치를 더 중요하게 생각한다. 왕은 아직 하나님의 주권과 능력을 의지할 뿐이기 때문이다. 왕권의 지상 권력은 모두 하나님으로부터 오는 것임을 강조한다. 이 시편의 핵심은 주님께서 힘을 주시기 때문에 왕이 승리할 수 있다는 것이다. 전쟁에 나가는 왕을 위해 회중이 기도를 올리는 장면이다.

20편과 같이 21편도 군주시대의 문자적 유물로 본다. 그러나 21편은 더 깊은 뜻을 내포하고 있다. 즉 21편은 군주의 주권을 말함이 아니고 하나님의 주권에 대한 증언이다. 21편에서 군주는 자기 자신을 신뢰하지 않고 하나님을 의존한다는 것이다. 군주는 적으로 포위되어 있으나 그는 하나님 안에 도움이 있음을 안다(시 21:8-21). 군주가 신앙의 표범으로 나타나 있으나 사실 군주들은 대개 자기 자신을 신뢰하는 것으로 나타난다(왕하 18:5-7). 물질적인 것보다 지혜와 총명을 달라고 한 솔로몬도(왕상 3:3-14) 그의 부, 권력과 힘의 욕망을 제거하지 못했다(왕상 5:13-14, 6:28-7:1, 11:1-3). 예언자 이사야가 아하스 왕에게 하나님의 능력을 믿으라고 권고했음에도 불구하고 그는 안전을 위해 앗수르 군대의 힘에 호소했다(사 7:1-17). 히스기야 왕도 하나님을 믿는다고 했지만 말년에 가서는 주님에 대한 신뢰가 떨어졌다(왕하 18:5, 사 39장). 실제로 군주는 하나님을 신뢰하지 않았고 또 백성을 믿지도 않았다. 오늘날에도 똑같은 일이 많이 벌어지고 있다.

오직 예수님만이 참된 군주와 참된 인간의 모습을 보이셨다. 고대 군주들은 하나님의 아들로 알려졌고(시 2:7), 또한 하나님의 속성을 소유한 존재로 여기기도 하였다(시 21:5). 기독교인들은 예수님을 하나님의 아들로서 메시아로 완전한 하나님과 완전한 인간으로 여긴다. 그러나 왕이신 예수님은 '하나님과 동등함을 취하지 않으시고 자기를 비워 종의 모습을 취하셨다'(빌 2:6-7). 예수님은 자기 자신을 낮추셨다(빌 2:8). 예수님은 "나를 따르려고 하는 사람은 자기를 부인하고 십자가를 지고 나를 따르라"고 제자들에게 말씀하셨다(막 8:34-35). 20-21편에는 충실성이 그 근본 요소로 담겨 있다. 곧 하나님을 신뢰하며 하나님의 끊임없는 사랑을 의존하며 살라고 호소한다(시 20:7, 21:7).

시편 72편 ● 왕을 위한 인도와 지원의 기도(솔로몬의 시)

72편은 왕을 위한 기도로 시작한다. 전통적으로 솔로몬 저작설이 강하다. 15절 이하의 내용은 열왕기상 10:10에 보도되는 솔로몬의 부요함에 대한 기사와 비슷하고, 이 시편의 1-4절에서 정의와 지혜가 특별히 강조된 점이 열왕기상 3장, 특히 28절과 일맥상통하기 때문이다. 이런 것들을 고려하면 솔로몬이 이 시편을 지었을 가능성이 높다. 그러나 이 시편이 솔로몬 시대에 기원했다고 단언할 수는 없다. 한 가지 분명한 것은 다윗의 후계자들이 즉위식에 사용하기 위하여 이 시편이 예루살렘에서 저작되었을 것이라는 점이다. 또한 궁전 시편들(시 18:20-21, 45, 89, 110, 132편)과 같이 공중예배에서 이 시편이 사용되었을 것으로 추정된다. 이스라엘의 왕조가 몰락한 후에도 이 시편들은 계속 사용되었을 것이다. 이 시편은 이 세상에서 하나님의 통치가 실현될 것을 위해 드리는 기도이다. 유대교와 기독교는 이 시편을 종말론적으로 해석해 왔다.

72편을 자세히 검토해 보면 이 시편이 말하는 왕에 대한 이미지와 이스라엘과 유다 왕들의 실제 행동 사이에는 차이점이 있음을 발견하게 된다. 곧 72편이 묘사하는 군주와 실제 군주의 차이점과 같이 하나님의 뜻을 실행하는 데도 차이가 있음을 발견한다. 마찬가지로 교회는 그리스도의 몸이라는 선언과 교회의 실제 행동에는 차이가 있다. 다른 말로 바꾸어 말하면 이런 차이점들을 검토할 때 72편을 종말론적 전망에서 이해하여야 한다. 군주제도가 실패하고 폐한 후에도 계속 72편을 읽으면서 하나님의 통치를 선포한다. 72편을 읽어보면 포로기 이후에 어떤 유다 사람들이 군주 제도를 회복하여 모든 것을 바로 잡아 보려고 했던 듯하다.

기독교인들은 72편이 메시아 왕국의 신념을 선포한다고 믿는다. 예수 안에서 하나님의 통치를 선포한다. 예수께서 선포하신 하나님의 통치는 가난한 자들을 섬기는 일이라고 믿는다. 예수의 탄생이 세상의 평화를 가져온 것이라고 믿는다(눅 2:14). 예수님은 제자들에게 평화를 나 리셨다. 그리고 그들이 모든 나라를 초청하여 하나님의 통치에 들어오도록 초청했다(요 14:27). 신약성서에서 72편을 인용하면서 예수님의 오심은 72편이 묘사하는 왕의 비전이 성취되었다고 믿었다. 그리하여 기독교인들은 "당신의 나라가 임하시고 당신의 뜻이 하늘에서 이루어진 것같이 이 땅에서도 이루어 달라"고 기도했다.

현대인들은 72편을 읽으며 정의와 공의와 평화가 실현되기를 기원한다. 현대 기독교인들은 72편이 주장하는 것처럼 평화의 실현을 위해 헌신하여야 한다. 곧 72편은 하나님 나라의 모든 시민에게 평화를 가져오는 길은 정의를 실현하고 자비를 베풀며 정의와 공의에 따라 권력이 실행될 때 가능하다고 말한다. 72편의 가장 중요한 말씀은 정의를 행할 때 권력(might)을 가질 수 있다는 것이다. 힘을 나타내는 이 권력은 또한 사랑과 자비의 행동으로 옮겨져야 한다.

시편 101편 ● 왕의 사회적 책임(다윗의 노래)

궁켈(H. Gunkel)을 비롯한 대다수의 학자들은 101편을 제왕시로 취급한다.[7] 이 시편은 제왕 즉위식과 관련하여 이스라엘 왕이 기름 부음을 받을 때 불렀던 노래다. 이 시편은 왕이 즉위할 때 행하는 가장 이상적인 형태의 맹세라고 할 수 있다. 주님의 길을 걸어가는 왕의 서약은 매년 초에 거행되었다. 그 의식이 가을 축제 때 거행되었을 것이다. 이 시편의 저자는 누구였을까? 서약을 왕 자신이 하지 않았으면 누가 이 시편을 지었을까 하는 질문을 해본다. 아마도 왕 자신 또는 성전 음악가가 지었을 것으로 추정된다.

모빙켈(Mowinckel)은 이 시편의 삶의 자리를 가을 축제로 본다.[8] 이 시편의 창작 연대를 바빌론 포로 이후로 보는 학자도 있다. 다후드(Dahood)는 이 시편의 내용과 언어를 고려할 때, 이 시편의 정확한 창작 연대를 알기 힘들다고 한다. 그러나 바빌론 포로기 이전에 창작된 것으로 추정한다.[9] 레슬리(Leslie)는 시인이 예언자들의 사상에 친숙했던 점으로 미루어 보아, 신명기 법전을 채택했을 때 이 시편이 창작되었으리라고 본다.[10] 구체적으로 말하면, 기원전 621년경이었을 것이다.[11] 이 시편은 왕이 지켜야 할 수준 높은 규범의 틀을 보여주고 있다.

시편 101편은 왕 즉위 선서식에 사용하려고 저작되었을 것이다. 희망적 탄원이 담겨 있는 101편이 시편 제4권(IV)에 포함된 것은 포로기 이후의 암울한 상황 때문이었을 것이다. 그 외에도 101편은 여러 가지 환경에서 하나님의 백성에게 도움이 되었을 것이다. 군주 제도가 사라지고 그 제도

---

7) H. Gunkel, H., *op. cit.*, 433; Leslie, *op. cit.*, 98; McCann. *op. cit.*, 1081; Mays, *Psalms*, Interpretation: A Bible Commentary for Preaching and Teaching (Louisville: John Knox, 1994), 321.

8) S. Mowinckel, *Psalmstudien* II, 178, 328-329.

9) M. Dahood, *Psalms* III, 3.

10) E. Leslie, *The Psalms*, 94.

11) *Ibid.*

가 다시 회복될 가능성이 없다고 깨달았을 때에도 도움이 되었을 것이다.[12] 하나님께서 구체적으로 인간 사이에 사랑, 정의와 진리를 실현시킬 것이라고 이해했을 것이다. 101편은 또한 하나님의 주권을 신앙 고백하는 것으로 이해되었을 것이다. 이 시인은 하나님께서 그들과 같이 안 계신다고 해도 하나님의 한결같은 사랑과 정의를 추구한다고 강조한다(시 101:2a). 이 시인은 그 자신의 어떤 선한 행동을 의지하지 않고 하나님이 오신다는 사실을 확고히 믿는다.

초대 기독교인들은 예수님 안에서 하나님이 지향하는 가치들이 나타나는 것을 보고 하나님의 부재 속에서도 사랑과 정의를 추구하였다(막 15:24, 시 22:1). 기독교인들은 101편을 예수님이 충성하라는 가르침으로 이해한다. 모든 사람이 책임지고 하나님의 사업을 수행해 나가는 것으로 이해한다. 이 시편은 율법이나 그 외의 어떤 법에 따라 사는 것으로는 충분하지 않다고 주장한다. 시편은 또한 행동은 인간의 성격에 의존되고 그 성격은 또한 충성에서 형성된다고 주장한다. 곧 이 시편이 주장하는 것은 하나님 없이는 선을 행할 수 없다는 것이다.

오늘 우리 사회에서 정치가 하면 신뢰할 수 없는 사람들이라고 일반적으로 생각한다. 그들이 지향하는 정책과 실제 삶이 일치하지 않다고 사회는 비판한다. 101편은 오늘날 우리 사회에 가장 적절한 내용을 제시하고 있다. 101편 저자가 하는 말은 사도 바울이 에베소 교인들에게 한 말과 흡사하다. 즉 "우리 삶 속에서 하나님의 요구하심에 따라 사랑 안에 진리를 우리 맘에 새겨야 한다" 하는 말씀이 시편 시인의 근본 뜻일 것이다(엡 4:15).

시편 110편 ● 하나님의 제사장-왕을 위한 제왕 즉위 신탁(다윗의 노래)

110편은 101편과 같이 왕에 관한 공동체 노래이다. 이 시편은 아마도

12) *Ibid.*

오랜 기간 동안 제왕 즉위식에 사용되었을 것이다. 이 시편의 언어는 고대성을 띠고 있어 이스라엘 초기 시대 산물로 보인다. 많은 학자는 이 시편이 힘이 있고 생생한 맛이 있어서 여러 시편 가운데에서도 훌륭한 작품으로 평가한다. 110편은 신약성서에 많이 인용되어 있다(마 22:41-46, 막 12:35-37, 눅 20:41-44, 행 2:34-35). 이 시편은 바울 서신, 히브리서, 요한계시록에도 인용되었다. 마르틴 루터는 이 시편이 우리 주 예수 그리스도에 대한 중요한 시편이라고 지적한다. 대개 학자들은 이 시편의 삶의 자리를 포로기 이후로 본다.

110편이 시편 전체에 편집되어 포함될 때 이미 메시아 시편으로 생각되었다. 이 시편은 하나님께서 세상의 주권을 실현하신다는 신뢰를 표현한다. 왜냐하면 군주제도가 실제로 없어져 하나님의 주권에 대한 메시아적 역할이 확실치 않았기 때문이다. 그리하여 유대교 안에서 여러 그룹들이 여러 가지 생각을 갖고 있었다. 이 당시 대부분 유대교 종파들은 메시아 희망을 품고 있었는데 어떤 그룹은 로마제국이 망할 것이라고 주장했고 또 어떤 종파는 나사렛 예수가 지향하는 것이 하나님의 주권을 대표하는 것이라고 주장하기도 했다. 110편은 제1세기에 메시아의 주제를 논의하는 시편으로 등장했다. 기독교인들은 110편이 예수 메시아설을 대변한다고 주장했다. 제1세기 기독교인들은 예수님의 삶, 죽음과 부활이 이 세상의 하나님의 주권의 구체적 표현이라고 믿고 주장했다. 예수님이 하나님 우편에 앉아 계신다는 것이다(마 26:64, 14:62, 눅 22:69, 행 2:34-35, 롬 8:34). 기독교인들은 사도신경을 암송할 때 예수님께서 하나님 우편에 앉아 계신다고 고백한다.

110편을 바탕으로 기독교가 주장하는 것은 예수님의 삶과 가르침이 세상의 정치적인 힘으로 나타난다는 것이다. 예수님은 그때나 지금이나 정치적 힘을 행사한다는 것이다. 그분이 십자가에 돌아가신 사건은 세상의 정치적 힘에 대결한 사건이었다. 하나님이 세상을 통치한다는 희소식을 예수께서 선언할 때 로마제국의 권력과 유다 전통의 권위와 대결할 수밖에 없었다(막 1:14-15). 이러한 과격한 희소식은 세리, 죄인, 병든 자, 어린이, 여자 등은 하나님 안에서 음식을 같이 먹는 동등한 하나님의 자녀로 등장하는 것이다. 110편을 예수님의 선언과 연결하여 읽어 보면 세상의 권력과 정치에 도전하고 그것을 변화시키는 일이다. 메시아이신 예수님이 오심으로 모든 사람이 하나님의 은총을 받게 되었다. 그러한 은혜에 응하고 받아들이는 사람들은 충만한 삶을 향유하게 되고 비천하고 가난한 자들은 높임을 받을 것이다(시 113, 115편).

시편 132편 ● 시온은 하나님의 영원한 거주지 (성전에 올라가는 순례자의 노래)

학자들은 이 시편이 이스라엘 왕의 즉위식에 사용되었을 것이라고 본다. 학자들은 왕이 전쟁을 준비할 때나 전쟁에 승리한 것을 축하할 때 132편이 사용되었을 것이라고 주장한다. 이 시편이 약 800년의 시차를 두고 다윗 시대부터 마카비 시대 사이에 쓰인 것으로 추정된다. 이 시편의 저작 시기를 바빌론 포로기 이후로 보기는 힘들다. 이 시편은 메시아에 대한 희망을 노래하기 위하여 사용되었다고 본다. 이런 여러 가지 가설 가운데 이 시편의 기원을 정확히 알기는 불가능하다. 하지만 바빌론 포로기 중에 다윗 왕권의 회복을 노래했던 희망의 시편이었을 것이다.

132편은 다윗과 시온에 초점을 두었기 때문에 제왕 시편 또는 시온의 노래라고 구분한다. 다른 제왕 시편(시 2, 18, 20-21, 45, 72, 89, 110, 144편)이나 시온의 노래(시 46, 48, 76, 84, 87, 122편)와 같이 132편은 하나님의 통치가 인간의 세계에서 구체적으로 나타났다고 본다.

그리스도의 통치를 기념하는 주일에 132편을 전통적으로 사용했다는 것은 기독교가 제왕시와 시온의 노래를 포기하지 않았다는 것을 말한다. 이 주일에 예수님을 왕의 아들로 선포하고(시 2:4-7), 하나님의 정의와 공의(시 72:1-2)를 실천하실 분으로 선포한다. 또한 성육신하신 예수님을 시온 전승의 후계자로 선언한다. 예수님은 이렇게 하나님이 현현하신 분으로 이 세상의 능력으로 나타난다.

132:1에 '그가 경험한 모든 역경'이라는 말이 나오는 것을 보면 예수님이 자기 자신을 부인하시는 것을 말한다. 종의 형상과 인간의 형체를 쓰시고 죽기까지 복종했다는 사실이다(빌 2:6-8). 그런고로 하나님이 우리와 같이 하시고 우리를 위한 존재로서 하나님 나라의 현현과 능력을 나타낸 것이다. 다윗을 위해 시온에 나타났던 계약과 약속을 지키는 계약은 메시아를 말하는 것이다.

5. 공동체 감사시(시 65, 67, 118, 124편)

이스라엘 노래에는 국가 감사시 또는 공동체 감사시가 있다. 신명기 법전(신 16:15)과 제사 법전(레 23:40)에 따르면, 새해에 이스라엘 백성이 무엇보다도 먼저 해야 할 일은 첫날에 주님이 주신 모든 소출과 수확에 기쁨으로 감사하는 것이다. 지난 1년간 주신 복에 국가적 차원에서 감사하는 것이다. 바로 이것이 전국가적 차원에서 감사하는 감사의 찬송이다. 초막절을 중심으로 감사의 축제를 연다. 새해의 시작이 바로 농사철의 끝이다. 추수절과 관련된 감사의 시들 외에도 국가적 위기에 구원을 경험할 때 감사의 노래를 드린다. 또 핍박과 국가적 고난 속에서 구원을 받았을 때 드리는 감사의 찬송도 있다. 국가적 감사 찬송에는 65, 67, 118, 124편 등이 있다.

시편 65편 ● 팔레스타인의 옥토에 대한 감사
(지휘자를 따라 부르는 노래, 다윗의 노래)

65편은 국가 (공동체) 감사시다. 새해에 이스라엘 공동체가 풍성한 농작물을 허락하여 주신 하나님께 감사를 드린다. 새해에 모든 것을 새롭게 창조하는 창조주 하나님께 감사한다(6-9절). 또한 이 시편은 하나님의 풍성한 은혜로 한 해를 끝을 맺으며 감사한다. 이 시인은 이스타엘의 중심인 시온을 바라보며 감사의 찬송을 부른다. 축복에 감사할 뿐만 아니라 하나님이 죄를 용서하심에도 감사한다(3b절). 속죄는 오직 하나님의 은혜로만 가능하다는 것이다.

65편은 이스라엘의 하나님이 바알신과 같이 모든 것을 산출하고 자라게 하는 능력을 가지고 있다는 논쟁을 불러일으킨다(호 2:8, 16-20). 당시에는 가나안의 바알 신을 섬김으로써 풍성한 농작물을 보장받을 수 있다는 종교적 신념이 만연해 있었다. 65편 전체를 통해 신들이나 인간의 성취보다는 하나님이 이루신 일에 강렬하게 초점을 맞추고 있다. 현대인들은 바알을 숭배하는 유혹에 빠지지는 않지만 우리도 바알과 같은 것에 유혹을 받고 끌려들어 갈 때가 많다. 안전 문제에서 우리는 일반적으로 문제가 없다고 생각한다. 우리가 경제적 번영 문제를 논할 때에도 우리는 모든 것이 잘 되어간다고 여긴다. 곧 우리의 능력과 힘으로 번영을 성취한다고 믿는다. 즉 우리는 우리가 지금껏 이룬 것에 자부심을 느낀다. 그 결과 예상치 못하는 수치를 경험할 수도 있다. 우리는 우리자신을 너무 높이 칭송하는 경우가 많다. 그 결과 비참해질 수도 있다. 삶의 참 모습을 찬양하고 노래하지 못할 때 우리의 삶은 비참해진다. 예를 들면, 감사절에 하나님의 선물에 감사하고 찬양하기보다 자신이 성취한 것을 자랑하고 감사하는 데 문제가 있다. 주님을 예배하나 만군의 하나님을 경배하지 않는 데 문제가 있는 것이다.

65편은 이 세상을 우리 인간이나 어떤 정부가 통치하는 것이 아니고 하나님께서 세상을 통치하신다고 말한다. 그렇지 않으면 우리 자신을 우상화하는 것이다. 우리가 신앙적으로 할 수 있는 것은 우리의 잘못을 인정하고 하나님의 용서를 구하는 길밖에 없음을 알아야 한다. 그러므로 우리는 국가적 안전을 의존하기보다 하나님 안에서 안전을 추구하고 의존해야 한다.

시편 67편 ● 오곡백과에 대한 감사

(지휘자를 따라 현악기에 맞추어 부르는 찬송시)

67편은 장막절에 부르는 공동체 감사 찬양이다. 풍성한 추수에 감사하는 공동체 추수 감사절 찬송이다. 성전에 회중이 모여 하나님께 번제(마카베오상 5:52–54)와 화목제(렘 33:11, 느 12:43)를 드리며, 하나님께서 주시는 복으로 풍성한 추수에 기쁜 찬송을 드린다. 1절은 아론 제사장의 축복기도문(민 6:23–26)을 상기시킨다. "하나님께서 우리에게 은혜를 베풀어주시고, 복을 내려 주시고, 주님의 얼굴을 환하게 우리에게 비추어 주십시오"라는 아론의 축복 기도 속에 담겨 있는 내용이다(1절). 이 감사의 찬송은 장막절에 부르는 노래 가운데 하나일 것이다. 이 시편은 성가대와 회중이 번갈아 부르는 찬송이다. 성가대가 1–2절을 부르고, 회중이 3절을 부르고, 마지막 6–7절은 성가대와 회중이 같이 부른다.

67편은 우주적 하나님의 복을 취급하고 있다. 아브라함과 사라와 그리고 그들의 후손에게 복을 약속하셨다(창 12:3). 이 시편은 구약성서에 나타난 복이 인류 전체에게 확장된다고 주장한다(출 9:16, 시 22:27–28, 사 2:2–4, 19:23–24, 49:5–7). 또 이 약속은 신약성서에도 나타난다. 예를 들면, 사도 바울은 복음이 세상 끝까지 전파되어야 한다고 주장한다. 세상 끝까지 전파된다는 말은 확실히 하나님이 주시는 복의 약속의 연장성을 말한다(갈 3:6–8, 28, 계 22:1–5).

오늘날 우리 세계는 불의가 성하다. 가난과 부가 격심하여 사회가 분열되고 있다. 이러한 불공평한 사회에서 우리는 67편의 메시지를 경청하여야 할 것이다. 오늘날 우리 사회를 보면 부요한 소수가 있고, 중간층이 있고, 또한 많은 저소득자들이 있다. 미국 사회에서는 어느 정도 사회 복지제도가 잘되어 있다. 근래에 와서 한국에서도 복지 제도에 대해서 눈을 뜨기 시작하여 복지제도를 실현하는 것은 좋은 현상이다. 가난하여 자기 자신을 돌볼 수 없는 사람들을 돕는 일은 기독교의 중요한 전통이다. 마르틴 루터가 종교개혁을 통해 천주교로부터 분열을 단행하여 기독교의 통일성을 깨기도 했지만 가난하고 불우한 사람들을 돕는 전통을 시작한 것은 큰 공헌이다.

2012년 8월 12일 「뉴욕 타임즈」(*New York Times*) 책 평가(Book Review) 부분에서 역사가 스티븐 오즈멘트(Steven Ozment)는 마르틴 루터의 사회복지 사상이 오늘 독일 사회에 영향을 주었다고 주장한다. 루터의 종교개혁은 물론이거니와 그의 사회복지 개념도 독일뿐만 아니라 전 서구 문화에 영향을 주었다는 것이다. 역사가 오즈멘트는 루터는 가난한 자에게 자비를 베풀고 그들을 돌봐주는 공동체의 책임을 강조했다고 우리에게 회상시킨다. 미국의 사회 복지 프로그램도 루터의 영향이라고 오즈멘트 역사가는 말한다. 미국에서 독일 이민자들이 거주한 도시들에서 가난한 가정을 돕는 전통이 오래 전부터 진행되어 왔다는 것이다. 이러한 복지 사상은 종교개혁에 기초했다는 것이다. 즉 종교개혁 사상이 말하는 것은 인간이 하나님의 형상으로 창조되어 하나님이 주신 권위와 가치를 소유하고 있다는 것이다. 그리하여 인간은 정치, 경제, 사회, 교육 등에서 하나님이 주신 권리를 가지고 살아야 한다는 것이다.

이 시편은 모든 민족이 하나가 되는 보편주의를 받아들여야 한다고 우리에게 촉구한다. 67편은 하나님이 세상을 사랑한다고 하는 메시지를 회상시킨다(요 3:16). 하나님께서 어떤 민족을 선택하여 축복하신 것은 그 선택을 통해 세계 모든 민족에게 그의 뜻을 알리고 실현하기 위함이다. 이스라엘 백성뿐만 아니라 고통과 노예 생활로 고난당하는 모든 민족을 하나님께서 해방시킨다는 것을 알리려는 것이다.

시편 118편 ● 승리의 노래

118편의 주제는 하나님의 구원에 감사하는 것이다. 이스라엘을 위한 하나님의 구원의 역사에 국가적 차원에서 감사를 드리는 특수한 예배의식이 이 시편의 배경이다. 이 시편은 신년 축제에 참석하는 회중이 성전 문 안으로 들어가 제단을 둘러싸고 하나님께 예배드리는 행진을 묘사하는 시편이다. 성가대가 앞에 서고 그 뒤로 회중이 따라간다. 이 시편은 특히 마르틴 루터(Martin Luther)가 좋아하던 시편이다. 그는 118편을 사랑한다고 고백했다. 그는 "내가 역경 가운데 있을 때 이 시편이 나를 구원해 주었다"고 신앙 고백했다. 시인은 자기가 받은 도움을 회중에게 증언한다. 시인은 일인칭 단수인 '나'라는 표현을 많이 사용한다(5-21절). 이 시편이 언급하는 재난은 국가적 재난을 말한다. 대명사 '나'는 온 백성을 대표하는 왕을 가리키는 대명사인 듯하다. 118편은 전반적으로 출애굽과 바빌론 포로 귀환을 축하하는 내용인데, 한 가지 해석하기 어려운 점은 결론 부분에서 감사로 끝나기에 앞서 다시 탄원이 나타난다는 것이다(25절). 이 시편의 삶의 자리를 살펴보면, 이 시편은 제의적 행진으로 시작하여 감사제물을 드리는 것으로 끝난다(19-28절). 이 시편은 본래 왕이 주도하는 국가적 승리 또는 공동체의 구원을 축하하는 데 초점을 두고 있는 것 같다. 한 가지 확실한 것은 118편이 할렐(Hallel) 유월절 찬송(시 113-118편)의 마지막 시편이라는 것이다. 이 시편의 배경을 출애굽 사건으로 보는 것도 이 시편을 이해하는 데 도움이 될 것이다.

118편은 등장하는 연설자가 확실치 않기 때문에 이 시편을 폭넓게 해석할 수 있다. 이 시편에는 출애굽, 바빌론 포로해방의 구원의 사건과 25절에 나오는 일반적 도움의 탄원이 혼합되어 있는 것을 알 수 있다. 또한 19-29절을 보면 감사가 탄원으로, 탄원이 감사로 반복되어 나타나는 것도 발견할 수 있다. 이것은 118편이 어떤 구체적인 사건만이 아니라 모든 상황에 적용할 수 있음을 말한다. 브루그만(Brueggemann)이 제안하듯이 '복음 전도를 위한 하나의 기도의 표범'이라고 말할 수 있을 것이다.[13] 찬양과

13) W. Brueggmann. "Psalms 118:19-29 Psalms for Psalm Sunday," *No Other Foundation 10*(Winter, 1989-1990), 16.

탄원으로 하나님의 주권과 인간의 요구의 실재를 실현시켜 나가는 것이다. 118편을 기도의 표준으로 삼아 인간의 요구와 하나님의 구원의 활동이 어떤 특수한 경우에만 아니라 성서 전체에 적용될 수도 있을 것이다. 이렇게 한 시편을 성서 전체에 적용하여 사용할 수도 있다.

이런 맥락에서 초대 기독교 공동체는 5-18, 28절에 등장하는 고통받는 자를 예수님으로 확신하고 읽었다. 복음서들에 의하면 십자가 사건 전에 예수님께서 예루살렘에 입성했을 때 그는 118편이 묘사하는 것처럼 대중의 환영을 받았다. 마가복음 11:9를 보면 '호산나 복되시다, 주의 이름으로 오시는 분'이라고 하며 군중이 예수님을 환영했다. 마가복음 11:9의 내용과 시편 118:25a, 26a의 내용이 흡사하다. 예수님께서 유월절에 예루살렘에 입성하신 것을 초대 기독교인들은 이렇게 118편의 성취로 보았다. 예루살렘으로 입성하시는 예수님을 묘사하면서 복음서들은 118:25-26을 메시아적으로 해석하여 읽었다. 마가복음 11:10과 마태복음 21:9에는 예수님의 예루살렘 입성과 관련하여 조상 다윗의 나라를 언급하는 것을 발견할 수 있다. 누가복음과 요한복음은 같은 맥락에서 예수님을 왕으로 일컫는다(눅 23:38, 요 12:13). 모든 복음서 기자들은 예수님을 메시아로 이해하고 또 해석하는 중요한 시편으로 118편을 인용하였다.

다른 말로 말하면, 118편을 통하여 예수님의 삶, 죽음과 부활을 구원사건(출애굽, 포로 해방)으로 보았다. 118편은 기독교 제의 전통에서 유월절 시편으로 읽어왔으며 부활절 예배에도 사용하였다. 기독교인들에게 부활은 하나님의 구원의 역사이다. 하나님께서 출애굽과 바빌론 포로에서 해방과 또 예수님의 삶, 죽음과 부활에서 활동하셨다는 것이다. 전통적 예배부름에서 24절은 매 주일을 축하하는 구절로 사용하였다.

118편은 복음서뿐만 아니라 기독교 역사 속에서도 계속 사용되고 해석되어 왔다. 마르틴 루터(Martin Luther)는 118편을 가장 사랑하는 시편이라고 했다. 예수 그리스도의 구원 활동과 연관성이 있을 뿐만 아니라 17절이 제시하고 있듯이 영원성을 말하고 있다. 역사의 모든 성인이 17절을 찬양했고 앞으로 영원까지 찬양할 것이라고 루터는 간증한다.[14] 기독교 역사가 118편에 반영되었다고 보고, 또한 118편은 세상 끝까지 천사들의 노래가 될 것이라고 했다.

시편 124편 ● 이스라엘의 구원에 대한 감사
(다윗의 시, 성전에 올라가는 순례자의 노래)

124편은 핍박에서 구해 주신 것에 감사하여 노래하는 국가 감사의 시이다. 여기서 핍박은 요엘 3:19에 나오는 상황을 말하는 것으로 본다. 이스라엘 백성은 페르시아 시대 때 에돔과 이집트의 핍박을 받았다. 이 핍박으로 예루살렘 성전이 파괴되었다. 124편은 세 단락으로 구성되어 있다. 1-2절은 두 개의 긴 조건절이고, 3-5절은 모두 같은 히브리어로 시작된다. 6-7절은 앞에서 언급한 구원의 사건을 찬양하고 마지막 절인 8절은 하나님에 대한 신앙고백인 신뢰의 포현이다.

"우리의 도움은 하늘과 땅을 지으신 주님의 이름 안에 있다"라는 8절의 말씀은 전통적으로 너무 익숙하여 우리는 그 중요성과 과격한 함축성을 파악하지 못하고 있다. 하나님이 우리의 근본적 도움이시라는 고백은 우리의 미래와 삶을 스스로 창조하고 보장하지 못한다는 고백이다. 곧 우리는 하나님의 도움이 필요하다는 것이다. 이러한 고백을 많은 사람이 피한다. 왜냐하면 "하나님은 자신을 돕는 자를 돕는다"라는 말은 우리 사회와 경제제도의 원칙을 약화시키기 때문이다.

124편은 그와 반대 원칙을 강조한다. 즉 하나님은 자기 자신을 돕지 못하는 자를 돕는다는 것이다. 이것이 성서가 주장하는 근본적 메시지이다. 하나님은 은혜라는 것이다. 하나님의 은혜로 우리가 도움을 얻을 것이지, 인간의 힘으로 되는 것이 아니라는 것이다. 우리가 하나님의 종이 된다고

14) Quoted in Ronald M. Hals, "Psalms 118," *Int* 37(1983), 277.

함은 모두 하나님의 은혜로 가능하다는 것이다(마 8:34-35).

하나님께서 우리의 삶과 미래를 안전하게 인도하신다는 근본적 신뢰로 우리는 살아간다. 하나님은 우리와 같이 하시고(1-2절), 또 우리의 도움(8절)이라는 근본 신뢰로 살아가는 것이다. 이러한 근본 신앙 태도로 이스라엘은 포로 경험 이후부터 고난 받는 종으로 모든 백성을 구속하는 역할을 하여야 한다고 생각하기 시작했다. 예수님께서 고난의 종으로 십자가를 지신 것은 하나님께 복종하고 헌신하는 태도로 그의 사명을 감당했다는 사실이다. 그 하나님의 현현이 역사적으로 교회가 핍박 중에도 고난의 종으로 그 사역을 다하고 있는 것이다. 하나님의 통치와 뜻에 반대하는 세력을 물리치고 정의와 사랑의 세계를 창조해 나가는 것이다. 사도 바울은 로마 교인들에게 '하나님이 우리 편이시면 누가 우리를 대적하리오' 하는 신앙 간증을 한다(롬 8:31).

6. 심판자이신 주님께 드리는 찬송과 번영을 위한 기도 (시 53=14, 82, 85, 123, 125, 126, 129편)

신년 축제의 중요한 주제는 정의로 재판하는 하나님을 찬양하는 것이다. 82편을 보면 온 세상의 재판관이신 하나님께서 세상에 무질서를 초래하는 신들에게 죽음을 선언한다. 다른 시편들은 하나님이 인간과 신들을 심판하지 않고 인간의 행운과 미래의 운명을 결정하시는 분으로 나타난다. 신년 축제에 임하는 주님은 인간에게 풍요로움과 평화와 행복을 가져온다. 신년 제왕 즉위 시편들에게 나타나듯이 여기에도 심판자 하나님께서 복을 주신다는 아름다운 신앙이 담겨 있다(시 93:5, 96:13, 97:8, 98:9, 99:4).

심판자 하나님께서 복을 베푸시는 것은 하나님께서 당신의 백성과 계약을 맺었기 때문이다. 하나님은 무한한 능력을 가지셨기 때문에 심판자이면서도 관대한 은혜를 베푸신다.

시편 53(=14), 82, 85, 123, 126, 129편은 새해의 번영을 간구하는 기도이다. 이 기도는 적을 패배시키시는 심판자로서의 하나님을 찬양하는 149편과 관련되어 있다. 심판자이신 하나님에 대한 노래는 다음과 같은 시편들이다(시 53=14, 82, 85, 123, 125, 126, 129편).

시편 53=14편 ● 어리석은 자들(지휘자를 따라 마할랏에 맞추어 부르는 노래, 다윗의 마스길)

시편 53:5와 14:5-6을 제외하고는 이 두 시편 53편과 14편은 그 내용이 같다. 그리하여 여기서는 53편을 주로 고찰하기로 한다. 영적 지도자들과 제사장들이 타락함으로써 이스라엘의 영적 중심인 시온이 책임을 다하지 못할 때, 이스라엘 공동체는 부패하였다. 말라기 예언자는 당시에 드렸던 제사를 혹독하게 공격하였다(말 1:6-2:9). 제사장들의 부패를 방지하기 위하여 새해에 그들을 위해 기도를 드린다. 제사장들이 예루살렘 예배공동체를 영적으로 바로 인도해 나가기 위하여 기도한 것이다. 53편은 이러한 배경에서 시작된 것이다. 이 두 시편이 대개 흡사하나 또 차이점도 있다. 우선 53편과 14편의 하나님 칭호가 다르다. 53편은 엘로힘 시편에 속한다. 그런가 하면 14편에서는 야웨와 엘로힘이 다 나온다. 53:5와 14:5-6은 같으나 14:5-6에서 시인은 하나님 안에 피난처를 찾는 의로운 사람을 하나님께서 함께해 주신다고 노래한다. 53:5에는 공포에 대한 개념이 나온다. 여기에 나타나는 공포는 악을 행하는 자에게 해당되는 것이다.

시편 14:1-3과 4-6절 사이에는 모순이 있다. 4-6절과 1-3절은 우주적 인간의 정죄가 과장된 것이라는 결론이다. 그러나 이 두 구절을 분리해서 보면 이해될 것이다. 모든 인간은 죄인이라고 보면 될 것이다. 사도 바울은 14:1-3에서 모든 인간은 죄의 멍에 아래 있다고 한다(롬 3:9). 14편이 제시하는 바는 우리는 어리석은 자들 이라는 것이다. 즉 우리는 우리가 우리의 힘으로 모든 것을 해결하려고 하는 어리석은 태도를 가지고 있다.

우리는 다른 사람이 필요없다는 어리석은 생각을 가지고 있다.

우리 세상에는 가난, 빈곤, 굶주림, 정치적 부패성, 폭행 등이 성행하고 있다. 하나님을 거부하고 우리의 이기심이 우리 사회에 불평등을 가져온다. 이런 문제가 신학적으로 우리의 어리석음 때문에 일어난다고 본다. 1-3절은 인간의 죄악을 상기시키는가 하면, 4-6절은 죄악이 우리 삶에 최종적 해결책을 주지 못한다는 것이다. 그러나 희소식은 하나님께서 의로운 자들의 공동체, 즉 이스라엘과 교회 안에서 죄인들을 허용한다는 것이다. 사도 바울은 이런 사실을 알고 있다. 모든 사람은 죄의 멍에 아래 산다고 인정하면서(시 14:1, 3), 모든 인간은 선물로 주시는 하나님의 은혜로 의로움을 받는다는 것이다(롬 3:23-24). 사도 바울은 의로워진다는 것이 인간의 성취가 아니라 선물이라는 사실을 역설한다. 하나님을 의지함이 참 지혜라는 것이다. 사도 바울에 의하면, "하나님은 지혜 있는 자를 부끄럽게 하려고 세상의 어리석은 것을 택했다."고 주장한다. 하나님이 바라는 지혜는 십자가의 형체라는 것이다(고전 1:24-25). 14편에 의하면, 십자가는 두 개의 실재를 직면한다는 것이다. 첫째는, 인간의 죄의 실재요(1-3절), 둘째는, 하나님의 은혜의 실재(5-6절)이다. 의로운 공동체에 산다고 함은 하나님의 은혜가 가장 중요한 실재라는 것을 믿는 일이다. 그러므로 우리는 어리석고 하나님이 없다고 하면서 살아가는 것이 아니라 하나님을 믿고 사는 것이 가장 지혜로운 것이라는 것이다.

시편 82편 ● 악한 자를 위한 정의의 심판(아삽의 시)

82편은 새해에 부르는 노래로서 심판자이신 하나님을 찬양한다. 주님께서 다른 신들을 심판하시어 죽음을 선언한다. 이 시편은 고대 근동의 이스라엘이 가나안의 다른 종교를 접했음을 보여준다. 가나안 종교에서는 최고의 신 엘(El)이 신들의 의회를 여는 것으로 시작된다(왕상 22:19-23, 욥 1:6-12, 사 58:1-2).

82편은 이스라엘의 하나님께서 다른 신들을 당신의 법정에서 심판하시는 것으로 시작한다(1절). 이스라엘의 하나님께서 다른 신들을 기소하고(2-4절), 그들의 죄악상을 요약하여 설명한다(6-7절). 시인은 하나님께서 모든 신의 주권을 박탈하고, 이 세상을 정의로 다스리실 것을 간청한다(8절). 신들의 의회는 막을 내리고 시편의 중심 사상, 즉 하나님만이 온 세상을 통치하신다는 메시지가 재차 확인된다. 왕으로 즉위하는 주님만이 다스린다는 것이다. 이방신들은 이 세상을 혼동으로 이끌 뿐이다. 하나님은 혼돈의 원인이 되는 신들의 죽음을 선포함으로써 질서를 세운다.

우리는 오늘날 어떻게 82편과 같이 신화적인 표현이 많이 나오는 성경구절을 읽고 이해하느냐 하는 질문을 던질 수 있다. 첫 단계는 하늘에서의 재판보다는 신앙의 시적인 표현으로 접하여야 할 것이다. 즉 시편 시인의 메시지가 무엇일까 그 실제를 파악해야 할 것이다. 불의가 세상을 파괴한다는 시편 저자의 신념을 읽어야 할 것이다. 우리는 우리 주변, 곧 학교, 교회, 가정이 불의 때문에 파괴되는 것을 경험한다. 82편은 신들의 죽음을 묘사한다기보다는 하나님께서 의회에서 모든 것을 다스리신다고 선언한다. 사도 바울도 고린도전서 8:5-6에서 이 문제를 취급한다. 신들이 땅과 하늘에 있다고 하지만 우리에게는 오직 아버지 되시는 하나님 한 분만이 계신다고 선언한다. 우리에게는 한 분 주님이신 예수 그리스도만 계신다는 것이다. 만물이 그로 말미암아 비롯되었다고 사도 바울은 증언한다(고전 8:5-6). 바울은 교회를 통하여 하늘에 있는 통치자들과 권세자들(엡 3:10, 골 2:15)에게 하나님의 지혜를 알리시려고 한다고 말한다.

82편은 그런 신들이 아직 우리와 같이 있다고 주장한다. 그러니 82편은 사도 바울의 말씀대로 우리에게는 오직 하나님 한 분이라는 것이다. 가나안의 신들은 그 속성상 자비를 베풀기보다는 경제적 생존에 더 치중한다. 대신 그들 종교는 계층적 사회제도를 유지할 뿐이다. 고위층은 번영과 부를 향유하고 가난한 계층은 가난에서 헤맨다는 것이다. 유일신이신 이스라엘의 하나님은 본질상 자비를 베푸는 분이시다. 이스라엘의 하나님은 바알 신 때문에 경제적으로 착취당하고 고통받는 희생자들의 부르짖음을 경청하신다. 죽음에서 생명으로 인도하신다는 것이다(출 3:7).

기독교인들은 이러한 통치자들이나 권세자들을 모두 폐의시켰다. 우리는 오직 하나이신 하나님의 통치만 믿는다. 이러한 통치를 예수님께서 선포하시고 또 약하고 가난한 자에게 정의와 공의의 사역을 하셨다(요 8:36). 82편의 시인은 "너희는 모두 신들이고 가장 높으신 분의 아들"이라고 6절에서 주장한다. 즉 이스라엘의 종들로서 하나님의 일을 한다는 것이다. 82:2의 기도는 예수님께서 제자들에게 가르친 기도와 같다("당신의 나라를 이루시고, 당신의 뜻이 하늘에서 이루신 것 같이 땅에서도 이루어지리라").

시편 85편 ● 은총의 회복을 위한 기도
(고라 자손의 시, 지휘자를 따라 부르는 노래)

85편은 새해에 이스라엘 백성이 지난 일 년의 삶을 회고하면서 하나님께 감사드리며 불렀던 노래다. 이런 감사를 드림을 연례행사로 여겼다. 새해에 이스라엘 공동체가 하나님께 감사드리는 주제를 우리는 이 시편에서 발견할 수 있다. 물론 이스라엘 백성의 삶이 항상 번성하고 풍요했던 것은 아니다. 이스라엘 공동체가 경제적으로 어려움을 겪었을 때도 있었다. 그러나 성전에서 신년 예배를 드리는 회중은 수많은 소망이 성취되지 않아 실망했던 과거를 기억한다. 이러한 상황에서 이스라엘 백성은 새해를 맞이하여 하나님의 은총 가운데 그들의 삶의 행운이 깃들기를 갈망했다. 하나님께서 이스라엘 백성과 맺은 옛 계약을 갱신하셔서 당신의 자비를 나타내주실 것을 믿음으로 기대했다. 이것이 85편의 심리적 출발점이다. 이 노래는 이스라엘 백성의 삶에 새로운 복과 자비가 임할 것을 비는 신년 기도문이다.

85편은 하나님께 평화와 구원을 비는 기도다(8-13절). 다후드(Dahood)는 85편의 문장이 격렬하고 준엄한 것으로 보아 바빌론 포로기 이전으로 본다.[15] 반면 맥캔(J. C. McCann)은 이 시편을 바빌론 포로기 이후에 이스라엘 민족이 드렸던 공동체 기도로 본다.[16]

85편에서 큰 영감을 받은 토마스 아 켐피스(Thomas a Kempis)는 그의 유명한 저서 『그리스도를 본받아』로 여러 세기를 통해 기독교인들에게 많은 영적 힘을 주었다. 85편, 특히 8-13절은 기독교인들이 벌써 알고 경험한 하나님 통치가 무엇인지 그 실재를 잘 포착하고 있다. 기독교인들은 우리 사회의 분열과 인간과 사회의 죄악상이 존재함을 안다. 그리하여 메이스(Mays)가 지적하듯이 바른 세상의 비전을 실행함은 종말론적 실재를 내포하고 있다는 것이다.[17] 85편은 인간이 만들어내는 데 만족하지 않고 오히려 하나님의 심판을 받는다는 것이다. 인간이 아니라 하나님의 뜻에 따라 창조해 나가는 삶을 위해 기도하며 좋은 기회를 찾아보는 것이다.

기독교인들에게 예수 그리스도의 탄생이 하나님의 오심을 나타낸 사건이다. 그의 공생활은 사랑, 공의, 충실성과 평화를 이루는 데 목적이 있다(요 1:16-17, 14:27, 롬 1:16-17, 고전 1:30). 우리가 이미 그리스도 안에서 구원을 알고 또 경험했다는 것이다. 또 그리스도는 다시 오신다고 약속하였다. 그리스도는 그의 제자들에게 "당신의 나라가 이루어지며, 당신의 뜻이 하늘에서 이루어진 것 같이 땅에서도 이루어지리라" 하고 기도하라고 가르쳤다(마 6:10). 그러므로 기독교인들은 현재와 미래의 구원을 영원히 기다린다. 그리하여 우리는 85편 시인과 같이 "우리를 회복시켜 주시옵소서"(4절) 하고 기도한다. 85편은 전통적으로 대림절과 연관되어 있다. 대림절은 예수의 탄생을 기다리는 계절이다. 또한 예수님이 다시 오심에 초점을 둔다. 그래서 대림절에 우리는 하나님의 구원을 경축하며 구원을 위해 기도한다.

---

15) M. Dahood, *Psalms* II, 286.
16) J. C. McCann, *op. cit.*, 1016.
17) J. L. Mays, *Psalms*, 277-278.

시편 123편 ● 우리의 눈이 주님을 바라본다 (성전에 올라가는 순례자의 노래)

123편은 페르시아 시대에 지배를 받는 어려운 상황에서 이스라엘 백성이 하나님을 향하여 불렀던 애가이다. 1절에 등장하는 1인칭 단수 대명사인 '나'는 표면적으로 한 개인이지만, 실제로 회중 전체를 대표하는 개인이다. 여기 '나'라는 개인은 회중의 제의적 대표자이다. 그는 하나님에 대한 영적인 경험을 하면서 예배 회중 전체를 대표하는 지도자로서 애가를 부른다. 1절에 "나", "나의", "나에게"와 같은 표현이 2-4절에서는 "우리", "우리의", "우리에게" 등으로 변한다. 이스라엘이 적의 공격을 받고 결국 그들의 지배를 받는 치욕적인 상황을 행운과 번영으로 바꾸어 달라는 간절한 애가다. 시인은 회중을 대표하여 겸손하게 행운을 허락해 달라고 애원한다. 123편 시인은 어려움 가운데서도 하나님의 복을 기다리는 모습을 생생하게 묘사하는 훌륭한 시인이다.

123편은 바빌론 포로 이후의 역사적 상황에서 저작되었던 것 같다. 그러나 어떠한 역사적 상황에서 이렇게 도움을 청하는 기도를 드렸는지는 확실치 않다. 아마도 123편은 여러 가지 역사적 상황에서 사용되었을 가능성이 높다. 요한 칼빈(John Calvin)은 123편의 시인과 역사적 상황을 확인할 수 없다고 결론을 내렸다. 123편의 중요한 내용은 인간이 불의로 핍박받을 때 하나님께 의존하게 된다는 것이다. 한 개인뿐만 아니라 전체 하나님의 몸 된 교회가 하나님을 만나 죄악된 상황을 바로 잡는 기회를 갖는다는 것이다. 다시 말하면, 123편은 모든 세대마다 하나님의 백성이 드리는 기도라고 할 수 있다.

대개의 서방국가 기독교인들은 그들의 신앙 때문에 핍박을 받은 경험이 그리 많지 않다. 그들이 신앙 때문에 핍박을 받지 않은 까닭은 하나님이 세상을 사랑한다고 하는 희소식을 선포함에 힘을 다하지 못했기 때문이라고 할 수 있다. 이런 의미에서 예수님의 복음은 지금까지 들어 보지 못한 과격한 선포이다. 인간을 사랑하기 때문에 예수님은 십자가에 죽으셨다는 것이다. 예수님은 그의 제자들에게 당신의 발자취를 따르라고 명령했다(막 8:34). 세상의 표준으로 보면 교회는 항상 정의와 사랑 편에 서야 할 것이다. 123편은 교회로 하여금 하나님의 주권을 의지하는 겸손한 종의 사역을 감당함을 요구한다(1-2절). 그리하여 예수님의 고난 받는 종의 사역을 감당하는 것이다. 세상을 극복하는 길은 하나님의 은총과 평화뿐이다. 123편은 이러한 은총과 평화를 강조한다. 우리는 우리 자신의 이기심을 떠나서 "우리의 눈이 주님께서 자비를 베푸시길 원하여 주님을 바라보는" 기도를 통하여 변하여야 할 것이다(2절).

시편 125편 ● 주님은 백성의 보호자(성전에 올라가는 순례자의 노래)

125편은 시온 순례자들이 부르는 연례 신년 예배의식과 관련된 기도문이다. 이 시편은 순례자 시편 중 하나이다(시 120-134편). 이 노래는 몇 개의 주제를 가지고 있다. 시온에서 거행하는 영원한 주님의 제왕 즉위식, 강한 도성 시온, 모든 적으로부터 보호하시는 주님 등이다. 이 노래에는 주님을 신뢰한다는 내용이 특별히 강조되어 있다. 1-2절에 등장하는 '신뢰한다'는 단어에는 하나님을 신뢰하는 자들이 그들의 삶에서 안정을 얻는다는 의미가 함축되어 있다. 125편은 바빌론 포로기 이후의 것으로 볼 수 있다. 1-3절은 확고한 하나님의 보호와 4-5절은 악한 자들의 파멸을 기원하는 기도이다. 이 순례자의 노래는 매우 부드러우면서도 영적인 노래이다. 125편은 하나님께서 이스라엘 백성에 번영을 허락하실 것이며, 또 하나님께서 거하시는 시온성이 안전할 것이라고 하는 신뢰가 잘 표현되어 있다.

하나님의 주권 아래 획득한 평화는 특별하다. 그러한 평화는 인간이 헤아릴 수 없는 특별한 평화(빌 4:7)이고, 세상이 줄 수 없는 평화이다(요 14:27). 예수님께서 그의 제자들에게 주신 평화와 같이 125편이 제안하는 평화는 세상이나 악한 자가 그 권세를 언제까지든 행사하지 못하게 하는 것이다(3절). 그런고로 신약성서가 증거하듯이 하나님의 백성의 신앙은 희망으로부터 분리할 수 없다(롬 8:24-25). 곧 하나님의 백성은 항상 악한 세력을 대항하여 하나님의 통치를 선언하는 종말론적인 때에 살아간다. 이렇게 하나님께서 주시는 평화는 악한 세상 한가운데에 주시는 평화이다(시 2편). 바빌론 포로 이후 때처럼 오늘 우리 사회에도 하나님의 통치를 반대하는 세력이 있다. 그리하여 125편은 계속 하나님의 백성에게 '우리는 평화를 두려워하느냐?'라고 묻는다. 위젤(Wiesel)은 하나님이 평화로운 세상을 이루시려는 것에 반대하는 세력이 많다는 점을 지적했다.[18] 라인홀드 니버(Niebuhr)도 같은 맥락에서 도덕적 인간들이 부도덕한 행동을 강행한다고 지적했다.[19] 곧 사회와 나라의 이름으로 잔인한 부도덕적 행위를 많은 부도덕적 인간들이 한다는 것이다. 인간들은 그들의 일상생활이 평탄하고 또 평온한 것을 받아들이지 못한다. 곧 그 말은 월요일 아침 자기 일상생활을 직면하는 것이 너무 무미건조해서 그런 생활보다는 전쟁이라도 나는 것을 더 신나게 생각한다는 것이다. 인간 본성을 신랄하게 사실 그대로 분석하면서 우리는 125:3의 중요성을 이해하여야 한다. 불의한 세력은 의로운 사람을 이용하고 유혹하여 불의한 세력을 허용하고 또 그 세력에 가담하도록 한다. 따라서 선을 아는 하나님의 백성은 악을 물리치고 선을 택해야 한다. 그들은 하나님의 선하심이 실현되도록 기도하고(4절) 또한 시편의 저자가 선언하는 평화를 실천하는 용기를 가져야 한다. 평화를 위해 일하여 전쟁을 방지하고 세상의 모든 참혹한 죄악을 제거시켜 나가야 한다(5절).

---

18) Elie Wiesel, *From the Kingdom of Memory: Reminiscences*(NY: Summit Books, 1990), 225.

19) Reinhold Niebuhr, *Moral Man and Immoral Society*. Study in Ethics and Politics (New York: Charles Scribner's Sons, 1960)를 참고하라.

시편 126편 ● 눈물을 흘리며 씨를 뿌리는 사람은 기쁨으로 거둔다
(성전에 올라가는 순례자의 노래)

126편은 일곱 번째 순례자의 노래이다. 하나님께서 당신의 백성의 번영을 회복시켜 달라는 간절한 기도문이다. 그들은 새해에 하나님께서 새로운 역사를 이루실 것이라고 기대하고 또 믿었다. 하나님만이 이스라엘의 운명에 변화를 가져오실 수 있는 주님이라는 것을 확신했다. 과거에 많은 학자는 1절에 나타나는 '시온의 번영'이라는 표현을 근거로, 126편이 기원전 539년의 바빌론 포로 해방을 언급한 것으로 보았다. 그러나 1절의 '시온의 번영'을 다르게 해석하려는 도전이 시작되었다. 그 새로운 해석에 따르면, '시온의 번영'이라는 글귀는 바빌론에서 해방되는 것을 의미하는 것이 아니라는 것이다.[20] 126편의 내용으로 보아 이 표현을 어떤 구체적인 역사적 사건을 가리키는 것으로 볼 수 있다는 것이다. 바빌론 포로 해방 시기보다는 기원전 8세기의 아람어로 된 비명에 '시밧'이라는 단어가 나타나는 것으로 보아 이 시편의 창작 연대가 바빌론 포로기 이전으로 볼 수 있다고 한다. 그렇지만 많은 학자는 포로기 이후로 보는 것이 더 적절하다고 주장한다.

우선 126편을 바빌론 포로 이후의 작품으로 받아들인다고 해도 이 시편은 오랜 기간 동안 여러 목적으로 넓게 사용되어 왔다. '시온의 번영을 회복시킨다'는 구절(1절)이 모든 것이 새로워진다는 역사적 변화를 표현하는 말이다. 곧 1절은 하나님의 백성이 구원과 기쁨의 경험을 기억하였다고 말한다. 또한 4절의 기도는 충성스런 백성을 위해 드리는 기도이다. 하나님께서 우리 인간을 위해 큰 일을 하셨을 때 우리는 얼마나 기뻤던가 하면서 찬양한다(3절). 그러나 우리는 계속 하나님의 도움이 필요하고 또 하나님의 구원의 역사가 필요하다(시 123, 125편). 126편은 하나님의 오심이 가능하

20) M. Dahood, *Psalms* III, 217.

다고 하는 희망 안에 산다고 함을 상기시킨다. 하나님께서 과거에 역사하심을 기억하고(1–3절) 또한 항상 미래에 하나님께서 우리를 위해 무엇을 베푸실까 기대한다(4–6절). 왈터 베이어린(Walter Beyerlin)은 126편은 실망스러운 당시의 상황을 반영하면서 요엘서를 인용했다고 주장한다.[21] 요엘서와 같이 이 시편을 읽으면 하나님의 도움의 필요성(욜 1 : 2–2 : 17)과 하나님의 반응에 대한 약속(욜 2 : 18–3 : 21)을 엿볼 수 있다. 126편과 요엘서는 하나님께서 그의 백성을 위해 도움을 주신다는 희소식을 선언한다.

126편은 강림절과 사순절과 연관되어 있다. 하나님의 백성은 항상 기억과 희망 사이에서 산다. 강림절과 사순절에 우리는 예수님의 탄생과 비참한 죽음을 기억한다. 그러나 우리는 모든 것이 새로워지리라는 부활의 약속, 곧 모든 것이 새로워지리라는 기쁜 희망을 갖는다. 126편은 하나님께서 구원하신다는 비전으로 살아가야 한다고 말한다. 하나님의 구원의 역사가 우리에게 기쁨과 비전을 주어 미래의 희망 속에 산다는 것이다. 또 어려움 중에도 우리를 회복시켜 달라는 기도로 오늘의 삶을 윤택하게 하고 미래의 희망을 갖는다. 곧 예수님의 말씀대로 '슬퍼하는 자는 복이 있고 그들이 위로를 받을' 것이라는 희망을 품고 산다(마 5 : 4).

시편 129편 ● 하나님께서 악인의 사슬을 끊으신다 (성전에 올라가는 순례자의 노래)

129편은 열 번째 순례자의 노래다. 가을 신년 축제와 관련된 공동체 애가이다. 좀 더 구체적으로 말하면, 1–4절은 공동체 감사시이며, 5–8절은 공동체 애가이다. 시인을 이스라엘이 오랫동안 억압당한 것을 생생하게 묘사한다. 또한 이스라엘의 적들이 전복되기를 바란다. 이스라엘 백성은 이

21) Walter Beyerlin, *We Are Like Dreamers*, trans. D. Livington(Edinburgh : T. and T. Clark, 1982), 41–58.

집트, 블레셋, 시리아, 아시리아, 바빌론, 페르시아와 같은 적들의 억압을 받았다. 또한 이웃 나라들로부터도 괴로움을 받았다. 그러나 이러한 공격에도 불구하고 이스라엘은 패하지 않고 나라를 계속 유지하였다. 바이저(Weiser)에 의하면, 1-4절의 중요한 내용은 하나님의 구속사라고 주장한다.[22] 이스라엘은 억압에서 자유를 맛보았고, 공포에서 승리의 기쁨을 체험했다. 이 시편은 슬픈 애가에서 신뢰의 확신으로 전환된다.

이스라엘의 역사, 특히 바빌론 포로기 이후는 어려운 도전의 역사였다. 하나님의 백성은 계속적으로 하나님께 반대하는 역사를 반복했다. 그런데 129:1이 증거하듯이 "이스라엘은 초기부터 원수들의 박해를 받았다." 곧 하나님의 통치를 반대하고 반발하는 이스라엘 백성은 계속 박해와 고통을 감수해야 했다. 그러므로 이스라엘의 역사는 종말론적으로 보아야 한다. 이스라엘은 하나님의 주권에 항상 도전하고 반대하는 역사를 반복하였다. 그래서 이스라엘은 과거의 역사의 기억과 또 미래의 희망 속에 살아왔다(시 77, 126편). 예수님도 그의 제자들로 하여금 십자가를 지고 종말론적 전망으로 하나님의 통치 안에 들어가라고 외쳤다(막 1:14-15). 하나님께 충성하는 백성은 세상의 적개심을 경험하게 된다. 하나님의 백성이 하나님을 위한 고통은 독선적이면 안 된다. 만일 그렇게 되는 경우 130편이 제기하듯이 하나님께 반대한다고 하는 것은 하나님을 의지하지 않음을 말한다. 이스라엘의 역사는 고통의 역사로 볼 수 있으나, 사실 그 역사는 계속적으로 하나님께 반대하는 불충성의 역사이다(시 51, 78, 106편). 그러나 하나님의 백성은 하나님의 변함없는 사랑의 은혜로 산다. 그 사랑의 하나님은 이스라엘과 교회가 하나님의 통치를 받아들이고 살아야 한다고 말씀하신다.

22) A. Weiser, *Psalmstudien* IV, 31, 35.

제4장

하나님의 계시 찬송

시편 가운데 하나님의 계시가 담겨 있는 찬송들이 있다. 이들 계시 찬송은 영적으로 깊은 경험을 가진 시인들이 자연, 역사, 율법 가운데 나타난 하나님의 계시를 기록한 것이다. 시인들은 하나님과 만나 하나님께서 무엇을 계시하시고자 했는지 이해하려고 했다. 그들은 때로 하나님에게 도전하면서 그들의 내적·영적으로 충실한 삶을 살아가고자 했다. 그러면서 동시에 자연과 역사와 율법을 통해 계시되는 하나님의 모습을 발견하려고 애썼다. 이스라엘 역사 속에서 하나님의 구원의 역사를 경험하고 또 자연 속에서 하늘과 땅을 창조하신 하나님의 영광을 경험했다. 이스라엘을 바른 길로 인도하시는 하나님의 율법, 즉 하나님의 가르침을 통해 계시되는 하나님을 찾기도 한다.

1. 자연에 계시된 하나님에 대한 찬송 (시 8, 19, 29, 104, 147, 148편)

우선 첫째 부분에서 자연을 통해 계시된 하나님을 찬양하는 시편들을 고찰하도록 한다. 시인들이 자연을 통하여 발견한 하나님의 계시가 어떤 모습인지 알아보도록 한다. 자연을 통한 하나님의 계시와 영광을 묘사하는 시편에는 8, 19, 29, 104, 147, 148편 등이 있다.

시편 8편 ● 하나님의 존귀와 인간의 존엄성을 노래한다
(지휘자를 따라 깃딧에 맞추어 부르는 다윗의 노래)

8편은 자연을 통해 계시하시는 하나님을 찬송하는 시이다. 창조주 하나님께 영광을 돌리는 찬송이다. 장엄한 자연의 아름다움을 묘사하고 또 자연 안에 숨어 있는 하나님의 모습을 서술하기도 한다. 레슬리(Leslie)는 8편이 밤에 부르는 찬송이라고 한다.[1] 이 시편은 가나안의 아름다운 야경 속에 나타나는 하나님의 모습을 묘사한다. 시인은 아름다운 야경을 묘시하는 동시에 더 깊은 의도를 갖고 있다. 밤하늘에 찬란하게 빛나는 것보다는 그 찬란한 것들을 창조하신 창조주에게 이 시의 초점을 맞춘다. 하나님의 영광을 드러내며 하나님을 찬양하는 것이 이 시인의 근본 의도이다.

이 시편은 이스라엘의 신년 축제, 곧 장막절에 사용된 것으로 보인다. 장막절에 하나님의 영광을 보는 상황에서 재창조의 드라마를 재현하는 것이다. 8편은 134편과 같이 심야 예배에 사용된 시편이다. 이사야는 이러한 밤 예배를 "거룩한 절기를 지키는 밤처럼, 노래를 부르며, 피리를 불며"라고 묘사했다(사 30:29).

일반적으로 학자들은 8편을 제사 문서의 창조 설화(창 1:1-2:4a)와 같은 내용으로 보나, 오히려 바빌론 포로기 이전에 창작된 것으로 보는 것이 적절하다. 이 시편은 근본적으로 고대의 음조를 많이 띠고 있어 고대 작품으로 보는 것이 좋을 것이다.

8편은 하늘과 땅과 인간을 창조하고 주관하시는 하나님의 주권과 능력

---

1) E. Leslie, *The Psalms*, 131.

을 찬양한다. 주님의 이름은 존귀하고 영광이 온 땅에 나타나 하늘 높이까지 찬양이 가득 찬다고 시인은 하나님의 주권을 찬양한다(1-3절). 우주적 주권을 지니신 창조주 하나님은 이 시편에서 인간의 주권도 선언하신다(5-8절). 사람을 하나님보다 조금 못하게 만드시고(8절) 또 모든 피조물을 다스리게 한다(8절). 인간에게 모든 피조물을 관리하는 주권을 주신다. 브루그만(Brueggemann)은 우주 만물의 창조자께서 인간에게 주권을 주셨지만 그 경계선은 잘 지켜야 한다고 말한다.[2] 하나님의 우주적 계획에서 인간은 중요한 책임을 지게 된다. 인간의 주권은 하나님의 주권에서 왔다는 점을 절대로 잊어서는 안 된다. 인간은 주권을 행사할 때 항상 인간의 자율성에 유혹을 받지 않도록 하여야 한다. 그러므로 8편은 창조주 하나님과 그 하나님이 지으신 창조물을 돌보아야 할 인간의 책임을 하나로 본다. 이 두 과제를 같이 수행해 나가는 것이 중요하다.

3-7편은 인간의 비참한 고통을 묘사한다. 그런가 하면 8편은 인간이 하나님보다 조금 낮게 창조되었지만 또 하나님의 피조물을 책임지는 높은 청지기 자리를 받았다고 말한다. 이러한 모순을 신학적으로 어떻게 해석해야 할까? 3-7편과 8편을 연결시켜 볼 때 인간은 계속 고통 속에 살아도 인간의 고상한 자리와 청지기의 역할은 그대로 보존되어 있다는 점을 알 수 있다. 인간의 고상함과 인간의 고통을 어떻게 조화하느냐 하는 질문이 나온다. 인간은 하나님의 형상으로 창조되었으나 고통을 피할 수 없는 존재라는 것이다.

인간이 고통을 받을 때 하나님도 스스로 고통을 경험한다는 것이다. 욥기를 보면 의로운 욥이 많은 고통을 경험한다. 이러한 고통 속에서 욥은 8편을 중요하게 취급하는 듯하다. 욥은 8편의 비전을 찾는 과정을 통해서 점차적으로 그의 고통에 대한 결론에 도달한다고 말할 수 있다. 욥은 "티끌과

2) Walter Brueggemann, *The Message of the Psalms*(Menniapolis: Augsburg, 1984), 37-38.

잿더미 위에 앉아서" 회개한다(욥 42:6). 티끌과 잿더미 위에 앉아 있는 욥이 그의 고통의 경험 속에서 얻은 것은 이것이다. 고귀한 인간과 청지기 인간은 고통과 영광을 같이 경험한다는 것이다.

시편 19편 • 하늘은 하나님의 영광을 드러낸다

(지휘자를 따라 부르는 다윗의 노래)

1편과 119편과 마찬가지로 19편은 하나님의 창조(1-6절)와 율법에 관한 시이다(7-14절). 19편은 하나의 통일성 있는 작품으로 볼 수도 있으나, 많은 학자는 이 노래를 두 부분으로 나누어 취급한다. 첫째는, 하나님의 창조를 노래하고(1-6절), 둘째는, 하나님의 율법을 노래한다(7-19절). 여기서 19편은 둘로 분리해서 취급하지 않고 하나의 시편으로 보아도 지장이 없을 것이다. 하나님의 창조와 관련하여 인간이 하나님의 말씀, 즉 토라(가르침)로 산다는 뜻은 인간은 하나님의 입에서 나오는 말씀으로 산다는 것이다. 그리하여 19편을 하나로 연결시켜 읽어 보도록 한다.

루이스(C. S. Lewis)는 19편을 높이 평가하여 시편 중에서 훌륭한 시이며 또한 가장 가치 있는 서정시라고 한다.[3] 아울러 19편은 그 신학도 특이하다고 한다. 이 시가 지향하는 것은 사랑이라는 실재라는 것이다. 우주적 음성으로 주권을 선포하는 하나님은 인류에게 가까이 다가와 말씀하신다. 그 말씀이 토라(Torah)이다. 또한 이러한 하나님은 단지 우주적 집행자만이 아니라 가깝게 우리에게 임하셔서 용서하시고 사랑을 베푸시는 주님이시다. 하나님은 사랑이시고, 그 사랑은 우주를 움직인다.

이러한 특이한 사상은 과학적인 면만 지향하는 세속 문화 속에서 특별한 함축성을 지닌다. 곧 이 시편이 뜻하는 것은 우주란 단지 연구와 조절의

---

3) C. S. Lewis, *Reflections on the Psalms*(NY: Harcourt Bruce and Company, 1986), 30, 63.

대상이 아니라는 것이다. 물론 자연을 신성으로 보는 것은 아니나 하나님과 분리시켜 이해할 수 없다는 것이다. 어떤 면에서는 자연이 하나님을 알아본다고 말할 수 있다(2절). 자연이 하나님의 주권을 선언한다. 마치 인간이 하나님께 친밀히 대하는 것처럼 창조주 하나님과 밀접한 관계를 가진다는 것이다. 우리 인간은 모두 가족이다. 히브리어로 인간(아담)과 땅(아다마)은 밀접한 관계가 있다. 우주의 질서를 움직이는 하나님과 우리가 사는 우주와 밀접한 관계가 있다는 말이다.

우리의 창조자이시고 또 질서를 주관하시는 하나님은 인간에게 말씀을 주신다. 그 말씀이 바로 토라(율법)이다. 이 말씀으로 인간은 삶을 살아가고(7a절), 또 질서를 유지한다(9b절). 인간의 삶은 하나님과의 관계에서만 가능하다는 것이다. 이러한 사상은 세속적 자율성과 정반대이다. 이 시인에 의하면, 인간은 무엇을 획득하거나 성취하거나 또 소유하는 능력으로 생존하는 것이 아니다(10절). 인간은 하나님의 입에서 나오는 말씀으로 산다(마 4:4, 신 8:3). 19편에 나란히 나오는 창조와 토라는 신학적으로 매우 중요하다. 모세 5경에는 하나님의 창조와 출애굽 노예 해방과 시내산 계시가 이어서 나온다. 하나님이 인간에게 주신 가르침(토라)을 하나님 창조의 성취로 본다(시 33:6-9).

시편 29편 • 일곱 번개의 찬송(다윗의 시)

29편은 자연에 계시되는 하나님의 능력을 찬양하는 노래다. 이 시편의 본래 삶의 자리는 이스라엘의 신년 축제 공중 예배이다. 시인은 폭풍을 움직이시며 다스리는 주님께 영광을 돌린다. 번개로 호령하시는 주님께 영광을 돌린다. 예배에 참석한 회중은, 자연을 움직이시는 하나님께서 신년 축제에서 모든 것을 새롭게 재창조하시는 것을 제의 의식을 통해 재현한다. 다후드(Dahood)가 지적하듯이 29편은 고대 가나안 사람들이 폭풍의 신인 바알에게 드린 찬송을 야웨 전통에서 받아들여 자신의 것으로 소화시킨 노래라고 볼 수 있다.[4] 특히 이 시편은 우가릿 문서에 나타나는 반복 대구법을 그대로 따른다.

29편은 시편과 복음서의 중심 사상을 취급하고 있다. 즉 주님께서 통치하신다는 것이다. 이 시편은 기독교인들이 암송하는 주기도문의 결론을 감동적으로 표현한다("나라가 임하게 하시고, 당신의 나라와 권세와 영광이 영원히 아버지의 것이옵니다. 아멘" 마 6:13). 이러한 기도의 메시지는 고대 근동 시대와 예수님 시대뿐만 아니라 오늘날 우리 시대에도 계속 논쟁적이다. 현대인들은 고대 근동 사람들과 같이 바알 신의 유혹을 받지 않을 수는 있다. 그러나 현대인들은 과학적 인본주의와 기술문화에 빠져 있다. 다른 말로 말하면 바알 종교가 인간을 유혹하던 바로 그 '인간 중심주의' 사상에 빠져 있다. 인간 스스로 안전을 보장하려고 하는 자율성이 문제이다. 인간은 항상 하나님의 통치를 넘어서 스스로 모든 것을 주관하려고 한다.

세상이 하나님의 주권을 받아들이고 그에 따라 움직이면 오늘의 생태학적, 경제적인 문제점을 해결할 수 있을 것이다. 지구의 온도가 높아지면 엄청난 생태학적 문제를 초래한다고 과학자들은 경고한다. 즉 우리의 생존과 하나님의 주권을 존중하는 일은 직결되어 있다. 문제는 우리가 우리의 안전을 보장하려고 하면 할수록 더 불안전해진다는 것이다. 29편은 하나님의 주권 안에서 살아가라고 촉구한다. 하나님의 샬롬(Shalom)을 실현하기 위하여 성전에 모인 회중들이 다 같이 하나님께 "영광!" 하고 외칠 때 가능할 것이다(9절).

29편은 현현주일과 성탄절에 애용해왔다. 29편은 현현주일(Epiphany) 후 첫째 주일에 사용하는 것이 나을 듯하다. 하나님의 영광(시 29:9c)과 백성의 평화를 선포하기 때문이다. 29편이 하나님의 통치를 선언하기 때문에 현현주일에 적합하다. 예수님이 세례를 받으신 직후 하늘 음성이 "너는 나의 아들"이라고 선언한다(눅 3:22). 하나님의 나라의 희소식을 선포하는

4) M. Dahood, *Psalms* I, 175.

예수님을 가리켜 이렇게 선언한다. 29편과 누가복음 2장이 주장하는 것은 예수님이 하나님 나라 권세와 영광을 구체화한 하나님의 아들이라는 것이다(요 1:14, 고전 2:8, 고후 4:6).

시편 104편 ● 내 영혼아, 주님을 찬송하여라!

104편의 제목은 '내 영혼아, 주님을 찬송하여라'라고 붙이는 것이 좋을 듯하다(1a절). NRSV에서는 "창조자와 공급자이신 하나님"이라는 표제를 붙였다. 키텔(Kittel)이 언급한 대로 104편을 노래한 시인은 참으로 위대한 시인임을 부인할 수 없다. 위에서 언급한 두 표제가 이 시편을 이해하는 데 도움이 될 것이다. 104편은 개인 찬송이다. "내 영혼아 주님을 찬양하여라"는 104편뿐만 아니라, 바로 앞에 놓인 103편에도 나타난다(시 103:1, 22, 35). 103편의 시인은 "하나님께서 모든 것을 통치하신다"(시 103:19)고 하는가 하면, 104편의 시인은 좀 더 정성스러운 시적 표현을 사용하여 우주적 하나님의 통치를 노래한다. 하나님은 창조자인 동시에 지배자라는 것이다. 하나님은 또한 필요한 모든 것을 공급하시는 통치자이시기 때문에 찬양해야 한다는 것이다. 더 나가서 이 시편의 시인은 창조와 구원의 역사를 겸하여 실행하시는 분이 하나님이라고 말한다.

지구 온난화(global warning), 산성비(acid rain), 스모그(smog) 등 현상이 일어나기 오래 전에 나비가 날개를 움직이는 것도 환경에 영향이 준다는 사실을 깨달았다고 어떤 과학자는 말했다. 104편의 시인은 인간을 포함한 공기, 땅, 물, 식물 등이 서로 연결되어 있고 또 서로 의존하고 있음을 안다고 말한다. 이 시인은 히브리어로 '인간'(adam)과 '땅'(adama)이 어원학적으로 연결된다는 진리를 알았다. 인간은 참으로 땅이 낸 산물이다. 인류의 기원과 미래는 땅의 기원과 미래와 연결되어 있다.

이 시편 시인은 물질적인 과학에 관심을 두기보다는 신학적인 것에 그 바탕을 둔다. 시인은 공기, 땅, 물과 모든 생물이 상호 의존하고 있음을 안다. 왜냐하면 모든 것이 다 하나님께 의존되어 있음을 깨달았기 때문이다. 하나님의 도움 없이는 이 모든 것이 존재하지 못한다. 시인의 생명이 하나님으로부터 왔고 또 하나님께 속한다는 것이다. 단편적으로 말하면 신학과 생태학은 분리할 수 없다는 것이다.

이 시편 저자의 생태학적 관심은 오늘 인간의 의식과는 물론 다르다. 현대인들의 생태학적 관심은 우리 자신들과 우리 자신들의 복리만 생각한다. 현대 인간들의 관심은 우리가 어떻게 생존할 수 있을까에 초점을 두고 있다. 이러한 생태학적 의식이 오늘의 생태학적 문제 해결에는 도움이 될지 모르나 결국 실패하고 말 것이다. 이 시편 저자는 이런 문제를 그 시작부터 다르게 보고 있다. 이 시인은 생태학적 현실을 풀어나가는 길은 공포가 아니라 '주님을 찬양하고 또 그 안에 사는' 것이다(시 33-34편). 찬양은 하나님의 주권을 인정하고 또 그 안에 존재하겠다는 신앙을 나타내는 것이다(시 104:1-4, 33). 하나님을 찬양하는 일은 하나님의 존재를 받아들이고 또 그에게 속했다고 고백하는 것이다. 104편에 의하면 하나님은 땅의 모든 것을 창조하시고 보존하신다. 하나님의 피조물은 서로 조화롭게 보존해야만 번성할 수 있다. 우리가 104편 시인과 같이 "내 영혼아 주님을 찬송하여라"(35절) 하는 신앙적 태도를 나타냄으로 하나님의 창조물을 보존해 나갈 수 있을 것이다.

104편은 전통적으로 하나님의 성령이 선물로 임하신 오순절을 기념하며 사용되어 왔다. 낙심된 초대교회 사도들은 큰 힘을 얻었다(행 2장). 하나님의 영을 받은 사도들은 세상을 완전히 뒤집어 엎었다(행 17:6). 어떻게 보면 104편의 하나님의 영은 사순절과 아무런 연관이 없는 것같이 보인다. 그러나 104편의 하나님의 영은 계속적인 창조와 갱신(30절)과 관계되어 있다. 사순절에 104편을 사용함으로써 하나님은 모든 생명의 근본이라는 사실을 우리는 확인한다.

시편 147편 ● 하나님, 백성의 보호자

147편은 예루살렘 성전에서 회중이 드리는 찬송이다(19절). 이 시편에는 두 가지 주제가 있다. 첫째는, 자연을 통하여 스스로를 계시하시는 창조주 하나님이고, 둘째는, 당신의 백성을 보존하시는 자비로우신 구원의 주님이시다. 이 시인은 자연에 대한 민감한 상상력을 동원한다. 이 노래는 자연에 나타나는 하나님의 계시가 그 중심이다. 찬양시인 147편은 할렐루야로 시작해서 할렐루야로 끝을 맺는다. 8절과 18절을 보면 이 시편이 봄에 사용되었을 가능성이 높다. 이 시편은 하나님의 창조를 말하는 동시에 이스라엘 공동체 구원을 노래하고 있다. 이 시인은 아시리아 예언자의 영향을 받아, 병에 대한 깊은 관심을 보이는 것으로 보인다.

이 시편은 아마도 기원전 4세기 초에 창작된 것으로 추정된다. 이 시편에 포로기 이후 모습이 등장하기 때문이다. 포로기 이후 이스라엘을 재건하는 모습이 묘사되어 있다(13-14절). 두 번째 근거는 12절에 나오는 '찬양하라'는 단어인데, 이 단어는 후기 아람어이다. 세 번째 근거는 시인이 하나님께서 제사 문서를 이스라엘 백성에게 선물로 주신 것을 감사하는 표현이다(19-20절). 에스라를 통하여 전달된 제사 법전의 기원은 기원전 397년경이다.

147:15-20, 특히 18-19절은 중요한 신학적 통찰력을 브여준다. 그 통찰력은 창조와 구속은 분리할 수 없다는 사실이다. 곧 하나님께서 어떤 특정 민족을 대상으로, 곧 예를 들어 이스라엘 백성이나 교회를 대상으로 구원 사업을 시행하실 때, 그것은 그분이 모든 백성을 위해서 구원의 사업을 행하는 것이라는 것을 알아야 한다. 하나님이 이스라엘 백성을 이집트에서 해방시킨 구원의 역사는 모든 민족에게 해당되는 것이다. 다른 말로 말하면 이스라엘은 출애굽으로부터 시작한 것이 아니고 창조로부터 시작되었다는 것이다. 구약성서와 신약성서가 증언하는 것은 하나님께서 새 하늘과 새 땅을 지으시고(계 21:1), 또한 모든 민족을 치유하신다는 사실이다(계

22:2). 어떤 특정한 상황에서 어떤 특정한 백성을 구체적으로 구출했다는 것은 모든 인류를 구출한다는 뜻을 함축하고 있는 것이다(시 19, 33, 65, 66, 96, 97, 98, 99편).

147편은 하나님의 창조와 구원의 중요한 개념을 잘 나타낸다. 비와 눈, 더위와 추위(15-18절)를 만들어내는 우주의 세력은 우리가 그냥 관찰하고 경험할 대상이 아니라 우리가 친히 잘 아는 분이라는 것이다(19-20절). 그 분은 이스라엘 백성을 직접 찾아오셔서 알려 주신다(19절). 성서신학의 중심은 모든 별을 움직이시는 하나님(4절)의 능력이 인간의 상한 마음도 치유하신다는 것이다(6절). 곧 우주를 움직이시는 능력이 무한한 사랑으로 우리에게 직접 임하신다는 말이다. 하나님의 말씀이 몸을 입고 인간에게 오신다는 것이다(요 1:1, 14). 우주적 하나님은 인간의 삶과 미래에 개인적으로, 친밀하게 관여하신다.

147편은 성탄절과 성육신 축제에 많이 사용한다. 하나님이 성육신하셨다는 희소식에 우리는 그분을 경외하여(11a절) 그분께 헌신하고 또 '주님을 찬양하라'고 외쳐야 한다.

시편 148편 • 온 세상의 주님을 찬양하여라!

148편은 주님을 찬양하는 노래로서 "할렐루야"라는 표제를 가진 세 번째 시편이다. 이 시인은 하나님의 창조와 구원을 함께 노래한다. 이 시인은 하나님의 창조에 무게를 둔다. 모든 피조물은 주님을 찬양해야 한다는 것이 그의 요구이다. 그러나 이 노래는, 마지막 14절에 구원에 대한 언급이 있어서, 다음 시편인 149편에 나타나는 구원의 주제와 연결된다. 147편과 148편에 하나님의 통치 또 왕의 통치를 직접적으로 언급하지는 않지만, 결과적으로 시인은 하나님이 우주를 주관하신다고 말한다(13-14절). 그러므로 이 시편 역시 시편의 본질적인 신학인 '하나님의 통치'를 다루고 있다고 본다. 하나님의 우주적 통치를 강조하는 것은 바빌론 포로기와 포로기 이후의 신학적 위기를 극복하려는 의도로 이해할 수 있다.

찬양 노래에는 대개 하나님을 찬양하라는 일반적인 표현이 들어 있지만, 148편은 제한성 없이 모든 피조물은 하나님을 찬양하라고 명령한다. 148편은 150:6의 하나님 찬양의 범위를 뛰어넘는다. 하나님을 찬양하라는 시편 속에서 우리는 신학과 생태학을 분리할 수 없다(시 8, 96, 98, 104편). 우리 인간은 모든 피조물과 함께 하나님을 찬양한다. 148편을 읽으면 창세기 1:1-2:4와 창세기 9장이 생각난다. 창세기 9장에 의하면 홍수 후 노아와 후손들(창 9:9) 또한 이 땅에 사는 모든 짐승, 공중의 새, 땅과 바다의 생물들과 계약을 맺었다(창 9, 10, 12, 15-16장). 더 나아가서 땅과도 계약을 맺었다(창 9:13). 인간은 피조물의 청지기일 뿐만 아니라 창조의 동반자로도 등장한다.

성 프란시스는 148편을 읽고 태양과 바람과 불은 형제이고 달과 물과 땅은 자매라고 불렀다고 한다. 참 적절한 표현이다. 148편은 사실을 논함이 아니고 인간과 자연이 함께 하나님을 찬양해야 한다고 촉구한다. 148편은 하나님께서 그 주권을 행사하시는 것처럼 인간도 피조물에 대한 지배권과 주권을 잘 행사하라고 요구한다. 우리 인간의 청지기 역할은 항상 하나님을 찬양하는 것이다.

하나님의 주권을 찬양하라는 노래들은, 하늘과 땅과 거기에 거하는 모든 피조물은 하나님을 찬양하라고 한다(시 29:1, 96:11-12, 97:1, 98:4, 7-8). 148편의 내용은 29편과 흡사하다. 또한 누가복음 2:13-14에도 같은 내용이 나오는데 하늘의 천사들이 땅에 하나님의 영광과 평화가 있으라고 선언한다. 천사들은 예수님 탄생을 하나님 왕 즉위와 우주적 주권과 연결시켜 찬양한다. 따라서 148편을 성탄절에 사용하는 것이 적절하다. 기독교는 예수님께서 고통당하는 자를 돕는 사역을 통해서 하나님의 우주적 통치를 선언한다. 그리하여 "하나님께서 하늘과 땅 위와 땅 아래에 있는 이들 모두가 예수의 이름 앞에 무릎을 꿇게 하시고 모두가 예수 그리스도는 주님이시라고 고백한다"(빌 2:10)라고 증언한다(시 148:13). 148편은 성탄절뿐만 아니라 부활절과 다른 절기에도 사용할 수 있는 시편이다.

2. 역사에 계시된 하나님에 대한 찬송 (시 78, 105, 106, 114편)

역사를 통해 계시된 하나님을 노래하는 찬송이 있다. 하나님의 역사적 계시를 취급할 때 우리는 하나님의 본질적 성격에 대해 많은 관심을 가진다. 그 본질적인 성격이란 하나님은 행동하시는 존재라는 것이다. 또한 하나님의 존재는 영원히 역사에 참여하시고 활동하시는 역사의 주인이시라는 것이다. 그러므로 시편의 시인들은 하나님의 역사적 활동에 감사하며 또 영광을 돌리는 것으로 나타난다. 시인들은 다른 이방 신들과 비교하여 말할 때 주님은 살아계신 하나님이시라는 사실을 항상 분명히 한다(시 22:2, 84:2). 시편의 시인들에 의하면 하나님은 우주와 세상의 모든 것을 창조하셨다는 것이다. "땅끝까지 창조하셨다"라는 말은 오직 하나님께만 적응되는 말이다.

시인들은 하나님의 창조 활동 다음으로 역사에 나타난 하나님의 구원의 활동을 중요시했다. 특히 이스라엘 역사에 나타난 구원의 시들이 중요한 역할을 한다. 시편 시인들은 기원전 10세기에서 8세기 사이의 야웨 전통(J문서)과 엘로힘 전통(E문서)의 서사시들을 잘 알고 있었다.[5] 특히 기원전 4세기 초 제사 문서(P문서) 편집자들이 기록한 기사는 시인들에게 귀중한 자료가 되었다.[6] 시인들은 객관적이고 자세한 역사적 사실에 대해서는 관심이 없었다. 역사에서 오직 하나님의 계시만을 찾았다. 역사를 주관하시는 분이 하나님이라는 것이 핵심이다. 역사적 사건들을 보면서 백성을 가

5) E. Leslie, *op. cit.*, 153.
6) *Ibid.*

르쳤다. 경고하기도 하고 때로는 정죄하기도 했다. 때로는 역사적 사건의 결과에 따라 해당 당사자의 유죄를 입증하거나 격려하거나 고무시키는 일을 했다. 역사에서 가장 중요한 것은 계약의 하나님께서 이스라엘을 선택하셨고, 또 이스라엘과 맺은 계약 관계를 계속 보존하셨다. 그리고 절대로 그 계약을 포기하지 않으셨다는 것이다.

역사에 나타난 하나님의 계시에는 다음 세 가지 관심사가 들어 있다. 첫째는, 중요한 역사를 젊은 세대에게 전달하는 일이고, 둘째는, 시편 시인들은 역사적 사건들을 세속적 관점에서 해석하는 것을 원하지 않았다. 그들은 이스라엘 역사에 참여하시는 하나님께만 관심을 가졌다. 세 번째 관심사는 선교적이고, 복음적인 측면이다. 젊은이들에게 역사적 사건의 신앙적 의미를 가르침으로써 그들이 하나님을 신뢰하고 하나님께 희망을 갖고 살게 하고자 했다.

역사 속에 나타난 하나님의 계시 시편에는 78, 105, 106, 114편 등이 있다. 이 시편들은 순례자 축제 예배에서 사용된 것들이다. 이스라엘 백성은 유월절 축제 때마다 출애굽 사건을 이야기했으며, 이집트로부터 해방의 의미를 되새기며 기억하였다(출 13:14-16). 장막절에는 주님께서 이스라엘과 맺은 계약을 매년 갱신하는 절차를 밟았다.

시편 78편 • 역사의 수수께끼 같은 이야기(아삽의 미스길)

78편은 이스라엘 역사 속에 나타난 하나님 계시를 찬송하는 노래다. 이 시편은 105, 106, 136편과 함께 구속사 시편으로 알려져 있다. 78편은 현대인이 이해하고 있는 역사가 아니다. 다만 이스라엘의 역사 이야기를 낭독하는 형식으로 되어 있다. 78편의 목적은 이 노래를 듣는 회중의 영성을 깊게 하는 동시에 오는 세대를 교육하기 위한 것이다. 이 시편의 삶의 자리는 유월절과 관련된 예배의식으로 보인다. 특히 출애굽과 관련된 과거의 이야기가 중요하게 보도된다. 이집트에서 해방과 관련된 유월절 이야기는 이스라엘 역사에서 가장 중요한 자리를 차지한다. 역사에 나타나는 인물에 관심이 있는 것이 아니고 오직 하나님의 활동에만 관심을 가졌다. 시인은 하나님이 역사의 주님이라고 강조한다. 후손들이 하나님을 믿고 복종하고 또 하나님에 대한 희망을 포기하지 않도록 하고자 했다.

이 시편의 창작 시기는 다윗 시대에서 바벨론 포로기 이후까지 볼 수 있다. 어떤 학자는 78편이 기원전 722년 북왕국 이스라엘의 몰락을 반영한다고 한다. 또 어떤 학자는 히스기야 왕 시기라고 주장한다. 아마도 78편은 다양한 상황에서 사용되었을 가능성이 높다. 즉 바벨론 포로기 시온을 동경하면서 상징적으로 기록되었을 가능도 있고 또한 다윗을 메시아로 생각하며 기록되었을 가능성도 있다.[7)]

78편 안에는 정의와 자비의 긴장 속에 움직이시는 주권의 하나님의 이야기가 성서 전체 이야기를 따라 기록되어 있다. 즉 은혜스러운 하나님의 행동 뒤에는 인간의 불복종이 따른다. 불복종으로 인하여 파괴적 결과가 초래된다. 파괴와 고통의 상황에서 회개하면 하나님이 용서하시고 회복시켜 주신다. 예언서가 증거하듯이 하나님의 백성의 역사 속에는 이러한 순환이 반복된다(창 6-9장, 출 32-34장). 기독교인들도 이러한 패턴에 빠지기에 이 시편이 말하는 대로 하나님 또한 딜레마에 빠지신다. 이러한 딜레마가 바로 십자가이다. 하나님은 얼마나 더 인간을 용서하고 회복시키실까?

기득교인들로서 우리는 78편을 암송하면서 우리의 죄를 고백하고 하나님의 은혜로서 구원함을 받는다고 고백한다. 78편은 우리로 하여금 겸손과 감사하는 마음으로 하나님의 사랑의 능력을 믿는 신앙 가운데 들어가게 한다.

하나님의 구원의 놀라운 이야기를 읽어가면서 우리는 그저 하나님의

7) R. J. Clifford, “In Zion and David A New Beginning: An Interpretation of Psalm 78,” *Tradition in Transformation*, ed. by F. M. Cross(Winona Lake: Eisenbrauns, 1980), 127-129.

행적에 놀랄 뿐이다. 따라서 하나님의 구원의 역사 이야기를 알고 암송하며 또 가르치는 과제가 우리에게 있는 것이다. 이렇게 78편은 종교교육과 복음전도에 중요한 가르침을 제공한다. 역사를 검토하면 하나님의 백성은 한 세대 만에 망할 가능성을 항상 가지고 있다. 한 세대가 죄를 지면 그 세대가 망하고 그 다음 세대는 회복할 가능성이 없어질 것이다. 그러므로 현 세대에 하나님 안에서 살아야 할 것이다. 또한 다음 세대를 교육하는 일이 절대적으로 필요하다(신 6:4-9, 수 4:1-7). 78편이 우리에게 보여주는 것은 지식만으로는 하나님께 충성할 수 없다는 것이다. 역사 이야기를 알 뿐만 아니라 잘 이해하여 우리의 신앙과 희망과 삶의 바탕을 만들어야 한다. 오늘날 교회는 너무 자기봉착에 빠져 있고 제도적 유지에 급급하여 하나님께서 무엇을 하시고 또 원하시는지 잘 모르고 있다(11절). 그리하여 교회는 옛 이야기를 가르치는 데 실패한다. 옛 이야기를 통해서 하나님께 감사하고 봉사하며 섬겨야 한다. 그리하여 하나님의 은혜가 계속 지속되어 나가도록 하는 것이다.

시편 105편 ● 계약을 기억하시는 하나님

105편은 78, 106, 114, 136편과 함께 구속사 시편으로 분류된다. 이 시편은 이스라엘의 역사적인 이야기를 창조적으로 재현한 것이다. 교육을 목적으로 하는 시편으로서 이스라엘의 역사적인 사건들을 통하여 후세를 교육하는 데 그 목적이 있다. 이 시편은 어떤 인물이나 장소 또는 사건 자체에 관심을 두지 않는다. 이 시인은 역사 속에 있는 하나님의 계약을 기억한다. 계약을 실행하는 하나님을 찬양한다(1-6절). 이스라엘 백성이 하나님의 선택에 감사하고 하나님께 충성을 다하는 것이 중요하다는 것이다. 또한 이 시인은 과거 지향적이 아니라 미래 지향적이다. 과거를 통하여 현재와 미래를 내다보는 것이다. 105편과 106편 내용상으로 연결되어 있다. 이 두 시편은 바빌론 포로생활의 위기를 암시한다. 포로기의 신학적 위기를 극복하려고 하는 시편이다. 과거에 맺어진 다윗 계약의 실패를 상기하면서 당시의 신앙적인 문제를 다루고 있다. 그러므로 이 시편의 삶의 자리는 포로기 이후의 정황과 관련되어 있다.

우리가 잘 알고 또 애용하는 찬송가는 다음과 같은 질문으로 시작한다. “왜 하나님께서 행하신 훌륭하고 놀라운 행적을 기억하지 않고 잊어버리고 또 잊어버리느냐?” 아이작 왓츠(Isaac Watts)의 찬송가 중 다음과 같이 시작하는 찬송이 있다. ‘오! 내 영혼을 축복하라, 살아계신 하나님!’ 이와 같은 맥락에서 105편은 웅장하게 선언하기를 ‘하나님의 훌륭한 기적을 잊어버리지 말고 만민에게 알리라’고 외친다(1, 2, 5절). 105편은 하나님의 백성은 역사에 나타난 하나님의 기적을 기억하고 선포하여야 한다고 한다. 이 시편은 권력과 특권은 하나님에게 속해 있기에 인간이 권력과 특권을 가지면 안 된다고 강하게 주장한다. 인간의 과제는 하나님을 찬양하고 복종하여야 한다는 것이다(6, 26 42절). 좋은 소식은 하나님의 주권을 존중하며 종으로 섬기는 사람은 주님 안에 강해진다는 것이다(막 8:35, 눅 18:14).

105편은 하나님의 백성으로 선택하시고(6, 26, 43절) 또 그들과 계약을 맺으신 하나님의 모든 활동을 고찰하면서 그 가운데에서 그분의 은총이 먼저 있었다는 사실을 지적하고 또 강조한다(8, 10절). 하나님의 선택과 계약은 모두 그분의 은총에서 비롯되었다는 것이다. 105편이 지적하는 것은 하나님이 먼저 백성을 선택하시어 놀라운 일을 벌이신 뒤에 순종하기를 바라신다는 점이다. 이런 면에서 105편은 모세 5경이 지향하는 바와 같다고 볼 수 있다. 역사적으로 보자면 출애굽이 시내산 전에 있었고 기적적인 구원 사건이 있은 뒤에 백성에게 요구가 따랐다는 사실이다. 하나님의 은혜가 항상 그 중심이고 먼저 온다는 것이다. 인간이 선택하기 전에 하나님께서 먼저 선택하셨다는 것이다. 하나님의 은총이 먼저 있었고 또 마지막까지 은총을 베푸신다고 105편과 106편은 똑같이 말한다. 이스라엘 백성이 하나님께 충성하지 않거나 반발한다 해도 하나님은 언제나 그들과 맺으신 언약을 기억하신다(시 106:45, 105:8, 42). 하나님은 이렇게 언제나 그의 백성에게 은총을 베푸신다. 하나님의 은총은 예수 그리스도를 통해서도 계속된다. 105–106편에 나타나는 희소식이 예수 그리스도를 통해 계속된다는 것이다. 하나님의 이 놀라운 은총과 인내심이 105–106편에 나타난다(롬 3:24, 5:1–2, 6:14–15).

시편 106편 ● 하나님의 은혜와 백성의 죄

106편은 105편과 같이 이스라엘 역사를 회상하는 노래다. 105편은 하나님의 훌륭한 행적을 노래하는 반면, 106편은 이스라엘이 하나님의 놀라운 업적을 기억하지 못하고 죄를 범하는 것을 묘사한다(7, 13, 21절). 한마디로 말하자면 이스라엘 백성은 하나님의 말씀을 실천하지 않았다. 하나님께서는 당신의 말씀과 계약을 지키셨지만(시 105:8, 42, 106:45), 이스라엘 백성은 충성하지 않았다는 것이다. 반역하고 불충성하여 고통스러운 역사가 벌어졌다(40–43절). 그러나 하나님께서는 한결같은 사랑으로 이스라엘 백성을 끝까지 지켜주신다. "여러 나라에 흩어진" 나라라는 47절의 표현은 이스라엘 백성의 디아스포라 역사를 가리키는 것으로 보이며, 이것을 근거로 이 시편이 바빌론 포로기 이후의 작품임을 알 수 있다. 예루살렘 성전이 함락되고 다윗 왕조가 몰락하고 포로로 잡혀감에 따라 이스라엘 공동체는 신학적 위기에 부딪힌다. 이 위기를 설명하고 극복하고자 하는 것이 바로 이 시편의 근본 의도였을 것이다.

이 시편의 문학적 양식에 관하여 학자들이 많은 논쟁을 벌였다. 일부 학자들은 이 시편을 찬양시로 보는가 하면(1–2절), 공동체 애가로 보기도 한다. 또는 도움을 구하는 기도(4–5, 47절)나 참회 기도(6–7절) 또는 설교로 보는 경우도 있다. 이 시편 전체를 볼 때 이 시편은 바빌론 포로기 이후 흩어진 디아스포라 공동체가 그들이 지은 죄를 회개하는 애가로 볼 수 있을 것이다.

105편은 하나님의 은총이 먼저 있었다는 점을 강조하는 반면, 106편은 인내하시는 하나님의 은총을 선언한다. 바빌론 포로기와 이후 시기에 이스라엘 백성에게는 참 기쁜 소식이었다. 그러나 106편이 주장하는 것은 이스라엘 역사 전체를 통하여 하나님이 인내하시면서 은총을 베푸셨다는 것이다(8, 43절). 역사 전체를 통해 베푸신 하나님은 한없는 사랑, 끝없는 자비와 풍성한 인자를 베푸셨다는 것이다(45-46절). 곧 이스라엘은 그 역사를 통해 죄를 많이 지었으나 하나님의 은총으로 구원을 받았다는 것이다.

이러한 희소식은 이스라엘 역사 이야기에서 끝난 것이 아니라 사도 바울에 의하면, 20절은 이스라엘뿐만 아니라 동시에 인류 전체의 성격을 논하는 것이다(롬 1:23). 바울은 이스라엘 백성의 광야 경험이 바로 우리의 이야기라고 주장한다(고전 10:6, 시 106:19-23, 28-31). 인간은 근본적으로 죄인이라는 것이 바울의 증언이다(롬 1:18-28, 3:9-20, 7:14-25). 그리하여 인간은 하나님의 은혜로서만 의로움을 받는다고 선언한다(롬 3:24-26, 5:1-2). 그리스도께서 우리의 죄를 위해 죽으심으로 구원을 가능케 한다는 것이다. 인간은 은혜로서 구원함을 받는다는 것이 105편의 주장이요, 사도 바울의 신학이다.

이스라엘 역사가 예수님 제자들의 삶을 통하여 반복되어 다시 나타난다. 복음서 특히 마가복음은 제자들의 어리석음(막 8:31-37, 9:30-37, 10:32-44)과 불충성을 말한다. 그러나 이러한 제자들이 초대교회 시절에는 훌륭한 사도의 역할을 수행했다(행 2장). 교회도 하나님의 은혜로 창설되었고 또 그 사역을 수행할 수 있었다. 현대 교회는 불충성과 무책임으로 가득 차 있다. 오늘날 우리 사회는 인종차별, 성차별, 욕심, 문화적 편의 도모, 불평등으로 가득 차 있다. 우리의 과제는 그리스도의 사랑과 정의를 모든 사람에게 선포하고 행동으로 옮기는 일이다. 오늘날 어떤 학자들은 현대를 후기 기독교 시대의 시작이라고 한다. 교회는 세속적 문화의 영향 속에서 그 사명을 잃었다는 것이다. 그러므로 106편은 오늘 우리 삶의 상황을 돌아볼 수 있는 매우 유용한 시편이다. 106:47에 “주 우리의 하나님, 우리를 구원하여 주십시오, 여러 나라에 흩어진 우리를 모아 주십시오”라는 말씀이 오늘 우리에게 매우 적절하다. 이제 우리의 과제는 하나님을 찬양하며 하나님께 돌아와 하나님의 한없는 사랑에 안기는 것이다. 은혜로서 구원을 받는 인간이 주님을 찬양하는 것이 가장 적절한 응답일 것이다.

시편 114편 ● 출애굽 때의 하나님의 기적들

114편은 할렐(Hallel)시편 가운데 하나이다(시 113-118편). 유대교와 기독교 전통에서 114편은 찬양시로 중요한 자리를 차지하고 있다. '할렐'이라는 말은 '찬양하다'라는 뜻이다. 할렐 찬양시는 특히 이스라엘 사람들이 마음 깊이 새기고 부른 시이다. 이 시편은 성전 대축제에 모인 회중이 함께 부르는 노래며, 후기에는 회당에서도 불렀다. 본래 유월절에 사용되었던 노래로 하나님께서 이스라엘 백성을 이집트에서 해방시키실 때 보여주었던 계시를 중점적으로 다룬 노래다. 또한 역사 속에 계시된 하나님을 찬송하는 것으로 볼 수 있다. 이스라엘의 역사를 취급하면서도 모세나 여호수아 같은 역사적 인물을 취급하지 않는 것은 역사의 주인공은 오직 하나님이시라고 믿었기 때문이다. 역사의 배후에는 하나님이 계시다는 것이다. 114편은 역사 속에 나타나는 계시를 발견하고 이를 토대로 창작한 시이다. 시인은 민감한 눈으로 이스라엘 백성이 경험한 역사의 매순간을 바라보았다. 이 시편은 이스라엘의 출애굽 사건을 묘사하지만, 그 사건을 조종하시는 분은 오직 하나님이시다는 것이다.

114편은 성서의 중심 사상을 시적으로 증언한 것이다. 곧 우주를 통치하시는 하나님은 세계와 인간 공동체의 시간과 공간 속에서 질서를 유지하는 목적으로 활동하신다는 것이다. 세계와 인간 공동체를 질서 있게 보존하신다는 생각은 113편과 115편도 증언하고 있는 내용이다. 그런데 114편은 땅이 주님 앞에서 떨라(시 114:7)고 촉구하는 반면, 115편은 구체적으로 인간이 주님을 신뢰해야 한다고 촉구한다(시 115:9-11). 114편이 서술하는 구체적 사건은 이스라엘의 근본 이야기로 출애굽, 광야에서의 공급,

가나안 땅 입성 등이다. 하나님의 주권을 신뢰한다는 것이다. 바빌론 포로 귀환은 새로운 출애굽으로 이해했다. 후에 초대 기독교인들은 우주적 하나님이 인간의 일반적 사건들에 역사한다고 믿었다. 예를 들면, 예수님 탄생은 우주적 사건이다. 인간 삶 속에 하나님이 나타났다는 것이다. 따라서 누가복음 2:13-14와 114편은 밀접한 관계가 있다고 볼 수 있다. 메이스(Mays)는 114편에 대하여 다음과 같은 결론을 내린다.[8] 기독교는 114편을 읽고 노래하면서 예수 그리스도를 통해서 이스라엘에 일어났던 이야기들을 새롭게 이해하게 되었다. 기독교는 예수 그리스도의 죽음과 부활을 통하여 하나님의 통치의 현현을 볼 수 있었다. 그 하나님의 현현이 사람들에게 새로운 관계로 임하게 되었다.

3. 율법에 계시된 하나님에 대한 찬송시(시 119편)

율법을 통해서 나타난 하나님의 계시 찬송는 119편이다. 이 시편은 지혜문학의 한 부분이다. 지혜문학을 대표하는 학자들 가운데 대표적으로 제사장들이 있다. 제사장들은 율법과 지혜문학 자료들을 가지고 연구하여 일생을 보낸다. 그들은 율법 안에 계시된 하나님의 뜻을 백성에게 가르치며 전하는 일을 한다. 율법은 히브리어로 '토라'(Torah)이며 그 뜻은 '가르침' 또는 '교훈'이다. 율법은 인간이 사는 모든 영역을 다 포함한다. 인간 삶 전 영역에 율법이 적용된다. 우리 인간이 숨 쉬고 활동하는 모든 것과 우주 만물이 다 율법 안에 들어 있다고 율법 학자들은 주장한다. 율법은 예식과 인간 삶의 모든 절차와 관련된 법전이다. 제사장은 이 법전을 해석하여 백성의 종교와 전체 생활을 지도하고 인도하는 역할을 한다. 이스라엘의 율법이 처음 시작된 것은 기원전 1200년경이다. 후에 이스라엘 공동체가 율법

8) J. L. Mays, *op. cit.*, 365.

을 권위 있는 책으로 받아들이며 바로 이것을 '신명기' 법전으로 받아들였다. 신명기의 기원은 기원전 650년으로 볼 수 있다. 남왕국 유다의 요시야 왕이 성전에서 발견한 신명기 법전을 중심으로 종교개혁을 단행했다. 기원전 8세기 예언자들이 가르친 율법은, 이스라엘 백성이 사회적·종교적 삶 가운데서 어떻게 하나님의 의와 정의를 실현하는가와 관련되어 있다. 이런 모든 과정과 역사를 통해 이스라엘은 율법의 백성이 되었다.

또 하나 중요한 발전은 바빌론에서 돌아온 에스라(397 BC)가 제사 법전을 발전시킴으로써 포로기 이후에 이스라엘 공동체를 재형성하는 데 공헌했다. 이것이 바로 에스겔 시대 후 형성된 '거룩한 법전'(레 17-26장)이다. 이 법전은 에스겔의 영향을 많이 받았다. 이 법전의 목적은 이스라엘 백성이 여러 가지 도덕적 규정과 제의적 규정을 잘 준수함으로 거룩한 민족이 된다는 것을 의미한다. 신약성서의 복음서나 바울 서신은 율법을 단편적으로 해석하고 또 비판한 것으로 보인다. 지혜 시편에 대한 연구는 율법을 올바로 이해하는 데 큰 도움을 준다. 지혜 시편을 통하여 율법의 아름다움과 영적인 삶의 가치를 이해할 수 있다.

시편 119편 • 하나님의 말씀과 법령

119편은 시편에서 가장 긴 노래다. 모두 히브리어 알파벳 순서로 되어 있다. 전체적으로 시의 형태가 완벽하게 조화를 이루고 있다. 이 시편은 22개의 연(stanzas)으로 구성되어 있다. 각 연은 히브리 알파벳 22개 문자의 순서를 따른다. 예를 들면, 첫 연에 해당하는 1-8절에서 각 절은 히브리 알파벳의 첫 자인 '알렙'으로 시작한다. 이와 같이 전체 시편이 히브리 알파벳 순서로 이어져 있다. 각 연은 8개의 행으로 구성되어 있고 또 각 연은 히브리 알파벳 문자로 시작한다. 놀라운 사실은 이 시편의 176절이 하나의 주제로 묶여 있다는 것이다. 그 주제는 바로 율법을 찬양하는 것이다.

이 시인은 율법을 무거운 짐으로 생각하지 않고, 오히려 사랑스러운 것으로 대한다. 율법은 영감을 준다고 고백한다. 여러 가지 고통 가운데서도 율법을 묵상할 때 자신의 삶 속에서 안정을 찾는다는 것이다.

이 시편은 아마도 후기 페르시아 시대의 작품으로 기원전 4세기 전반의 것으로 추정한다. 에스라(397 BC)의 제사 법전이 점차적으로 이스라엘 공동체의 인정을 받게 될 때 이 시편이 기록된 것으로 보인다. 그러나 시인은 종교적 서정시에 등을 돌린 것은 아니다. 궁켈(Gunkel)은 119편을 노래한 시인을 다음과 같이 평가한다. "시인은 전통을 파괴하기보다는 확장시켰다. 그는 시편의 시인들의 종교성을 반대하기보다는 오히려 시편에 충실한 학자였다. 그는 백성의 종교적 서정시 가운데에서 살았다. 그 안에서 기쁨을 창조했다."고 궁켈은 말한다.[9)]

일반적으로 학자들은 119편을 별로 좋아하지 않았다. 이 시편은 너무 길어서 지루하고 또 싫증나는가 하면 포로기 후 유대교의 독선적 율법주의를 상징한다고 평한다. 그러나 이러한 가혹한 평은 가당치 않다. 이 시편 저자는 오히려 토라(율법)의 경건성을 말하고 있다. 그가 하나님의 말씀에 전적으로 충실하다는 사실을 나타내는 것이다. 이 시편에서는 독선적 율법주의를 찾아볼 수 없다. 이 시인은 자기 자신의 단점을 잘 깨닫고 하나님의 자비와 은총에 전적으로 의존한다. 아마도 시인은 성서에 나타나는 기록된 계시 안에 하나님의 율법(토라)을 포함시키는 일이 중요하다고 느낀 듯하다. 그러나 이 시편을 자세히 읽어보면 저자가 어느 한 책만을 염두에 둔 것은 아닌 듯하다. 이 시인은 하나님의 가르침을 아주 폭넓은 범주로 이해하고 기록한 것으로 보인다.

시편 시인은 예레미야나 엘리야 같은 예언자들을 회상케 한다. 119편을 읽는 기독교인들은 예수님을 회상케 한다. 하나님의 말씀을 이해하고 또 그의 뜻을 행하는 시인은 예수님의 삶과 사역을 생각하게 한다. 예수님도 율법을 폐하러 오신 것이 아니라 완성하기 위해 왔다고 증언한다(마

9) H. Gunkel, *Die Psalmen*, 514.

5:17-20). 예수님에게 율법(토라)은 하나님의 주권을 모든 인간 생활에 적응하는 것으로 본다(마 5:21-48). 이 시편 시인이 율법주의자가 아닌 것처럼 예수님도 율법주의자는 아니었다. 이 시편 저자는 하나님의 가르침을 무척 사랑한 듯하다. 하나님이 계시하신 성서, 전통, 사건들과 경험을 통한 하나님의 계시에 문을 열고 있다. 마태복음 4:4에서 하나님의 말씀에 대한 예수님의 태도를 반영한다. 즉 예수님은 "사람이 빵으로만 살 것이 아니라 하나님의 입에서 나오는 모든 말씀으로 살 것이다"(마 4:4)라고 말씀하셨다.

이러한 말씀에 대한 경건성이 오늘의 기독교 교회생활과 깊은 관계가 있어야 할 것이다. 과학적 교육에 전적으로 치중하는 오늘의 문화에 119편은 과감한 인식론적 전환을 촉구한다. 지혜는 하나님과 영적으로 참여할 때 창조된다는 것이다. 이러한 주장은 반이성적이거나 반과학적인 태도를 말하는 것은 아니다. 인간의 지식과 능력과 기술에 제한성이 있다는 것을 말하는 것이다. 곧 인간의 삶은 하나님의 선물이고 또 하나님께 의존되어 있음을 말하는 것이다. 가장 적절한 기도는 119편의 "나에게 생명을 주시옵소서"라는 기도일 것이다.

119편이 지향하는 점은 성서는 완전하다고 말하는 것이 아니다. 성서에는 여러 가지 비합리적이고 또 완전치 못한 점이 많이 있다. 하나님은 성서를 통해서 계시했으나 꼭 성서를 통해서만 계시하는 것은 아니다. 성서 속의 하나님의 계시를 중요시하면서도 항상 교회의 신학 전통과 대화하면서 성서를 이해하여야 할 것이다. 성서의 말씀은 살아 있기에 살아계신 말씀으로 우리에게 임한다. 교회는 항상 성서, 전통, 이성, 경험을 통해서 하나님의 계시를 받는다.

제5장

시편의 전례식문

전례(liturgy)는 본래 헬라어에서 온 말로 일반적 공중 예배를 의미한다. 후기에 공중 예배뿐만 아니라 개인 경건생활에도 적용되었다. 전례식문은 인도하는 지도자들 혹은 성가대와 회중이 서로 교독하면서 사용한 것이다. 시편에도 전례식문에 해당되는 노래가 있다. 그러나 여기서 전례식문에 관한 모든 것을 다 취급하지 않고, 대표적으로 다음 네 가지 유형을 고찰한다. 첫째는, 성전 입장을 위한 전례식문이고(시 15, 24, 100편), 둘째는, 찬양과 감사의 전례식문이며(시 113, 115, 135, 136편), 셋째는, 예언자적 전례식문이고(시 50, 75, 81, 95편), 마지막으로 넷째는 탄원의 전례식문이다(시 121편).

1. 성전 입장 전례식문(시 15, 24, 100편)

성전 입장 전례식문은 예배드리는 회중이 성전에 들어가는 예식을 위한 노래다. 바로 시편 15, 24, 100편이 성전 입장에 필요한 전례 시편에 해당한다. 15편은 특별히 회중이 성전에 입장하는 상황을 잘 묘사한다. 성전에 입장하는 것을 신년 축제에 주님의 법궤가 성전에 들어가는 예식과 비교해 볼 수 있다. 그렇다면 거룩한 성전에는 누가 들어갈 수 있는가 하는 질문이 제기된다. 24편과 100편은 둘 다 성전 문에 들어가는 것이 무슨 의미인지를 다룬다. 성전 문을 통하여 성전 안으로 들어가는 것은 살아 계신 하나님의 현현과 접촉하게 되는 엄청난 사실을 의미한다.

시편 15편 ● 하나님의 성전에 들어가는 자격(다윗의 시)

15편은 성전 입장을 위한 전례식문이다. 순례자가 성전에 입장하는 의식에 사용되는 노래이다(사 33:13-14, 미 6:6-8을 참고하라). 이스라엘과 고대 근동의 자료를 보면, 거룩한 곳에 입장할 때에는 그에 알맞는 요구사항이 있었다(민 23:1-8, 대하 23:19). 1절은 누가 주님의 장막에 살 수 있는가라고 묻는다. 여기 장막 또는 천막은 솔로몬 성전 안에 있는 지성소를 가리킨다. 장막이라는 말과 거룩한 산이라는 말이 나란히 나오는데, 이것은 은유적으로 해석되어야 할 것이라고 코헨(Cohen)은 주장한다.[1] 하나님만이 성전에 거하시는데, 성전에 들어감으로써 하나님의 현현을 경험할 때 성전에서 주님과 교통할 수 있다는 것이다.

미국 흑인 영가의 후렴에 시편 1:3과 15:5c를 인용한 노래가 있다. 그 후렴은 "시냇가에 심은 나무는 영원히 흔들리지 않을 것"이라고 찬송한다. 1편과 15편을 같이 읽을 때 깊은 감명을 받는다. 15편은 성전에 들어가는 전례의식이다. 이 시편의 형식과 문맥을 살펴보면, 그 근본 목적은 하나님의 가르침에 맘을 열어 놓을 것이냐 하는 것이다(시 1:2). 그렇게 마음을 열고 하나님의 피난처에 거하면 하나님의 통치 안에 살게 된다는 것이다. "누가 주님의 장막에 거할 수 있느냐"라는 질문의 대답으로 2절은 "결백하

---

1) A. Cohen, *The Psalms: Hebrew Texts and English Translation With an Introduction and Commentary*. Soncino Books of the Bible(London: Soncino Press, 1958), 35.

게 사는 사람, 바른 것을 실천하는 사람, 마음으로 진리를 말하는 사람"이라고 말한다. 마태복음 5-7장의 산상보훈과 같이 15:2-5의 회답은 하나님께 그의 영적 맘을 열어 놓고 충성을 다해 사는 것이다.

15편은 제의시로서 성전에 들어가 예배드리는 것에 관한 것인데, 예배드리는 사람에게 필요한 것이 무엇이냐이다. 전통적으로 예배는 제물을 드리는 것이다. 그러나 예언자들은 제물을 바치는 것으로 충분치 않고 하나님이 원하시는 정의, 공의, 지식, 선하심과 사랑이라고 했다(사 1:12-17, 호 6:6). 15편의 내용은 위에서 언급한 예언자들의 말씀과 일치한다. 즉 하나님은 우리가 충성하기를 원하신다. 하나님 앞에 가장 귀한 제사 선물은 우리의 맘과 전체를 산 제사로 바치는 것이다. 바울이 로마 교인들에게 권고한 것처럼 우리의 몸을 산 제사로 드리는 것이다(롬 12:1). 이것이 합당한 예배라는 것이다. 또한 이 시대를 본받지 말고 마음을 새롭게 함으로써 하나님의 선하시고 기뻐하시고 완전하신 뜻이 무엇인지 분별하라고 했다(롬 12:1-2). 주님께 산제사를 드리며 살아갈 때 우리는 하나님의 평화를 누리게 된다(요 14:27). 하나님을 전적으로 신뢰하는 사람은 "영원히 흔들리지 않을 것이다"(시 15:5).

시편 24편 • 영광의 왕이 들어오심(다윗의 시)

24편은 성전에 들어갈 때 부르는 전례식문이다. 대다수의 학자들은 24편을 연례적인 왕 즉위식과 관련된 것으로 본다. 게르스텐부르거(Gerstenburger)는 이 노래가 제2 성전 축제(겔 43-44장)와 관련되었을 것으로 추정한다.[2] 주님께서 성문을 거쳐서 성전에 들어오심을 묘사한다(7절)는 것이다. 다후드(Dahood)는 24편이, 특히 3-6절이 법궤의 성전 입장 예식으

---

2) E. S. Gerstenburger, *Psalms*, Part I, with an Introduction to Cultic Poetry, Forms of the Old Testament Literature 14(Grand Rapids: Eerdmans, 1988), 119.

로 성가대가 찬양한 부분이라고 한다(삼상 5:12ff.).[3] 이 시편은 가을 축제와 관련된 노래로 야웨 하나님이 왕으로 등장하시는 것을 노래한다. 이 시편은 신년 축제 때 주님의 법궤가 중요한 역할을 하는 전례식문으로 보는 것이 나을 듯하다.

24:4는 시내산에서 받은 십계명 첫 부분을 회상케 한다. 십계명은 하나님의 총애를 얻기 위한 법칙이 아니다. 십계명은 하나님의 출애굽 사건과 통치가 선언된 후 주어진 것이다. 즉 십계명은 하나님의 주권 아래 있는 사람에게 주시는 가르침이다. 십계명을 연상케 하는 24편은 훌륭한 가르침이다. 마찬가지로 24편과 비슷한 신약성서의 산상보훈 또한 뛰어난 가르침이다(막 5-7장). 24:1-2, 7-10의 선언은 산상보훈의 중심인 하나님 통치를 선언한 것이다.

24편의 축복과 의로움(5절)이라는 개념은 산상보훈에도 나타난다. 산상보훈은 "복이 있다"는 말로 시작하고 또 "의로움"이 그 중심을 차지한다(마 5:6, 10, 20, 6:33). 의로움이란 여러 가지 요구 사항을 단지 지키는 것이 아니라 하나님의 주권에 삶 전체를 바친다는 말이다(마 5:21, 27-28, 33-34, 38-39, 43-44). 산상보훈은 "마음이 깨끗한 사람은 하나님을 볼 것이다"(마 5:8)고 한다. 24:4-6에서도 "깨끗한 마음"(4절)을 지닌 사람은 야곱의 하나님의 얼굴을 볼 것이라고 한다(6절). 출애굽기 33:17-23에 의하면 하나님 얼굴은 볼 수 없다. 그러나 24:6도 하나님을 볼 것이라고 하고, 마태복음 5:8도 하나님을 볼 것이라고 한다. 새로운 계시이다.

24편과 산상보훈은 하나님의 통치를 말한다. 하나님의 통치라는 새로운 세상 속에서 살아가라고 말한다. 또한 모두 종말론적 측면을 강조한다. 이러한 상황 속에서 우리는 그 말씀에 경청해야 할 것이다. 산상보훈과 24:4-6은 윤리적 측면을 나타낸다. 누가 땅의 주인이냐 하는 질문이 가장 중요한 질문이다. 곧 땅과 그 안에 있는 것은 모두 주님의 것이다(1절). 그

---

3) M. Dahood, *Psalms I*, 115.

하나님의 세계에서 주님을 신뢰하고 그의 사랑에 안에 살아가라고 한다.

시편 100편 • 온 땅아, 주님께 환호성을 올리라!
(감사드리며 부르는 노래)

100편은 참으로 아름다운 시이다. 예배의 부름에 이 시편이 많이 사용된다. 100편은 제왕 즉위 시편(시 93, 95-99편)에 속해 있지는 않지만 제왕 즉위 시편과 밀접하게 관련되어 있다. 테이트(Tate)에 의하면, 95편과 100편은 제왕 즉위 시편을 하나로 묶는 테두리 역할을 한다고 주장한다.[4] 100편의 언어가 제왕 즉위 시편들과 흡사한 언어를 사용한 것으로 보아 이 노래를 제왕 즉위 시편의 결론으로 생각할 수도 있을 것이다.

100편은 순례자들이 성전에서 주님께 감사 예물을 드리는 성전 입장 전례식문이다. 순례자들과 성가대가 서로 번갈아 부르는 찬송이다. 전 회중에게 하나님을 찬양하라고 이르는 노래다. 회중은 제의적 외침으로 "주님께 환호성을 올리며, 기쁨으로 주님을 섬기며, 주님 앞으로 나아가라"고 외친다.

100편은 기독교인들에게 가장 익숙한 찬양의 노래다. 역사적으로 성전 시대부터 유대교 회당과 기독교 교회까지 가장 많이 불러온 찬송이다. "온 땅의 모든 백성아 하나님을 찬양하라"라는 찬송은 여러 세기 동안 애용하며 부른 송영이다. 이 시편의 호소는 짧고 단순하고 명백한 교육적 목적을 지니고 있다. 이 시편의 메시지는 하나님이 통치하시고 또 우리는 그에게 속한다는 것이다. 100편의 핵심은 시편 전체의 핵심이며 동시에 예수님의 가르침의 핵심이다(시 29, 47, 93, 95-99편). 사도 바울의 메시지도 같은 맥락에 위치해 있다. 바울은 증언하기를 "여러분의 몸은 성령의 전입니다. 하나님으로부터 성령을 받아서 그것을 여러분 안에 모시고 있습니다. 여러분

4) M. E. Tate, *Psalms 51-100*, WBC 20(Dallas: Word, 1990), 535.

은 여러분이 스스로의 것이 아니라 하나님께서 값으로 치루고 여러분을 샀습니다. 그러니 여러분의 몸으로 하나님을 영화롭게 하십시오"라고 했다(고후 6:19-20). 즉 우리는 우리의 것이 아니고 주님께 속한다는 것이다. 이러한 개념은 오늘날 우리 사회에서 받아들이기 어려운 요구이다. 현대인들은 자기의 삶을 자기가 개척하고 자기가 자기 능력으로 산다고 생각한다. 그러나 성서는 우리의 삶은 우리의 것이 아니고 하나님의 것이라는 것이다. 우리의 과제는 하나님을 찬양하고 찬양하기 위해 사는 것이라는 것이다.

베스터만(Westermann)은 하나님 외에 다른 존재를 찬양하는 것은 결국 자기 자신을 파괴하는 것이라고 한다.[5] 현대 문화는 미친 것 같아서 정상을 벗어나 비정상적인 벼랑에서 헤매고 있다. 우리의 구원은 우리 자신에서 벗어나 하나님의 통치에 전적으로 복종할 때 가능하다. 하나님을 찬양하면서 살아간다는 것은 힘든 일이다. 그러나 찬양하면서 살아가는 송영적(doxological) 삶만이 우리의 살 길이다.

2. 찬양과 감사의 전례식문(시 113, 115, 135, 136편)

하나님을 찬양하는 것은 인간의 가장 고상한 행동이다. 하나님의 존재를 인식하고, 그의 가치를 받아들여 축하할 때, 인간은 가장 고상한 자리를 차지한다. 찬양과 감사의 전례식의 초점은 하나님을 찬양하는 데 있다. 113편이 좋은 예이다. 여기서 레위 성가대와 개종자들을 포함한 온 회중이 서로 번갈아 가며 노래한다. 113편에서는 제사 성가대와 회중이 교대로 노래하는 전례예식 찬송이다. 이러한 전례식문들은 유일신 사상을 취급하고 있

5) Claus Westermann, *Praise and Lament in the Psalms*, trans. K. R. Crim and R. N. Soulen(Atlanta: John Knox, 1965/1981).

으며, 또한 이스라엘 역사에 대한 지식과 관심을 표현하고 있다. 이러한 시편들은 주로 절기의 순례자 축제에서 사용한다.

시편 113편 ● 하나님의 주권과 동정

113편은 두 레위 성가대가 교창으로 부르는 전례 찬송이다. 유대교에서 113-118편을 할렐(Hallel), 즉 찬양의 시라고 부른다. 이러한 찬양의 노래들은 유월절, 감사절, 장막절에 순례자들이 부르는 축제의 노래들이다. 또한 성전 헌당식에도 사용했다. 유월절과 관련하여 말하면, 113-114편들은 절기 전에 불렀고, 115-118편들은 절기 후에 불렀다

113편은 야웨를 찬양하는 찬송으로 회중이 부르는 전례식문으로 사용된 듯하다. 이 노래는 구약 시대의 제의 공동체가 어떻게 예배를 진행했는지를 보여준다. 이 시편에 두 가지 하나님의 본질을 말한다. 하나는 하나님의 존귀하심과, 둘째는 그분은 멸시를 받는 인간들에게 자비를 베푸신다는 것이다. 이 시편은 세 단락으로 구성되어 있다. 첫째는, 하나님의 이름과 영광을 노래하고(1-3절), 둘째는, 주님의 숭고한 본성을 노래하며(4-6절), 마지막은 주님의 자비를 찬양한다(7-9절).

113편은 하나님이 누구시며 또 무엇을 계시하는 분인지를 말한다. 113편은 성서의 다른 시들과 같은 내용이 들어 있다. 예를 들면, 한나의 노래(삼상 2:1-11)와 마리아의 찬가(눅 1:46-55)와 같다. 113편과 위의 노래들은 겸손한 자를 높이시는 하나님을 찬양한다(삼하 2:4-5, 눅 1:48, 51-53). 사도 바울도 예수 그리스도의 모습으로 나타나신 하나님을 증언한다(빌 2:5-11). 복음서를 읽어보면 예수님과 그의 제자들도 최종 만찬에서 113편을 노래한 듯하다(막 14:26). 예수님의 가르침과 113편에 나타난 양식이 비슷하다. 즉 낮추는 사람은 높아질 것이라는 것이다(눅 18:14).

인간의 활동은 하나님의 활동과 일치하여야 한다는 것이다. 112편에 이어서 113편은 가난하고 빈곤한 사람을 위해 봉사하라고 한다. 또한 113

편은 우리의 삶 속에서 하나님을 거부하는 유혹에 대해서도 경고한다. 사회 정의를 위해 뛰는 활동가들은 정의와 평화운동을 하면서 때로 하나님을 불필요한 존재로 여길 때가 있다. 우리에게는 우리의 힘으로 정의를 실현하고 우리 자신들이 하나님이라고 생각하는 경향이 있다. 하지만 모든 것이 우리에게 달려 있다고 생각하는 이런 유혹을 경계하여야 한다. 113편은 하나님의 성격이 그의 활동에 반영된다는 것이다. 하나님의 백성은 하나님을 따라 살아가야 한다. 우리가 하나님의 창조와 구속의 역사에 참여하지 않을 때 우리는 불신앙의 결과를 가져올 수밖에 없다. 113편은 신앙적 태도를 올바로 가지라고 격려한다. 또한 하나님의 창조와 구속의 사역에 참여하고 찬양하라고 촉구한다.

시편 115편 ● 주님, 우리에게 영광을 돌리지 마십시오

115편은 본래 신년 가을 축제를 위한 전례 예식 기도이다. 유대교에서 유월절 음식을 먹은 후에 부르던 찬양 가운데 하나가 115편이다. 예수님과 제자들도 이 노래를 불렀을 것이다(마 26:30). 시편 115:9-13을 보면, 계약의 축제에 참석하기 위하여 성전에 모인 회중이 이 시편을 서로 번갈아 가며 교창했던 듯하다.

이스라엘 백성은 포로기 이후에 많은 이방 나라 사람들로부터 불명예스러운 대우를 받았다(1-2절). 그들은 이방 사람들로부터 멸시를 받았다. 이방 사람들로부터 "너희 하나님이 어디 있느냐?" 하는 조롱을 받았다. 이러한 조롱으로부터 구원해 달라고 기도했다. 신년 축제에 참석한 순례자 회중은 당신의 백성의 명예를 회복시켜 달라고 간절히 기도했다. 애원의 탄원 후에 회중은 하나님께 찬양의 송영을 부른다.

115편의 시작과 끝은 '우리 공동체'를 강조하여 초점을 맞춘다. 그러나 그들은 그들 자신의 공동체를 지배하시는 하나님께 초점을 두었다. 이런 과정을 통해서 하나님께 영광을 돌린다(1, 18절). 그들의 공동체를 의존하지 않고 오직 하나님만 신뢰한다(9-11절). 그들은 겸손히 하나님을 높이신다는 것이다(시 115:12-15). 여기서 우상을 섬기는 자들과 하나님을 신뢰하는 공동체는 근본적으로 분리된다는 것이다. 신명기 첫째와 둘째 계명은 어떤 물질적 형상이 하나님을 대표할 수 없다는 것이다. 인간의 형상으로 만들어진 것은 하나님께 제한성을 부과하는 것이라고 믿었다. 사람들은 자기 형상대로 사람을 만들어 인간 자체가 우수하게 된다고 생각한다(제8절). 115편은 가나안 문화의 우상 숭배를 반대함을 나타낸다.

4-8절에 나타나는 우상에 관한 논쟁을 통해 이 시편이 포로기 또는 후기에 기원이 있음을 보여준다. 그 당시 많은 나라로부터 지배를 받을 때 이스라엘에게 주어진 가르침이다. 115편은 적대적 상황에서 어떻게 생존하느냐 하는 교훈이다. 그와 마찬가지로 오늘의 교회에게 주어진 교훈이다. 오늘의 문화 속에서 하나님을 의존하기보다 인간을 중요시하는 때이다. 이러한 문화 속에서 하나님께 헌신을 고백함은 아주 어렵다. 그러나 그런 헌신의 태도를 취함이 신앙적 태도라고 볼 수 있다. 하늘과 땅을 창조하신 하나님을 신앙 고백함은 하나님의 영광을 위해 산다고 함을 말한다(1절). 우리 자신을 신뢰하기보다(9-11절), 하나님을 의존하고 산다고 하는 강한 의도를 표현하는 것이다(1절). 이러한 어려운 상황에서 예수님의 기도가 도움이 된다("당신의 나라가 임하시며, 힘과 영광이 영원하소서!"). 이것이 우상을 물리치는 교회 공동체의 기도가 되어야 할 것이다.

시편 135편 • 주님께 드리는 기쁨의 찬송

135편은 대축제 때 사용한 전례예식 찬송이다. 이 시편의 목적은 자연과 역사의 주인이신 야웨 하나님을 찬양하는 것으로 예배드릴 때 회중이 불렀던 것이다. 이 시편에서 시인은 우주를 창조하신 자연의 주님이시며, 이스라엘 백성을 이집트에서 가나안으로 인도하신 역사의 주님이신 하나님을 찬양한다. 135편은 마지막 순례자의 노래로서 시편 편집자는 134:1-

2에 나타나는 '찬양하라'는 요구를 135-136편에서 응답하는 것으로 편집하였다. 이 시편의 중심 주제는 이방신들의 능력을 초월하는 우주적 주권을 이스라엘의 하나님께서 가지셨다는 계시이다. 이것은 바빌론 포로에서 귀환한 후 신학적 위기를 극복하기 위하여, 하나님은 이스라엘을 통치하시고 또 온 세상을 통치하시는 분이라는 것을 강조한다. 이러한 신학적 발전으로 이스라엘 백성은 힘을 얻게 된다.

135편은 '하나님이 통치하신다'는 시편 전체에 흐르고 있는 사상을 다시 강조한다. 이 신념은 십계명의 첫째와 둘째 조항과 연결되어 있다. 다른 신들, 특히 인간이 만든 우상들을 배격하라는 것이다(출 20:3-4). 이러한 신념은 항상 논쟁적이지만 동시에 어느 때나 타당성이 있다. 이스라엘뿐만 아니라 오늘 현대사회에서도 이런 경향을 찾아볼 수 있다. 우상이란 하나님의 자리에 인간을 올려놓는 것을 말한다. 우리 인간들은 그런 작업을 하는 데에는 대가들이다. 오늘의 과학적 발전과 기술적 성취를 통해 우리가 하나님이 되는 명수들이다.

이러한 혼란은 아주 위험하다. 우리 인간 자신을 신뢰하는 일은 우리 자신이 우상이 되어 우리를 파괴할 뿐이다(18절). 과학적 발전과 기술적 성취는 파괴적 핵무기와 생태학적인 불균형을 가져왔다. 만일 우리가 만든 핵무기와 생태학적 위기가 닥쳐온다면 우리가 사는 지구는 점차적으로 파괴되어 결국 죽음을 맞이할 것이다. 이러한 현상은 위험하고 희망이 없다. 세계를 우리 손으로 파괴할 뿐이다.

그러나 "주님은 강하시고 어느 신보다 위대하시다"(시 135:5)라는 시편 저자의 신앙으로 우리는 희망을 가지고 산다. 하나님을 찬양하는 것으로 시작하고 끝을 맺는 예배생활로 희망을 가진다. 하나님을 찬양하고(1-3절) 또 송축(19-20절)하고 살 때 우리는 창조주 하나님의 종들이 되는 것이다. 하나님이 뜻하시는 것을 우리가 실행한다는 것이다(6절).

따라서 이러한 상황에서 하나님의 통치를 선언하는 일은 종말론적이다. 그리하여 우리는 군사적 힘을 의지하지 않고 고난 받는 종이 되어 하나님의 사랑으로 새 세계를 이루는 것이다. 주님을 찬양하는 것은 예수님과 같이 고난 받는 종의 역할을 선택하는 것이다. 우리 자신을 신뢰하지 않고 하나님을 의지하며 사는 신앙적 태도이다(18절). 곧 영원하신 주님의 이름을 믿고 나가는 것이다(13절).

시편 136편 ● 하나님의 사랑은 영원하시다

136편은 자연(4-9절)과 역사(10-24절)에 나타난 하나님의 계시 시편이다. 자연보다 역사에 좀 더 집중하는데, 구체적인 역사적 사실을 13번 언급한다(10-22절). 그리고 두 번만 일반적인 것을 언급한다(23-24절). 이 시편은 주요 절기 축제 예배 때 사용했다. 유대교에서는 유월절 축제 때 불렀다. 시인은 4-8절에서 하나님께서 이 세상을 창조함을 강조하고, 마지막 구절에 하나님께서 먹을 것을 마련해 주시는 것을 강조했다. 이스라엘 백성은 바빌론 축제의 영향을 받아 신년 축제를 봄과 가을에 거행했을 것이다. 그러나 이 시의 특수성은 전례예식 형태이다.

136편은 "한결같은 사랑"(인자하심)을 후렴으로 매 절마다 언급한다. 이 "한결같은 사랑"은 그의 백성을 향하신 하나님의 은총을 가장 적절하게 표현한 것이다. 그뿐만 아니라 136편은 전 우주를 하나님께서 어떻게 돌보시는가를 말한다. 그 우주는 땅과 그 안에 있는 모든 피조물을 말한다. "한결같은 사랑"은 우리 인간과 또 모든 피조물에게 좋은 소식이다. "한결같은 사랑"은 시편 전체와 구약성서의 중요한 신학적 개념이다(출 34:6-7, 시 5:7, 13:5, 23:6, 103:4). 출애굽기 34:6-7에 의하면, "한결같은 사랑"은 하나님의 은총과 관계가 있다. 136편에 의하면 우주의 창조 그리고 그 계속성과 미래 지향성은 하나님의 은혜에 의존한다는 것이다.

10-22절에 나타나는 출애굽 사건 신앙 고백이 중요하다. 이 부분은 하나님께서 이스라엘 백성만 특별히 사랑하시는 듯한 인상을 준다. 그러나 하나님은 특정한 상황에서 특정한 백성에게 구원 사업을 벌이신다. 그런

특정한 구원 사업은 우주와 모든 백성에게도 적용된다(5-9절). 하나님이 세상을 통치하신다는 선언은 116편의 선언이기도 하다. 136:1-3, 26은 하나님의 뜻에 우리의 뜻을 복종하라고 촉구한다. 우리의 삶은 하나님의 은혜와 사랑으로 선물을 받은 삶이다. 136편은 우리 자신을 의존하지 말고 하나님을 신뢰하라고 말한다.

136편은 부활절 철야 예배에 사용한다. 이 시편은 오늘 기독교인들에게도 의미가 있다. 특히 이 시편을 전례식문으로 사용해온 것이 기독교인들에게 중요하다. 예수님은 하나님 나라에 동참하라고 우리를 부르신다. 이 시편은 하나님께서 사랑으로 베푸시고 인도하신다는 것이다.

3. 예언자의 전례식문(시 50, 75, 81, 95편)

이스라엘 공동체의 예배의식에는 예언자들이 공헌한 바가 크다. 예언자들이 제의와 관련이 없다고 생각하는 것은 잘못이다. 예언자들도 제사장들과 같이 이스라엘 공동체 예배에 많이 참석했다. 예언자들의 중심 사상인 정의와 공의를 중심으로 형성된 노래를 예언자적 전례 찬송이라고 한다. 북왕국 이스라엘의 여로보암 왕이 벧엘에 우상을 만들어 놓고 경배할 때 아모스 예언자가 벧엘에 나타나 그들의 종교와 사회적 불의를 공격하며 가혹한 평을 했다. 이방 신들을 섬기지 말라고 외쳤다. 아모스는 하나님께서 원하시는 것이 우상 숭배가 아니라 정의를 행하고 고아와 과부를 옹호하는 것이라고 외쳤다. 기원전 8세기 예언자들부터 그 이후 예언자들은 가식적인 예배를 공격하고 사회정의를 부르짖었다.

예언자들은 그 당시 부패한 예배를 가혹하게 비판했다. 이러한 전통에서 바빌론 포로 후기 예언자적 전례형식이 등장하기 시작했다. 그러나 예언자들이 제의생활을 비판한 것은 절대로 제의적 생활권 밖에서 행한 것이 아니다. 그들은 제도권 안에서 예배 의식을 비판했다. 예언자적 전례 시편에는 50, 75, 81, 95편 등이 있다. 이 시편들을 고찰하면서 예언자들이 이스라엘 예배를 어떻게 비판했는지 알아보고, 또 예언자들이 이스라엘 예배에 어떠한 공헌을 했는지를 알아보도록 한다.

시편 50편 ● 하나님께 드리는 참된 예배(아삽의 노래)

50편을 명상하면서 아삽에 대해서 간단히 알아본다. 아삽의 시는 50편과 그 외의 11개의 시편들(시 73-83편)이다. 아삽은 다윗과 동시대 사람으로 음악에 재능이 뛰어났다. 법궤를 예루살렘으로 옮길 때 작곡을 맡기도 했다. 아삽의 찬송들은 수집 과정에서 확장되었다고 본다. 그 후손들이 아삽의 시에 다른 찬송을 추가한 것이다. 포로기 이후까지도 아삽의 후손 중에는 유명한 음악가들이 있었다(대하 25:1-2, 스 2:41). 아삽의 시들은 일반적으로 교육적인 목적을 위한 것이다.

50편은 심판자 하나님을 강조하는 예언자적 전례식문이다. 이 시편은 마음에서 우러나서 제사를 드리는 것이 중요하지 마음에 없는 제사는 참 제사가 아니라고 강조한다. 이 시편의 기원은 제사 법전(397 BC)이 탄생한 후로 볼 수 있을 것이다. 게르스텐부르거(Gerstenbruger)는 50편을 전례 설교로 보며, 이 시편이 포로 이후 회당에서 교육 자료로 시작되었고 또 사용되었을 것이라고 한다.[6)]

이 시편은 두 단락으로 구성되어 있다. 첫째는, 희생 제물의 본질적인 뜻을 제대로 이해하지 못한 데 대한 설교이고(7-15절), 둘째는, 신앙과 실생활에 차이를 지적하는 설교이다(16-22절).

50편은 회중에게 신앙적 결단을 촉구하는 설교이다. 예수님의 가르침같이 하나님의 말씀에 따라 결단하라고 촉구한다(시 50:1-6). 인간이 결단을 못할 때 하나님께서 심판하신다. 하나님의 심판의 목적은 정의를 행하

---

6) E. S. Gerstenburger, *op. cit.*, 210.

며 바른 길로 가게 하려는 것이다(4-6절). 예수님도 가식을 지적하셨다. 믿음과 행동이 다른 점을 지적하셨다(마 9:10-13, 12:1-7, 23:1, 36, 시 50:16-17). 산상보훈에서도 "주님, 주님, 하는 사람이 하늘나라에 들어가지 못한다"고 하면서 행동을 강조했다(마 7:21).

사도 바울도 예수님이 촉구하셨던 신앙적 결단을 재강조했다. 시편 50:1의 테마와 평행하게 바울은 로마 교인들에게 호소했다. 즉 "여러분은 여러분의 몸을 하나님께서 기뻐하시는 거룩한 산 제물로 드리라"고 강조했다. 이것이 "여러분이 드릴 합당한 예배"라고 강조한다(롬 12:1-2). 50편에서 예수님과 바울은 모두 결단할 것을 강조한다. 일상생활이 가식으로 넘쳐날 때 우리 신앙생활은 아무런 가치가 없어진다. 우리는 하나님의 은혜에 감사하며 매 순간 결단하며 살아야 할 것이다.

시편 75편 ● 하나님의 놀라운 행적에 감사

(아삽의 시, 지휘자를 따라 "알다스햇"에 맞추어 부르는 노래)

75편은 예언자 전례 양식의 찬송이다. 일반적으로 찬양시는 찬양을 하라는 요청으로 시작한다. 그러나 75편은 환희의 외침으로 찬양을 시작한다. 이 시편은 주님을 전적으로 신뢰하면서 찬양한다. 회중은 하나님의 성실하신 행동에 감사와 찬송을 드린다.

1편과 그 외의 시편들과 같이 75편은 의로운 사람은 하나님을 의존하고 악한 자는 자기 자신을 의지한다고 강조한다. 이 두 가지 삶을 비교한다. 2편과 그 외의 시편들의 주장과 같이 75편은 의로운 자와 악한 자의 미래가 다르다고 지적한다. 왜냐하면 하나님이 통치하시기 때문이다. 이 시편에서 악한 자는 자기 자신을 자랑한다고 지적한다. 75편과 하박국서를 함께 읽어보면 75편의 악한 자는 바빌론으로 보는 것이 확실하다. 만일 이러한 생각이 맞다면 포로기와 그 후의 위기를 확인할 수 있다. 시편 제III권은 이런 상황을 맘에 두고 형성된 것이라고 볼 수 있다. 그러나 이 시편은,

즉 '이 땅에 모든 악한 것'을 어떤 구체적인 것으로 보지는 않는 것 같다.

만일 악한 자를 세계의 군사대국으로 상정해 본다면, 악은 포로기인 기원전 6세기뿐만 아니라 오늘날에도 존재한다고 볼 수 있다. 강대국이 세계적 충돌을 해결하는 데 도움이 될 때도 있지만, 순전히 자국의 이익을 위해서만 행동하기도 한다. 자국의 이익을 추구하면서도 하나님의 뜻이라고 우길 수도 있다.

악한 자가 자기 자신의 힘을 신뢰하며 나설 때, 그 악한 자의 폐해는 심각할 수 있다. 우리 문화는 일반적으로 자율성과 자만적 성취를 높이 평가한다. 그런데 여러 모습의 악이 여러 국가와 교회를 포함한 모든 기관과 기업체에 침투되어 있다. 75편의 메시지는 종말론적이다. 시편과 예수님의 가르침은 항상 하나님의 통치를 주장한다(4-5절). 75편은 "자기 자신을 높이는 사람은 낮아지고, 자기를 낮추는 사람은 높아진다"는 예수님의 말씀과 같이 겸손하여야 함을 강조한다(마 23:12, 시 75:7, 10). 75편은 하나님의 통치는 세상을 변화시킨다고 말한다(눅 1:46-55, 고전 1:26-31). 변화시킨다는 뜻을 바울은 이렇게 말했다. 즉 "누구든지 자랑하는 자는 주 안에서 자랑하게 하라"고 바울은 충고한다(고전 1:31, 시 34:2, 고후 11:16-32, 12:1-10).

시편 81편 ● 만일 나의 백성이 내 말에 경청한다면!
(아삽의 시, 지휘자를 따라 깃딧에 맞추어 부르는 노래)

81편은 예언자 전례 시편이다. 이 시편의 가장 독특한 요소는 5b절에서 시작되는 예언자 신탁이다. 이 시편은 북왕국 이스라엘의 노래 가운데 하나이다. 여기에 요셉이 나오는데 요셉은 북왕국을 가리킨다(5절). 아마도 이 시편은 북왕국이 멸망한 후에(721 BC) 예루살렘 성전에서 '시편'이 수집되고 편찬되었을 때 추가되었을 것이다. 이 시편에는 분명하게 예언자의 설교가 포함되어 있으며, 설교 단락은 다음 두 단락으로 구성되어 있다. 첫째는, 5c-10절이며, 둘째는, 11-16절이다. 한편, 1-5b절은 전례적인 정황을 반영하고 있고 위에서 언급한 두 개의 설교는 이스라엘의 거룩한 날 가운데 한 날을 중심으로 전승되었을 것이다.

이 시편과 관련된 축제는 장막절인 것으로 보인다. 이 시편의 근본적인 의도는 이스라엘 백성이 고통을 겪는 것은 그들이 하나님께 순종하지 않기 때문이라는 것을 가르쳐 주는 것이다. 이 시인은 이스라엘 백성이 하나님께 순종할 때 그들에게 희망이 있음을 알린다(8-10, 13-16절).

테이트(Tate)는 81편의 신학적 중요성을 다음과 같이 지적한다.[7] 81편에서 하나님은 하나님의 백성에 대해 비애감을 나타내신다(14절). 즉 야웨 하나님은 세상으로부터 멀리 떨어져 있는 추상적 절대자가 아니라는 것이다. 그는 그의 백성이 잘 살아가기를 마음속으로 바라면서 애정을 갖고 임하신다. 백성이 하나님께 반응하지 않으면 그들이 반응하도록 애원한다. 이스라엘의 신앙 고백 쉐마(Shema)에 의하면, "이스라엘아, 들어라, 주는 우리 하나님이요, 주는 오직 한 분이시다"고 한다(신 6:4). 81편의 메시지 안에 쉐마가 들어 있다. "들어라" 하는 하나님의 계속적 권고는 예수님의 산상변화 이야기를 회상케 한다(막 9:1-8). 81편을 산상변화 이야기와 함께 읽으면 시내산의 사건(산, 모세, 구름)이 생각난다(막 9:2, 7). 여기서 하나님의 음성은 예수님을 '나의 아들'이라고 하고 "너희는 그의 말을 들어라"(막 9:7)고 상기시킨다. 예수님은 하나님의 통치를 선언하고 사람들이 그 안에 들어갈 것을 초청한다.

하나님의 음성을 듣는 것이 중요하다. 81편은 메이스(Mays)의 말대로 모든 종교적 축제의 모범(model)이다.[8] 즉 하나님의 계시는 과거의 정적 실제가 아니다. 계시는 활성력이 있어서 오늘 현재에도 계속되는 현상이다. 하나님의 음성이 여러 종류와 과정을 통해 우리에게 임하기 때문에 우

---

7) M. E. Tate, *Psalms 51-100*, 327.

8) J. L. Mays, *Psalms*, Interpretation, 268.

리는 각성하여 그 계시를 들어야 한다.

시편 95편 ● 예배와 복종으로의 부름

95편은 예언자의 전례식문의 좋은 예이다. 이 시편의 기원은 기원전 5세기 중엽으로 추정된다. 이 시편은 이사야 58:2-4에 반영되어 있으며, 금식의 참뜻을 보여준다. 이 시편의 주제는, 첫째로, 하나님은 세상을 지으신 창조주이시고, 둘째는, 주님께서 모든 신의 왕이시라는 것이다. 이 주제가 종합적으로는 제왕즉위 시편에 나타난다. 위대한 통치자이신 주님은 땅의 깊은 곳에서 손수 통치하신다. 또한 산의 높은 곳도 그의 손 안에 있다. 하나님께서 바다와 땅의 무질서를 질서의 세계로 만드셨다는 것이다.

95편은 그 구조와 내용상 하나님의 통치가 종말론적이라고 논증한다. 하나님의 요구를 거부하는 자들은 무질서의 세력도 아니고 또한 악한 자와 나라들도 아니다. 바로 하나님의 백성이라는 것이다. 그런데 하나님은 주권을 어떻게 행사하실까? 하나님은 그에게 복종을 강요하지 않고, 복종을 권유하신다. 이 시편은 하나님께 불복종하면 그 결과가 심각하다는 점을 경고한다. 하나님은 사람들이 복종하는 문제 때문에 고심하신다. 왜냐하면 하나님은 복종하라고 강요하시지 않기 때문이다.

95편은 분명히 하나님께 복종하라고 촉구한다. 하나님이 통치하신다는 선언은 항상 인간의 결단을 요구한다. 95편은 결단하라고 강하게 말한다(7c절). 93편과 같이 결단하라고 예배 속에서 말한다. 이렇게 이 시편 저자는 예배에 대하여 가르친다. 예배를 드릴 때 누가 주권자인가 고백한다. 이러한 과정을 통해서 하나님이 요구하시는 것을 분명하게 확인할 수 있다. 예배는 일반적으로 과거와 관계가 있다. 그러나 예배는 현재에 이뤄진다. 예배에는 봉사의 요소가 포함되어 있다. 봉사 또는 선교 없는 예배는 무의미할 것이다. 즉 예배는 말씀과 행동이 같이 나간다(마 7:21-23).

95:7은 결단의 중요성을 강조한다. 양을 치는 목자의 음성을 들으라고

강하게 명령한다(시 95:7c). 지금은 그 명령을 따르고 결단할 때라는 것이다. 하나님의 통치는 앞으로 올 메시아를 말하지만 오늘 결단을 하여야 한다. 오늘 결단함으로써 미래의 메시아를 경험하게 된다는 것이다. 하나님의 통치는 종말론적 성격을 가지고 있기 때문이다. 그러므로 우리는 하나님의 통치가 완전히 성취될 때까지 기다린다. 그러나 그 하나님의 나라는 벌써 우리 삶 속에서 시작되고 있다는 것이다.

3. 탄원의 전례식문(시 121편)

시편 121편 • 하나님의 보호에 대한 확신(성전에 올라가는 순례자의 노래)

121편은 탄원 전례식문이다. 제사장이 어떤 한 사람의 애원에 대하여 대답해 주는 노래다. 제사장과 탄원자가 한 구절씩 번갈아 부르는 교창이다. 이 시에서 탄원자는 하나님의 도움이 필요하다. 이 세상이 그에게 도움을 줄 수 없기 때문에 그는 거룩한 산을 향한다. 여기서 거룩한 산은 시온산을 말한다. 제사장에 의하면, 하나님의 도움은 언제나 가능하다는 것이다. 이것이 이스라엘의 신앙의 중심이다. 도움을 주는 존재는 세상을 창조하신 위대한 하나님이시라는 것이다.

121편은 짧지만 영향력이 강하다. 사도신경의 한 구절이 121편에서 왔다(시 121:2, 115:5, 124:8, 134:3). 이 시편은 23편과 근본적으로 같은 메시지를 가지고 있다. 하나님의 백성이 시련과 혼란에 처할 때 위에 두 시편이 크게 도움을 주었다. 하나님께서 그의 손에 온 세상을 장악하고 있다는 미국 흑인 영가를 생각나게 하는 시편이기도 하다. 우주를 통치하시는 주권의 하나님은 인간 삶에 직접 참여하시며 친밀하게 임하신다는 것이다(2절).

121편은 여행자들에게 도움을 주는 시이다. 리빙스턴(Livingston) 선교사가 영국에서 아프리카로 가는 도중 121편을 읽었다고 한다.[9] 121편은 여행자들에게 도움을 주는가 하면 인생 여정에도 많은 도움을 준다. 이 시편은 루터 고회 세례식에 많이 사용한다. 루터교뿐만 아니라 많은 기독교 전통들은 121편을 장례식에 많이 사용하기도 한다.

림버그(James Limburg)는 121편을 거류민을 위한 시편이라고 지적한다.[10] 이 시편은 흩어져 헤매는 포로 후기 유대인들에게 많은 힘과 의미를 주었다. 그뿐만 아니라 하나님의 백성 모든 세대는 하나님 안에 안정과 평화를 찾는다고 신앙 고백한다. 아브라함과 사라와 같이 우리는 신앙적 거류민으로 살 것이다. 하나님의 나라는 이 땅에 기반을 갖고 충실히 사는 동시에 하나님의 거류민으로 이 세상에 애착을 두지 말고 하나님의 통치 안에 사는 것이다. 인간은 한곳에 정착하여 삶이 편해지면 영적으로 하나님을 멀리하고 자기만 생각하고 이기적으로 살아가기 마련이다. 그러므로 121편이 브여주듯이 항상 거류민적 태도로 살아가야 할 것이다.

---

9) Rowland E. Prothero, *The Psalms in Human Life and Experience*(NY : E.P. Dutton, 1903), 264.

10) James Limburg, "Psalms 121 : A Psalms for Sojourners," *Word and World 5* (1985), 183.

제6장

공동체 애가

(시 9-10, 12, 36, 44, 58, 60, 74, 77, 79, 80, 83, 90, 94:1-15, 108, 137편)

히브리 시가 중에는 애가가 있다. 이스라엘 백성이 억압, 핍박, 자연재난, 전쟁 패배 등과 같은 고통에 처할 때 하나님을 찾아 탄원하는 애가를 불렀다. 하나님이 그들로부터 멀리 떠나 부재하신 듯 느낄 때도 있었다. 그 때마다 그들은 하나님께 자신들을 구원해 달라고 간청했다. 하나님이 멀리 떠나 계시면 죽음을 의미하는 것이기 때문에 하나님의 부재는 심각한 문제이다. 전쟁에 패하여 노예생활을 했고, 가뭄과 흉년으로 굶주림을 경험하는 경우도 많았다.

이러한 고통 가운데서도 이스라엘 백성은 자포자기하지 않고 구원의 하나님을 믿으며 야웨 하나님을 섬기고 예배드리며 간청했다. 그럴 때마다 새로운 삶의 가능성을 이스라엘 백성은 경험했다. 이스라엘 백성은 어떻게 새로운 삶의 희망을 가졌을까? 시편들을 검토해보면, 그들의 이러한 신앙이 추상적이거나 이상적 이념에서 생긴 것이 아니라 실재 삶의 경험에서 일어난 것임을 알 수 있다. 곧 그들은 역사 속에서 경험한 하나님의 구원의 사건들을 되새기며 그들의 현재 상황에서 신앙을 다시 찾았다.

이스라엘 백성은 출애굽 사건(출 1-15장)에서 야웨 하나님께서 행하신 구원의 역사를 발견하고 그것을 재해석하기 이르렀다. 그들은 출애굽과 광야생활을 통해서 심한 고통을 경험했다. 어려운 역사 속에서 고통과 싸우며 하나님의 구원을 기다리는 경험을 했다.

애가의 문학 양식은 시편뿐만 아니라 구약성서 전반에서 찾아볼 수 있다(렘 11:18-12:6, 15:10-20, 20:14-18). 애가를 예레미야, 욥기, 요엘 등에서도 찾아볼 수 있다. 그러나 대다수의 애가는 시편에 있다.

예레미야와 욥기와 예레미야애가와 요엘 그리고 시편에서 일반적으로 같은 형식의 애가들을 찾아볼 수 있다. 애가는 히브리 시가문학 외에도 고대 근동의 시가 문학에서 많이 발견한다. 애가는 크게 두 종류로 구분한다. 공동체 애가와 개인 애가가 있다. 어떤 애가는 그 구분이 분명치 않다. 여기서는 시편 9-10, 36, 44, 58, 60, 74, 77, 79, 80, 83, 90, 94, 108, 137편 등 공동체 애가를 고찰한다.

시편 9-10편 ● 하나님의 놀라운 행적과 정의

(지휘자를 따라 뭇랍벤에 맞추어 부르는 다윗의 노래)

9-10편은 원래 히브리 알파벳 순서로 기록된 한 편의 시편이다. 칠십인역(LXX)에서도 9-10편을 한 편의 시로 다루고 있다. 10편은 시편 제I권의 시편들 가운데 표제가 없는 시편에 해당한다. 이 두 시편(시 9-10편)은 모두 인간의 특징에 대하여 같은 용어를 사용한다. 예를 들면, "악인"(시 9:5, 16-17, 10:2-4, 13, 15)과 "고난 받는 자 가난한 자/핍박을 받는 자, 연약한 자"(시 9:12, 18, 10:2, 9, 12, 17) 등이 9-10편에서 같이 나온다.

9편은 감사의 노래로 시작한다. 이 부분에서 시인은 전체적인 분위기를 나타낸다. 시인은 이어서 하나님의 구원에 관한 옛 이야기를 말한다(3-4절). 9편은 이방 나라에 대하여 말하고(9:15, 17, 19-20), 10편은 악한 자의 활동에 대하여 말한다. 9-10편의 삶의 자리는 분명하게 알 수 없다. 그러나 이 노래를 전반적으로 볼 때, 이 시편에는 바빌론 포로기 이후의 이스라엘 예배에 해당하는 요소가 있음을 알 수 있다. 시인은 외세의 정치적 억

앞에서 하나님의 통치를 확인하려고 한다(9:4, 7, 11, 10:16). 9편에는 감사를 표현하는 기도가 나오는 반면, 10편에는 구원을 애원하는 기도가 나온다. 곧 이 두 시편에는 탄원과 확신이라는 두 요소가 섞어 나온다.

9-10편에서 세상의 권력자들이 심판주 하나님의 존재를 부인하고 가난하고 약한 자를 무시한다고 고발한다. 9:4는 "주님께서 보좌에 앉으셔서 내 의와 송사를 변호해 주셨다" 하고 증언한다. 억울하게 고통당하는 자신을 하나님이 변호해주셨다고 고백한다(7절). 9:8은 하나님이 정의로 세상을 판단하시고 공정하게 만백성을 판결하신다고 고백한다. 권력자에게 고통받는 경건한 이스라엘 사람의 고통을 이 시편은 말하고 있다. 의로운 자, 정직한 자가 이 세상을 살아가는 데 어려우나 하나님은 그들을 돌보시고 소망을 주신다. 수난자의 고통을 기억해 주시고 또 승리케 한다는 것이다. 하나님을 기억하고 또 소망을 소유한 자들은 '주의 이름을 아는 자요' 또 '주님을 찾는 자'라는 것이다.

10편 시인은 악한 세대에 어떻게 살아야 하는가를 말하고 있다. 이 시인은 악에 대해 항거하기 전에 자기가 당하는 악에 대해 하나님께 고발한다. 그러면서 하나님을 찾는다. 시인은 10:1에서 주님께서 어찌하여 멀리 계셔서 우리가 고난을 받을 때 숨어 계시는가 하며 강하게 부르짖는다. 무관심에서 떠나서 속히 와서 악한 자들을 제거해 달라고 부르짖는다. 의로운 자와 악한 자의 대결에서 이 시인은 결론을 짓기 위해 온갖 힘을 쏟는다. 의인을 학대하는 그 윤리 도덕적인 면보다는 이 시인은 하나님의 주권을 무시하고 반역하는 것이 가장 큰 죄악이라고 지적한다. 10:13에서는 어찌하여 악인이 하나님을 경멸하고 "마음속으로 '하나님은 벌을 주지 않는다' 하고 말하게 내버려 두십니까?"라고 하면서 이 시인은 악인이 악을 행하는 데 벌을 주지 않는다고 항의한다. 그리고 하나님께서 구원해 주시기를 애원한다. 마지막으로 시인은 왕이신 주님께서 불쌍한 사람의 소원을 들어 주시고 맘을 붙들어 주시고 고아와 억눌린 자들을 변호해 주셔서 억압당하는 자가 없게 해달라고 간절한 애원의 기도를 드린다(시 10:16-18).

시편 12편 ● 악한 시대에 하나님의 도움을 구한다

(지휘자를 따라 팔현금에 맞추어 부르는 다윗의 노래)

12편은 탄원 예배를 위하여 창작된 전례식문이다. 12편은 14편과 밀접한 관계가 있는 공동체 애가이다. 포로기 이후의 작품임이 확실해 보인다. 바빌론이 예루살렘을 점령했는데 이스라엘 사람들은 그 점령한 사실을 두고 논쟁했을 것이다. 이 시편의 첫째 부분 1-4절에서 시인은 도움과 구원을 구하는 기도를 드린다. 바빌론의 공격을 받은 이스라엘은 하나님께 도움과 구원을 구하는 기도를 드린다. 주님의 도움을 구하는 부르짖음으로 이 노래가 시작된다(2절). 하나님께서 억압받는 사람들을 완전히 만족시켜 주신다고 확신한다. 바빌론 침략자들로부터 지켜주신다는 확신이다. 마지막으로 주님의 말씀을 신뢰하는 것만이 현재의 삶에서 하나님의 복을 받을 것이라고 확신한다.

인간 사회에 악한 자들이 침투해 두렵다고 1절과 8절은 과장하며 언급한다. 사실 오늘의 교회를 살펴보면, 사회 전체 상황에서 볼 때 이런 자들은 극소수에 지나지 않을 것이다. 하지만 완전히 세속화된 사회에서 4절이 언급하는 악인의 말, 즉 '누가 주인이신가' 하는 도전을 오늘의 교회는 받아들일 수밖에 없다. 우리가 우리의 운명의 주인이고 또한 우리가 우리 자신에 대해서 책임을 진다고 그들은 주장한다. 그러나 하나님의 백성으로서, 우리는 우리 중심적인 죄악의 세상에 살지 말고 하나님의 말씀으로 산다고 고백해야 한다. 우리는 또한 안전한 삶을 우리 스스로 성취할 수 없고 하나님이 하실 수밖에 없다고 고백해야 한다. 종으로서 우리는 하나님을 우리의 주님이라고 고백한다. 우리의 삶은 우리의 것이 아니라고 믿는다. 오늘의 사회는 자아 성취와 자기 자만으로 살고 있다. 예수님 말씀에 의하면, 우리는 세상으로 보냄을 받았으나 세상에 속하지 않는다는 것이다(요 17:16, 18). 이러한 가르침을 12편에서 엿볼 수 있다. 교회의 특수성을 다시 살려내고 다시 찾을 수 있을지 의문이다. 오늘 교회가 직면하는 문제는

'교회는 무엇인가' 하는 정체성의 문제일 것이다. 요한복음 17장에 나오는 예수님의 기도는 바로 이 시편 시인의 기도이다. 그 기도는 주님께서 지금부터 영원까지 우리를 지켜 주신다는 것이다(시 12:7). 그뿐만 아니라 악인들 속에서 의인들은 높임을 받는다는 것이다(8절).

시편 36편 ● 인간의 악함과 하나님의 선하심
(지휘자를 따라 부르는 주님의 종 다윗의 노래)

36편은 공동체 애가 기도이다. 이 기도에 하나님이 어떤 분이신지 드러난다. 시인은 성전에서 예배드리는 사람들을 "사람의 아들들"(번역, 사람들)(7b절)이라고 칭한다. 그리고 하나님께서 그들을 위해 베푸신 사랑과 구원을 찬양한다. 이 시편에 두 가지 요소가 들어 있는데, 하나는 지혜이고(2-5절), 또 하나는 찬송이다(6-11절). 이 두 요소가 잘 조화되어 있다. 즉 이 시편은 지혜 문학으로 시작하여 찬송으로 끝난다. 또한 이 시편을 애가의 전례식문으로 보는 것이 적절하다. 세 가지 문학 양식(지혜, 찬송, 애가)이 시편 36편에 담겨 있어서 양식비평 방법을 적용하기 힘들다고 다후드(Dahood)는 주장하기도 한다.[1] 바이저(Weiser)에 따르면, 1-4절은 지혜문학의 요소를 포함하고 있으며, 5-9절은 하나님의 은혜와 공의를 찬양하는 기쁨을 나타내고 있다고 한다.[2] 그러나 바이저는 이 시편의 문학 양식상 서로 다른 두 부분이 있음에도 불구하고, 이 두 단락은 각각 독립적인 시편으로 분리해 취급하는 것이 타당하지 않다고 주장한다.[3]

소비자 중심의 문화에서는 어떤 일을 하여 무엇이든 성취하는 것이 중요하다고 생각한다. 그러나 시편 36편은 이러한 생각은 위험한 생각으로

1) M. Dahood, *Psalms I*, 28.
2) A. Weiser, *The Psalms*, trans. H. Hartwell, OTL(Philadelphia: Westminster, 1982), 305.
3) *Ibid.*

본다. 삶이란 자기가 성취하여 얻는 보상이 아니라 하나님의 선물이다. 하나님은 생명을 주시고(6c, 9절), 또한 생명을 위해 베푸신다(7-8절). 하나님은 한결같은 사랑의 날개로 보호하시고 또 기름진 것으로 배불리 먹게 하신다. 삶에 필요한 것을 충만하게 채워주신다. 시편과 전체 성서 중심에 이러한 놀라운 신앙 고백이 있다는 사실이다(시 23, 34, 12편, 73:25-26). 신약성서에서도 삶에서 하나님의 은총의 선물을 상징하는 말이 많이 등장한다. 예를 들면, 요한복음은 예수님을 생수(요 4:10, 시 36:8b-9a)요, 생명의 빵(요 6:35, 시 36:8a)이요, 세상의 빛(요 8:12, 시 36:9)이라고 고백한다. 예수님은 "내가 온 것은 그들이 생명을 얻고 또 얻어서 풍성함을 얻게 하려고 왔다"고 말씀한다(요 10:10). 예수님을 믿는 사람은 영생을 얻을 것이라고 요한복음은 증거한다(요 3:16). 예수 그리스도 안의 삶은 참되고 기쁨과 평화가 넘칠 것이라는 것이다(요 16:24, 33). 그러나 살아가다 보면 세상의 반대 세력에 계속 부닥치게 된다. 그러나 주님은 그 반대 세력으로부터 우리를 지켜주신다(요 17:14-19). 이런 맥락에서 우리의 삶은 36편의 종말론적 전망에서 바라보아야 한다. 하나님의 주권을 믿어 반대 세력을 물리치고 굳게 서는 것이다. 하나님께 속해 사는 사람은 이미 하나님이 피난처이심을 경험한다(5-9절). 악한 자들의 반대 세력을 제거하시고 주시는 생명의 선물을 받는다는 것이다(시 36:10).

그리하여 이 시편 시인은 하나님의 한결같은 사랑과 공의를 위해 기도한다. 왜냐하면 우주의 근본적 실재는 하나님의 사랑이기 때문이다. 이 세상이 증오와 폭행에 휩싸여 다 몰락하는 것 같으나 36편의 시인은 하나님에 대한 굳은 신앙을 고백한다. 이 시편은 신약성서의 사랑의 하나님을 재확인한다(요일 4:8, 16). 하나님의 사랑은 만물, 곧 하늘과 땅의 모든 것을 다 화해시킨다(골 1:20). 이러한 훌륭한 신앙 고백은 우리가 세상을 어떻게 보느냐와 깊이 관련되어 있다. 이러한 신앙 고백은 좋은 소식인 동시에 경고의 메시지를 내포하고 있다. 좋은 소식은 여러 가지 악 조건에서도 희망을 품는 것이다.

시편 44편 ● 국가적 애가와 도움을 구하는 기도
(지휘자를 따라 부르는 고라 자손의 노래, 마스길)

44편은 국가적 애가이다. 많은 학자가 이 시편은 74, 79, 83편과 함께 마카비 시대의 산물로 본다. 이 당시 시리아의 안티오쿠스 4세(Antiochus IV)가 헬라화를 시도했는데, 그는 헬라화에 동조하지 않는 사람들을 핍박했다. 한편, 궁켈, 모빙켈, 슈미트, 오에스테리 등의 학자들은 이 시편이 기원전 200년경 완성된 것으로 본다. 즉 44편이 기원전 200년경 구약성서의 3부인 '성문서'의 한 부분이 되었다고 보는 것이다.[4] 이 시편의 저작 시기는 아마도 에즈라(397 BC) 시대에서 알렉산더 대왕(331 BC) 시대 사이인 듯하다.

이 시편은 이스라엘의 호소로 시작한다. 찬송과도 비슷하게 과거에 주님께서 행하신 업적을 묘사한다(1-3절). 시인은 가나안 정복과 정착이라는 옛 이야기를 백성 앞에서 이야기한다. 그러면서 이스라엘의 군대가 이것을 성취한 것이 아니라, 하나님의 호령으로 이 일이 성취되었다는 것을 지적한다.

44:1-8의 내용과 9-16절의 내용은 서로 상반된다. 그 상반됨이 44편의 비애감을 나타낸다. 하나님의 백성이 고통을 받을 이유가 없지만 고통을 받는다는 안타까운 고민이다. 그리하여 그들은 도움을 청한다(23-26절). 곧 욥이 경험한 불평의 비애감(패러독스, paradox)을 표현한다. 이 시편 저자와 욥은, 그들의 삶의 경험을 하나님과의 관계 경험으로 연결시킨다. 44편과 같이 13편도 불평에서 탄원으로 신앙 태도를 바꾼다. 그리고 종국에는 하나님의 사랑으로 방향을 바꾸어 신앙적으로 해결한다. 그러므로 44:11과 22절을 함께 이해하는 것이 결정적으로 중요하다. 메이스(Mays)가 제안하듯이 이러한 고통 중에서 선택할 수 있는 길은 이사야 53장의 고

4) W. O. E. Oesterley, *The Psalms I*(NY: Charles Scribner's Sons, 1937), 61-63.

난 받는 종의 길밖에 없다고 주장한다.[5)]

이스라엘은 포로기의 경험을 통해 고통에 대한 문제를 재고찰한다. 44편의 기원과 바빌론 포로와 관계가 있는지는 확실치 않으나 포로기의 고통이 그들의 사명에 대한 결론을 내리는 데 도움이 되었다. 그러므로 44편과 이사야 53장이 흡사한 것에 놀랄 수밖에 없다. 구속적 고통을 선교적 사명으로 이스라엘이 이해하기 시작했다는 것이다.

예수님이 겪으신 고통과 사역을 통해 예수 그리스도의 삶과 죽음을 이해할 수 있다. 예수님은 44:13-16에 등장하는, 거부와 멸시를 경험하는 자들을 축복했을 것이다. 사도 바울도 고통을 경험하면서 44:2를 인용한다. 로마 교인들에게 "우리는 종일 주님을 위하여 죽임을 당할 양과 같이 여김을 받는다"고 기독교인의 본질을 말한다(롬 8:36). 고통은 하나님의 사랑으로부터 분리함을 말하는 것이 아니라는 것이다. 오히려 고통을 통해서 예수님을 따른다는 것이다(막 8:36).

시편 58편 • 땅에서 정의가 실현되지 않을 때 드리는 기도
(지휘자를 따라 알다스헷에 맞추어 부르는 노래, 다윗의 믹담)

58편은 공동체를 고통 속에 빠뜨린 독재자를 비난하는 공동체 애가다. 56-57편과 마찬가지로 58편에서도 시인은, 결국 하나님께서 통치하실 것이고 그분의 목적이 성취될 것이라는 확신을 표현한다(10-11절). 다만 이 시편의 특색은 시인이 하나님께 말씀 드리는 형식으로 되어 있지 않고, 악인들에게 직접 말하는 것으로 되어 있다(1-2절). 다만 3-5절에서 악인은 3인칭으로 묘사한다. 6-9절은 정의를 위한 기도이다. 10-11절은 정의가 이루어질 것이라는 확신을 표현한다. 이 시편의 구조가 독특하기 때문에 이 시편의 문학적 양식이 다양하게 제기된다. 3-5절의 불평과 6-9절의 기도

---

5) J. L. Mays, *op. cit.*, 179.

에 나타난 내용을 보면 다소 격앙된 공동체에 제의 예언자가 전한 심판의 말씀으로 볼 수 있다. 이 시인은 세상에서 정의가 실현되지 않는 것을 고민한다.

시편이나 성서의 경우 하나님의 통치는 종말론적임을 선언한다. 하나님의 통치는 악한 자의 힘을 거부하고 하나님의 나라를 선포하는 것이다(1-2절). 예수님의 가르침도 같은 맥락이다. 예수님의 하나님의 통치 선언은 십자가이다. 그는 그를 따르는 자들과 같은 길을 걸어간다고 약속했다(막 8:34). 예수님은 하나님을 의지하고 따르는 것이 의로운 자의 본질이라고 한다. 바울과 같이 의로운 사람은 약한 것 같으나 하나님 안에서 강하다는 것이다. 바울은 하나님의 어리석음이 사람의 지혜보다 더 지혜롭고 또 하나님의 약함이 사랑의 강함보다 더 강하다고 증거한다(고전 1:25). 그러므로 의로운 사람이 악의 세력 앞에서 하나님이 통치한다고 주장할 수 있다는 것이다(1-2절). 의로운 자는 또한 기도할 것을 주장한다. 예수님께서 그의 제자들에게 가르친 기도와 같이 기도한다는 것이다. 즉 하늘에서 이룬 것같이 땅에서도 이뤄지고 또 악에서 구원을 받는다는 것이다.

58:6-9에는 저주가 나오는데 여기에는 긍정적인 면도 찾아볼 수 있다. 테이트(Tate)가 지적하듯이 시편 안에는 저주가 자주 등장한다. 시편의 이런 언어 속에서 독자들은 억압받고 고통당하는 사람들과 자신을 동일시하기도 한다. 또한 이 시편을 읽을 때 아주 무서운 악을 상기하기도 한다.[6] 즉 58편은 고대 이스라엘 시대에 난무하던 불의와 폭행이 오늘날 우리의 시대에도 난무하고 있는 현실을 상기시킨다. 이러한 악에 대해서 책임을 느끼기도 한다. 만일 이 시편이 서술하는 악한 자들이 근본적으로 자기중심적이고 자기충족적인 자들이라면 오늘날 우리 또한 악한 자들이 될 위험성을 가지고 있다. 크라우스(Kraus)는 지적하기를 58편의 시인은 부패한 세계 질서에서 고난을 받고 있었던 것이라고 평한다.[7] 우리는 어찌보면 이 부패

6) M. E. Tate, *Psalms 51-100*, 89.

한 세계 질서 속에서 혜택을 누리고 있는지도 모른다. 이러한 상황에서 하나님은 결국 정의를 이루시고야 만다는 신앙을 가질 때 우리는 용기와 희망을 갖고 이런 악과 싸울 수 있을 것이다.

시편 60편 ● 하나님과 우리는 승리할 것이다(다윗이 교훈을 하려고 지은 믹담. 지휘자를 따라 수산 에둣에 맞추어 부르는 노래)

60편은 국가적 애가이다. 학자들 사이에 이 국가적 애가가 어느 시대인지에 대하여 논란이 많다. 다후드(Dahood)는 이 애가가 적의 위협으로부터 구출해 달라는 왕의 기도라고 주장한다.[8] 다후드는 60편의 표제와 언어의 내용으로 보아 이 시편이 다윗 시대의 것이라고 본다.[9] 그 반면에 레슬리는, 이 시편이 기원전 587년 바벨론이 남왕국 유다를 공격하고 파괴시킬 당시에 불렀던 공동체 애가라고 주장한다.[10] 만일 5절의 "주님께서 사랑하는 사람"이 솔로몬을 가리킨다면 이 시편은 솔로몬 시대에 속할 것이다.[11] 이 시편이 다윗이 참여한 에돔과의 전쟁을 말한다고 생각할 수도 있다. 그러나 이 시편에서 어떤 나라를 언급하지 않는 것으로 보아 에돔과의 전쟁이라고 단정하기 힘들다.

첫눈에 60편은 고대 군사 충돌과 밀접하게 연결되어 있는 것 같다. 10절은 이스라엘의 성전(holy war) 신학을 말하는 것 같다. 주님께서 우리 군대와 같이 전쟁에 나가 주십사 하고 간청하기 때문이다.

오늘날 우리 사회에서도 국가적 정책을 하나님의 뜻이라고 하며 하나

---

7) H.-J. Kraus, *Psalms 1-59*, A Commentary, trans. H. C. Oswald(Minneapolis: Augsburg, 1988), 537.

8) M. Dahood, *Psalms* II, 76.

9) *Ibid*.

10) E. Leslie, *The Psalms*, 232.

11) A. Cohen, ed. *The Psalms: Hebrew Text & English Translation*, 189.

님이 우리 편이라고 강조하는 폐단이 많다. 그러나 60편은 자세히 읽어보면 오히려 그 반대이다. 회중의 기도는 군사적 승리의 유혹을 물리치는 기도이다. 우리는 사실 60편을 고통과 억압을 받는 사람들의 기도로 보아야 한다. 그들의 기도는 그들의 진영을 강화하기 위한 하나님의 구원을 구하는 기도가 아니다. 그들의 기도는 아주 어려운 상황에서 하나님께 희망을 품고 드리는 필사적인 애원이다. 하나님의 주권에 매달리는 기도이다(6-8, 12절). 하나님께서 우리와 같이 하시면 원수를 물리칠 수 있을 것이라는 것이다. 시편과 성서가 증언하듯이 60편의 희소식은 종말론적이다. 하나님의 통치는 억압과 억압자들의 패배를 선언하면서(6-8, 12절) 기도하며 기다린다는 것이다(1-5, 10-11절). 오늘날 정치적·경제적·종교적 충돌로 하나님의 백성의 안전이 위협을 받을 때, 우리가 무엇을 어떻게 해결하려고 구상하기보다 우리는 백성과 나라를 사랑으로 통치하시는 하나님께 희망을 두어야 한다(5, 6-8절).

시편 74편 ● 주님의 백성을 기억해 주십시오(아삽의 마스길)

74편은 공동체 애가이다. 이방인들이 성전을 약탈하고 불을 지르고 파괴하는 것에 대하여 통곡하며 금식하고 탄원을 드리는 내용이다. 레슬리(Leslie)에 따르면, 3절의 "희망이 없을 만큼 폐허가 된"이라는 표현은 이 시편이 성전 파괴 이후의 것임을 반영한다는 것이다.[12] 이 시편은 분명히 이스라엘 백성이 핍박자들에게서 치욕을 받고 있을 때 기록된 것이다. 많은 주석가는 이 시편은 바빌론이 예루살렘 성전을 파괴할 당시(586 BC)에 기록된 것으로 본다. 이 시편은 아마도 기원전 351년에 페르시아 아르닥세르세스 3세(Artaxerces III) 때의 작품일 것이다.

74편은 신앙적 고통의 목소리로서 불평과 탄원의 요소들이 있는가 하

12) E. Leslie, *op. cit.*, 234.

면, 하나님의 주권의 확신을 찬양하는 것도 있다(1-11, 18-23절). 이 대조되는 시의 흐름이 불합리적이다. 왜냐하면 시편과 전체 성서에 흐르는 종말론적 전망을 강화시키고 있기 때문이다(12-17절). 다시 말하면, 하나님의 통치는 항상 통치를 거부하는 상황에서 선포한다. 아주 어려운 상황에서 악의 세력들이 성할 때 하나님의 백성은 우주적 주권의 신앙 고백을 한다. 주권을 행하는 하나님에 대한 신앙 고백을 할 때 고통에 대해 이해하게 된다. 포로 기간의 산물인 74편은 충성스러운 자들의 삶 속에서 여러 가지 새로운 고통의 역할의 표현이 일어난다. 즉 이 시편은 종말론적 전망을 가지고 있다. 이러한 전망들이 고통의 역할에 새로운 이해를 가져온다. 예수님의 가르침과 같이 마음이 가난한 사람은 복이 있다는 진리(마 5:3)를 이해하게 된다. 고통을 피하지 않고 십자가를 지는 고통의 역할을 예수님은 손수 보여주셨다(막 8:34). 74편은 신앙적 삶에서 냉소와 반대 속에서 신앙을 증거함을 말한다.

재미있는 사실은 74편은 성전 파괴와 포로 참사를 만들어낸 죄에 대한 고백이 없다는 사실이다. 이러한 상황에 74편의 근본인 '누가 주권자이냐' 하는 질문이다. 하나님의 주권이 성전을 파괴한 자들을 어떻게 할 것인가? 이러한 상황에 하나님께서 세상을 창조한 목적을 다시 생각할 수 있을 것이다. 74편은 고통의 신앙의 목소리로 긍정적 대답을 한다. 즉 하나님의 성격과 능력을 거부하는 것이 어리석은 것이라는 것이다(18, 22절). 사도 바울이 증거하듯이 '하나님의 어리석음은 인간의 지혜보다 지혜롭다는 것이다' (고전 1:25). 그리하여 하나님은 가난한 자를 망각하지 않는다는 것이다.

시편 77편 ● 기적을 행하시는 하나님(아삽의 시, 성가대 지휘자의 지휘를 따라 여두둔에 맞추어 부르는 노래)

77편은 공동체 애가이다. 레슬리(Leslie)에 따르면, 77편의 기원은 북왕국 이스라엘이라고 주장한다.[13] 북왕국은 여로보암 2세의 통치 때 외세의 공격을 받아 큰 피해를 입었다. 기원전 721년 북왕국은 아시리아 디글랏빌레셀 제3세의 공격으로 완전히 폐하여 노예로 잡혀 갔다. 기원전 721년 북왕국 사마리아가 망한 후 북의 시편들은 후기 유다 찬송으로 편입되었다. 그 후 예루살렘 성전에서 국가 공동체의 위기 상황에서 이 시편을 사용하고 불렀을 것이다.

77편 시인은 낙심에서 희망으로 전환한다. 어떻게 이런 전환이 가능한가? 브루그만(Brueggemann)은 제안하기를 11-12절의 대명사가 "나"로부터 "당신"(주님)으로 바뀌기 때문이라는 것이다.[14] 77:11-12는 주님("당신")께서 행하신 일을 "나"는 기억한다고 말한다. 14절에서도 "주님께서는", 즉 당신께서는 당신의 능력을 만방에 알린다고 말한다. 출애굽 사건을 기억함으로써 희망이 없는 자리에서 새로 힘을 얻는다는 것이다. 이러한 전환은 이 시인 개인의 영향보다 공동체가 과거 사건을 기억함으로써 가능하게 한다는 것이다. 브루그만은 공동체가 과거를 기억함으로써 고통스러움이 강한 희망이 된다고 결론을 내린다.[15]

메이스(Mays)가 지적하듯이 출애굽 사건 이야기를 회상함으로써 하나님의 현현을 현재화시킨다는 것이다. 2절에 의하면, 시인은 아직 어려움 속에 살고 있다. 여기서 변화된 것은 환경이 아니라 시편의 시인 자신이다(6절). 왜냐하면 공동체의 구원 사건을 기억함으로써 시인은 힘을 얻게 되었다는 것이다. 브루그만과 메이스를 포함한 대부분의 주석가들은 이 시편 가운데 77:13-19만이 찬양이라고 말한다. 그런가 하면 테이트(Tate)는 13-19절은 계속적으로 고통에 빠져 있는 시인의 명상이라고 한다.[16] 따라서 7-9절의 질문에 독자들은 대답하여야 할 것이다. 77편이 제기하는 문제

---

13) E. Leslie, *op. cit.*, 238.

14) W. Brueggemann, *Israel's Praise Against Idolatry and Ideology*(Philadelphia: Fortress, 1988), 138.

15) W. Brueggmann, *op. cit.*, 140.

16) M. Tate, *op. cit.*, 275-276.

를 해결해야 할 것이다. 어느 시대든지 하나님의 백성은 하나님이 통치하지 않는 것으로 보이는 때도 하나님의 통치를 선포하여야 한다. 테이트는 전체적인 흐름으로 볼 때 1-10절이 11-20절과 연속적이지 않다고 지적한다. 맞는 말이다. 하지만 1-10절은 우리의 의심과 공포의 표현으로 볼 수 있다. 성숙한 신앙에도 항상 의심이 따라 온다. 77편은 우리가 기억하는 희망의 백성임을 상기시킨다. 그러나 실망 속에서도 충성된 자들은 하나님의 과거 구원의 사건을 미래의 희망이라고 기억할 것이다.

시편 79편 ● 예루살렘을 위하여 자비 베푸실 것을 애원(아삽의 시)

79편은 공동체 애가이다. 예루살렘 성전을 공격하고 파괴하는 것을 배경으로 하는 노래이다. 이방인들의 공격의 배경은 르호보암 왕 때와 마찬가지로 성전 제물을 약탈하기 위한 것이다(왕상 14:25-26). 이 공격을 방어하는 과정에서 이스라엘 사람들의 목숨을 잃었다. 이 시편의 저작 시기는 에스라 시대(397 BC)에서 알렉산더 대왕 시기(331 BC) 사이였을 것이다. 이 시편은 요엘 3:4-8에 나오는 사건을 배경으로 한다. 이 사건은 바로 두로와 블레셋의 무역 상인들이 예루살렘 성전의 제물을 약탈한 사건이다. 그들은 약탈한 제물을 그들의 성전으로 옮겼다. 2-3절이 마카비 7:17에 나타난 것을 보면 이것이 벌써 성서로 읽히고 있었음을 알 수 있기 때문에, 이 시편을 마카비 시대의 것으로 보기는 힘들다.

79편은 구체적인 옛 사건들과 관련 있다. 그러나 하나님의 백성에게 역사는 계속 타당성을 지닌다. 79편은 요한계시록 16:6에도 언급되어 있다. 이 시편은 또한 비시고츠(Visigoths)가 로마를 침범할 때 제롬(Jerome)이 인용하기도 했다. 제16-17세기 구라파에 종교적 충돌이 있을 때 고통 속에서 이 시편을 암송했다고 한다. 시대마다 하나님의 백성은 고통 속에서 이 시편을 인용하면서 "하나님이 어디 있느냐?" 하고 질문을 했다. 오늘날도 우리는 악이 성할 때 하나님이 어디 있느냐 하는 질문을 하게 된다. 이러한 상황에서 79편을 읽으면서 신앙적 입장에서 고통을 바라볼 수 있다. 이 시편 시인은 아주 어려운 상황 속에서도 희망을 잃지 않았다.

하나님의 백성이 고통을 당할 때 하나님은 통치하시지 않는다는 유혹을 받기 쉽다. 그러나 79편의 시인은 아주 어려운 상황 속에서도 하나님의 통치를 계속 부르짖는다. 이러한 고통의 경험을 통해서 예수님의 고통을 우리는 새롭게 이해할 수 있다. 핍박과 고통의 경험을 통해서 우리는 하나님의 사랑과 안위를 받는다.

시편 80편 ● 이스라엘의 회복을 위한 기도

(아삽의 시, 지휘자를 따라 소신님 에듯에 맞추어 부르는 노래)

80편은 공동체 애가의 시이다. 이 시편은 북왕국 이스라엘에 기원을 두고 있다. 북왕국 이스라엘에 기원을 둔 시편은 45, 77, 80, 89, 133편 등이 있다. 시인은 북왕국 이스라엘에 속하는 지파, 곧 야곱의 두 아들인 에브라임과 므낫세 그리고 요셉이 사랑하는 동생 베냐민 등이다. 이 시편의 기원은 북왕국 이스라엘이 무너질 당시이다(721 BC). 시인은 북왕국의 국가적 재난을 생각하면서 이 노래를 불렀을 것이다. 그러나 북왕국에 기원을 두는 시편과 남왕국 유다에 기원을 두는 시편에는 내용상 거의 차이가 없다. 그리하여 예루살렘에서 편집 작업을 할 때 별 어려움 없이 북왕국 이스라엘 시편을 받아들였다.

존 칼빈(John Calvin)은 80편을 감상하며 다음과 같이 이야기한다.[17] "80편은 슬픈 기도이다. 이 기도에서 충성된 자들이 하나님께서 고통에 빠진 교회를 구원해 달라는 청원의 기도를 드린다"(1절). 80편은 슬픔의 기도이나 칼빈이 제시하듯이 신앙과 희망의 기도이다. 즉 이 시편은 종말론적

---

17) John Calvin, *Commentary on the Book of Psalms*, Calvin Translation Society, Vol. 3(Grand Rapids: Baker, 1981), 295.

이다. 어려운 재난 속에서 하나님의 백성은 하나님이 통치하신다는 종말론적 전망의 고백을 한다(1–2절). 신앙의 행동으로서 하나님께서 이런 어려운 상황을 변화와 회복을 가능케 한다는 희망의 행동이다(롬 8:24–25, 히 11:1).

포로기와 그 후기에 하나님의 백성은 정치 현상을 통하여 그들의 미래가 회복될 것이라는 희망을 품었다. 국가와 왕권 회복이라는 희망이다. 그러나 그러한 희망은 실망을 가져왔다. 그리하여 먼 미래에나 이러한 비전이 실현될 것이라고 기대하였다. 하지만 이러한 비전은 예수 그리스도를 통해 재현되었다(마 2:6). 마태복음이 메시아 비전을 말할 때 미가 5:2를 인용한 것으로 보아 예수 그리스도 메시아 비전은 역사적으로 연결되어 있다. 즉 예수 그리스도께서 하나님의 통치를 지속시킨다는 것이다(시 80:8–13). 80편과 같이 예수의 제자들은 예수님이 세상의 빛이 되시어 우리의 삶을 회복시킨다고 믿었다. 80편의 기도와 같이 기독교인들도 어려운 상황에서 하나님의 통치가 실현되기를 고대한다.

모든 상황에서 도움을 구하는 고대 이스라엘의 기도와 같이 우리도 하나님을 직면하며 도움을 구한다. 80편을 보면 사람들은 별 생각도 없고 활동도 하지 않는 분으로 하나님을 생각한다. 그러나 하나님은 그러한 분이 아니다. 하나님은 고통과 죽음 문제뿐만 아니라 동시에 축복하시고 번영하게도 하신다. 하나님의 백성을 깨우치기 위하여 그분의 구원이 더딜 뿐이다.

80편은 하나님이 세상에 오시는 대림절과 관계가 있다. 즉 이것은 하나님의 주권을 말한다. 하나님께서 예수 그리스도를 통해서 생명과 빛으로 오신다는 것이다. 대림절은 준비하고 회개하는 절기이다. 80편은 우리의 삶이 하나님이 주시는 회개의 은총에 의존한다는 것이다(14절). 여기서 하나님의 회개는 생명을 주시는 하나님의 사랑을 가리킨다.

시편 83편 • 벽에 부닥친 운명(아삽의 찬송시)

83편은 공동체 애가이다. 이 시편은 느헤미야 시대(444 BC)에서 알렉산더 대왕 시대(331 BC) 사이의 것으로 추정된다. 하나님의 백성이 고통 속에서 드리는 절망적인 탄원이 이 시편의 시작이다. 묵묵히 계시지 말고 침묵을 지키시지 말고 깨어나셔서 도와 달라고 하나님께 외친다(1절). 1절에서 시인은 세 가지 탄원 기도를 드린다(시 28:1, 35:2, 109:1). 시인은, 지금 이스라엘이 적으로 포위되어 있지만, 하나님께서 시인과 이스라엘의 기도를 들어주실 것이라고 확신한다. 이 시편의 시대적 배경은 바빌론 포로 후기이다. 이 시인은 하나님의 저주가 적의 전멸을 가져올 것이라고 믿는다. 그들을 바람에 날리는 검불처럼 만들어 달라고 애원한다. 이러한 저주와 함께 가장 높으신 주님을 찬양하고자 한다.

83편의 분위기는 종말론적이다. 이 시편은 역경 속에서 온 땅에 하나님의 통치가 이루어지기를 바라는 기도이고 또 그 속에는 깊은 신뢰가 담겨 있다(18절). 온 세상에 주님만이 통치하심을 알게 해달라는 기도이다. 폭행을 일삼는 자들로부터 구원해 달라는 기도이기도 한데, 특이한 점은 폭행의 언어와 상징을 사용한다는 것이다. 이렇게 표현이 특이하여 무척 인상적이다. 따라서 가해자를 대하는 피해자의 태도가 어떠해야 할까 하는 질문을 생각해 볼 수 있다(4, 12절). 16절과 18절이 말하는 것처럼 하나님의 백성이 원하는 것은 공의와 정의의 하나님이 통치하는 일이다. 그러나 82편과 83편을 보면 억압자들은 그리 쉽게 포기하지 않는다. 이집트의 바로도 쉽사리 이스라엘 백성을 노예에서 해방시키지 않았다. 근래 세계 역사에서도 그런 예를 찾아볼 수 있다. 남아프리카 공화국의 백인 소수 정권이 흑인들에게 정권을 내주지 않았던 것을 우리는 잘 안다. 오랜 투쟁과 국제적 압력으로 흑인 다수가 백인으로부터 독립하여 정권을 되찾았다.

이러한 맥락에서 억압받는 사람들은 정복자 하나님이라는 은유를 사용한다. 이러한 은유는 폭행과 억압이 판치는 상황 속에서 이해할 수 있다.

억압자들에게 하나님의 복수를 행하는 것은 위험한 일이 아닐 수 없다. 그리하여 83편 시인은 하나님의 백성은 겸손한 행동을 취하여야 한다고 주장한다. 어떤 학자들은 83편처럼 폭행과 복수의 언어가 가득한 기도는 기독교인들이 사용하기 힘들다고 말하기도 한다. 하나님의 통치에는 항상 반대세력이 있기 마련이다. 83편은 하나님의 통치 안에 사는 사람들은 하나님께 복수를 맡겨야 한다고 말한다. 오늘날과 같이 폭행과 억압이 가득 찬 세상에서 하나님의 백성은, 복수는 하나님의 것이라고 믿고 나가야 한다. 그리하여 83편과 예수님의 기도처럼 "당신의 나라가 임하시며, 당신의 뜻을 이루소서" 하고 기도해야 할 것이다.

시편 90편 • 하나님의 영원하심과 인간의 연약함
(하나님의 사람 모세의 기도)

90편의 표제어는 '모세의 기도'이다. 그러나 이 표제는 모세 저작설을 주장하는 것이 아니라 오경 속의 모세 이야기를 배경으로 90편을 이해하자는 제안이다. 후리만(Freeman)은 90:13과 출애굽기 32:12의 공통점을 지적한다.[18] 출애굽기 32:12에서 모세는 하나님께 진노를 거두어 달라고 탄원한다. 90편의 시인은 바로 출애굽기 32:12를 시적으로 기록한 것이다. 시인은 모세가 어려운 상황에서 어떻게 하나님과 관계를 맺었는지를 명상하면서, 그가 현재 직면하고 있는 고통을 시적으로 표현한다. 그러나 근래 학자들은 이 시편을 출애굽과 관계가 없는 것으로 본다. 레슬리(Leslie)는 90편을 회중의 연중 참회 예배를 위한 애가의 기도로 본다.[19]

90편 자체가 하나의 신학적 명상이다. 하나님의 활동과 시간이 인간의 활동과 시간을 좌우한다는 것이다. 우리가 이 세상에서 사는 날은 그냥 지

---

18) D. N. Freeman, "Other Than Moses, Who Asks (or Tells) God to Repent," *Book Review 1* (Winter, 1985), 59.

19) E. Leslie, *op. cit.*, 250.

나가는데 단지 인내한다고 사는 것이 아니라는 것이다. 왜냐하면 하나님은 영원하시고 인간에게 신실하시기 때문이다. 영원하신 하나님이 존재하시고 활동하시기 때문에 이 세상에서 사는 우리 인간의 삶에 의미가 있고 목적이 있다는 것이다. 곧 90편은 결단을 촉구하면서 그분께 찬양한다. 우리는 하나님께서 주신 시간에 맞추어 충실하게 살아가야 영생을 얻는다는 것이다(요 3:14-17). 용서하시는 하나님의 사랑을 굳게 믿어 영생에 이른다. 그러므로 90편은 행동이 아무런 소용이 없다고 가르치지 않는다. 신앙의 행위를 가르친다. 우리 인간이 살아간다는 것 자체가 희망의 행동이라는 것이다. 하나님께서는 당신의 뜻을 이루시는 분이라고 이 시편 시인은 믿는다(14-17절). 이 시인은 우리 손으로 하는 일이 결실하리라고 믿는다(17절).

90편은 또한 사랑의 행위를 말한다. 하나님 안에서 과거 세대와 친교하면서 안식을 찾는다는 것이다(1절). 또 미래 세대와 함께 하나님의 사업이 계승되어 나갈 것이라는 것이다(16절). 90편에 의하면, 죄와 죽음은 피할 수 없는 실재이다. 우리가 일생 성취한 일은 그저 꿈같기에 우리는 믿음과 희망으로만 구원을 받는다는 것이다. 그러므로 우리는 실망하지 않고 계속 신앙으로 살아간다.

90편은 우리의 삶이 실망에서 희망으로 전환한다고 말하기 때문에 우리는 장례식을 치룰 때에도 하나님의 주권을 신뢰하며(1-2, 16절), 희망을 갖는다. 이 시편의 시인은 하나님의 구속적 사랑은 인간의 죄보다 크다고 믿는다. 기독교인들은 부활의 신앙을 통해 하나님에 대한 신뢰를 재확인한다. 사도 바울이 증거하듯이 "여러분이 아는 대로 여러분의 수고가 주님 안에서 헛되지 않는다"는 신앙으로 하나님의 일을 해나가는 것이다.

시편 94편 • 하나님은 공의로운 사람들의 복수자

94편의 명상을 시작하기 전에 94편에 대한 서론적 말씀을 드리기로 한다. 『시편 해석』에서 94편을 두 부분으로 분리하여 주석을 시도했다. 첫째 부분 94:1-15를 공동체 애가의 시로 분류하고, 둘째 부분 94:16-23을 거짓 증언으로 비난받는 자의 기도로 분류했다. 그러나 여기서 이 시편을 두 부분으로 분리하지 않고, 하나의 시편으로 분류하기로 한다. 시편 94:1-15는 하나님께 도움을 구하는 공동체 애가이다. 특히 1-7절은 전형적 애가이다. 8-15절에서는 그 초점이 하나님께보다는 어리석은 사람(8-11절)과 의로운 사람(12-15절)에 맞추어져 있다. 한편, 94:16-23은 공동체 애가가 아니라 거짓으로 고발당한 사람을 변호하는 기도로 볼 수 있다. 다후드(Dahood)는 일반적으로 94편을 공동체 애가로 보나 오히려 감사 시편으로 보는 것이 적절하다고 주장한다.[20] 94편의 본래 의도는 겉으로 분명하게 드러나 있지 않지만, 실제로 하나님의 정의로운 통치자를 선포하는 것이라고 볼 수 있다.

94편의 내용을 읽으면 하나님께서 세상을 통치하지 않고 악인이 번성하여 세상을 통치하는 것으로 보인다. 이 시편의 시인은 악인들의 활동을 잘 알고 있다(3-7, 13, 20-21절). 그러나 시인은 하나님께서 통치하시고(1-2, 8-15절), 또한 하나님께서 그의 백성에게 도움과 희망을 준다고 선포한다(16-19, 22-23절). 이러한 신앙은 종말론적이다. 하나님의 통치를 거부하는 상황에서 그분의 통치를 선포하는 신앙이다. 그러므로 독자는 악인의 주장을 믿든지 아니면 행복(12절)과 위로와 피난처되시는 하나님을 선택하든지 하여야 할 것이다.

메이스(Mays)의 주장처럼, 이 시인은 예언자의 신념과 목회자의 음성을 둘 다 지니고 있다.[21] 예언자와 같이 이 시인은 불의를 제거해달라고 하나님께 요구하고 악인에게 벌을 내리시라고 요청한다(23절). 그러나 좀 더 자세히 읽어보면 이 시인은 목회자로서 실망하고 상처 받은 사람들을 격려하고 지원하라고 한다. 94편은 오늘날의 목회자들에게 좋은 표범이 될 것

---

20) M. Dahood, *Psalms I*, 361.

21) J. L. Mays, *Psalms*, Interpretation, 304.

이다. 사회의 죄악상을 믿지 않고 또 제도적 억압을 부인하는(20-21절) 목회자들에게 좋은 표범이 될 것이다. 이 시편이 제안하듯이 하나님이 통치하신다는 선언에 목회의 바탕을 두어야 할 것이다. 이러한 선포와 초청은 예수님의 공생활의 본질이다.

이런 상황에서 주의 깊게 생각하여야 할 것은 심판하지 않는 심판을 선언하는 일이고 또한 복수 없는 복수를 선언하는 일이다(1-2절). 이 시편 저자는 심판과 원수 갚는 일은 하나님의 일이라고 말한다(시 32:35). 죄가 판치는 현대 사회에서 심판과 원수 갚는 일은 피할 수 없다. 그러나 우리는 하나님이 세상을 통치하시고 또 판결은 정의를 따를 것이라는 신념 밑에 악과 원수의 문제를 해결하여야 할 것이다.

시편 108편 ● 승리를 위한 찬양과 기도(다윗의 찬송가)

108편은 공동체 애가이다. 하지만 이 시편은 본디 두 개의 독립적 시편을 하나로 묶은 것이다. 7-13절은 60:5-12에서 온 것이다. 이 부분은 분명히 공동체 애가이다. 한편, 1-5절은 57:7-11에서 왔다. 57:7-11은 본래 거짓으로 고발당한 사람이 성전에서 밤을 새워가며 도움을 구하는 기도이다. 108편은 전체적으로 볼 때 애가임이 분명하다.

107편과 같이 108편은 활기 있는 삶을 묘사한다. 앨렌(Allen)이 지적하듯이 108편은 하나님의 백성의 경험을 새로운 상황에서 새롭게 적용하고 있다.[22] 여기 108편의 경우를 보면, 57편과 60편을 종합한 이 시편은 바벨론 포로기 후에 새로운 역할을 한다. 108편에는 하나님의 백성의 삶이 박력이 넘치는 힘으로 나타난다. 이 시편은 고통 속에서 필요한 것은 도움이라고 가르친다(시 107편). 한마디로 말하면 108편은 전체 시편과 같이 종말론적이다. 왜냐하면 이 시편은 하나님의 도움이 절대적으로 필요하다고 강조

22) L. C. Allen, *Psalms 101-150*, 70.

하기 때문이다(시 2, 57, 60, 93, 95, 96, 97, 98, 99편). 즉 인간의 삶과 하나님의 백성의 삶은 궁극적으로 하나님께 의존되어 있음을 고백한다(12-13절).

57:7-11을 가져와 108편의 시작으로 삼은 것은 아주 훌륭한 시적 착상이다. 이 시들의 예술성에 영감을 받아 번스타인(Bernstein)은 108:2를 중심으로 그의 취체스커(Chichester) 시편 제1장을 창작하게 된 것이다. 번스타인은 100편과 108:2를 종합하여 하나님께 의존하는 일(시 100:3)과 하나님의 한결같은 사랑과 신실하심을 아름답게 표현한다(시 100:4-5). 번스타인의 음악은 시편의 하나님의 백성의 새로운 삶의 환경 속에서 적응됨을 시사한다.

시편 137편 ● 예루살렘 파괴에 대한 애가

137편은 공동체 애가로서 바빌론 포로생활과 관련된 노래이다. 시인은 바빌론 포로생활을 생생하게 기억하고 있다(1절). 바빌론 강변과 그곳에서 흔히 볼 수 있는 버드나무를 말하는 것으로 보아 이 시편의 배경은 바빌론 포로기인 것으로 추정된다. 크라우스(Kraus)는 시편 전체에서 137편만이 저작 시기를 분명하게 알 수 있는 작품이라고 주장한다.[23] 한편, 다른 일부 학자들은 이 시편이 포로기 이후에 예루살렘에 돌아와서 노예생활의 고통을 회고하면서 창작된 것이라고 한다.[24] 3절에 "거기에서"라는 표현을 쓴 것을 브면, 시인의 현재 위치가 바빌론이 아닌 것같이 보인다. 이 시편은 예루살렘 함락 당시의 성전 파괴를 회고하는 아빕월 9일이 되는 날의 금식 예배를 위하여 창작된 것으로 보인다.[25]

137편은 노래하는 시편이다. 이 시편의 7-9절을 제외하고는 모두 노래로 가득 차 있다. 또한 예배 의식에 사용되었다. 그러나 이 시편은 결론을

---

23) H.-J. Kraus, *Psalms 50-150*, 501.

24) J. C. McCann, *The Book of Psalms*, 501.

25) E. Leslie, *op. cit.*, 256.

포함해서 기도와 우리 자신과 하나님에 대해서 많은 것을 가르친다. 아주 어려운 상황과 깊은 슬픔과 격심한 분노 속에서 어떻게 행동할 수 있을까를 가르친다. 즉 고통에 대한 경험을 망각하면 충성스럽게 살고 또 다시 사는 것이 불가능해질 것이다. 이러한 전망에서 8-9절에 시편저자가 폭발적 발언을 함에 심리적·신학적 필요성이 있을 것이다. 이 시편 저자는 예루살렘을 향한 충성심으로 원수를 갚는 욕망을 표현한 것이 없다. 이 시인은 하나님께 대한 느낌을 표현했을 뿐이다(7절). 예루살렘 파괴에 대한 분노를 에돔 사람에게 향한 것보다는 하나님께 그 애통한 슬픔을 표현했다는 것이다. 이 시인은 원수를 갚는 욕망을 표현한 것이 없다는 것이다. 하나님께 그 분노를 표현했을 뿐이고 모든 문제를 하나님께 맡겼다는 것이다.

137편 전체를 볼 때 목회자의 진정한 기도같이 보인다. 기도를 한다는 것은 우리 자신의 욕망을 바치는 것이다. 기도는 하나님이 우리를 사랑한다 함을 아는 것이다. 137편의 이러한 측면은 성육신 개념을 말하는 것이다. 우리 인간이 모두 원수 갚음에 나설 가능성이 많다. 그러나 좋은 소식은 하나님이 우리를 사랑하고 선택하여 사명을 주신다. 그 사명이 원수를 용서하는 것이다. 이것이 우리 신앙생활에 중요한 첫째 단계이다. 이사야는 포로기와 그 후기 이스라엘의 사명은 모든 나라에 빛이 되어 주님의 구원의 은혜를 전하라는 것이다(시 40:1-2, 49:6). 원수 갚는 욕망을 인류를 구속하는 사명으로 전환하라는 것이다.

137편은 제2차 세계대전 때 유다사람들의 대학살 희생자들을 상기시킨다. 홀로코스트 희생자며 생존자 엘리 위젤(Elie Wiesel)은 그의 일생을 바쳐 세상이 이 대학살을 기억하도록 노력한다. 위젤은 침묵의 기억은 묵인할 수 있으나 기억의 침묵은 묵인할 수 없다고 한다. 즉 홀로코스트를 침묵으로 대할 수 있으나 중요한 것은 그 참혹한 대학살을 기억함이 중요하다는 것이다. 기억한다는 것은 모든 백성을 위해서 하나님의 삶의 목적에 충성하며 사는 것이다. 이러한 역사적 악행을 기억하면서 자비, 사랑을 베풀어 다시는 우리 인간 역사에서 대학살이 반복되면 안 된다는 것이다.

죽음의 고통과 삶에 대한 희망은 기독교인들은 주님의 성만찬 예식에서 예수님의 말씀을 기억하는 것이다. 즉 '나를 기억하여 이 성찬을 행하라'(눅 22:19). 예수님의 십자가 희생을 생각함은 고통스럽다. 왜냐하면 예수님의 죽음이 관계되기 때문이다. 그러나 우리는 예수님의 죽음에서 희망을 갖는다. 주님의 죽으심은 그가 다시 오실 때까지 기억하고 선포되기 때문이다(고전 11:26).

제7장

왕에 관한 시편

(시 18, 20, 45, 61, 63, 89, 144편)

바빌론이나 이집트의 군주들과 마찬가지로 히브리 군주들도 그 나라에서 특별한 위치를 차지한다. 군주는 모든 특권과 권리를 소유하고 있다. 하나님께서는 군주들을 통하여 복을 내린다는 것이 일반적인 생각이다. 왕에 관한 시편들을 취급하면서 특히 히브리 신년 예배 예식에서 군림하는 군주에 대한 시편들을 고찰하고자 한다.

히브리 왕도 성전 예배에서 중요한 자리를 차지했다. 다윗 왕(삼하 6장)과 솔로몬 왕(삼상 6장)은 국가 공동체 예배에 깊은 관심을 가졌다. 이 전통이 후기 군주들에게도 큰 영향을 주었다. 솔로몬이 지은 성전은 본래 군주를 위한 개인 예배 장소였다. 그러나 점차적으로 신명기 개현을 통하여 남왕국 유다의 공중 예배 장소가 되었다. 히브리 성전 예배에 군주가 참석할 때는 그 분위기가 매우 찬란했다.

왕에 관한 시편들 가운데 18편은, 왕의 전쟁 승리를 감사하는 예배를 위한 것이다. 20편과 144편은 군사 원정 전에 왕의 승리를 기원하는 공중 중재 예배를 위한 시편이다. 61편은 왕의 병 고침을 구하는 탄원시이다. 63편은 질병과 적들의 위협 때문에 밤에 성전에서 하나님의 계시를 구하는 시이다. 89편은 군주가 군사적 패배 후 드리는 공동체 애가이다.

시편 18편 • 승리에 대한 왕의 감사

(지위자를 따라 부르는 주님의 종 다윗의 노래)

18편은 시편 중 매우 긴 시편에 속하며, 동시에 구조적으로 복잡하다. 이 시편에 '다윗의 노래'라는 표제가 나오고, 또 18편과 사무엘하 22장이 매우 흡사한 점으로 미루어 보아, 이 시편은 왕족 시편으로 볼 수 있다. 왕이 어려운 상황에서 구출을 받고 감사의 노래를 드리는 것이다. 사무엘상 22장과의 밀접한 관계라든지, 그 사용된 언어와 문장 구성으로 보아 다윗 시대에 기원하는 것으로 볼 수 있다. 다후드(Dahood)는 이 시편의 다윗 저작설을 주장한다.[1] 사무엘상 22장과 시편 18편이 다윗을 저자로 말하고 있다는 것이다.[2] 또 이 시편 자체에 다윗이 저자라는 것을 반증할 만한 것이 없기 때문에 다윗이 저자라는 것이 가능하다. 그러나 다윗의 후손들이 전쟁에서 승리한 후 이 시편을 사용했을 가능성도 많다. 게르스텐부르거(Gerstenburger)는 바빌론 포로기 이후를 그 기원으로 본다.[3] 하나님의 현현(7-15절)과 왕권 전통으로 보아 후기 유다 공동체의 회당 예배에서 메시아 감사 노래로 사용되었을 것이라고 한다. 이러한 맥락에서 18편의 의도는 어려운 상황에 처한 공동체가 희망을 포기하지 않고 계속 하나님을 의지하고 공동체를 유지하도록 했다는 것이다.

매캔(McCann)은 이 시편이 종말론적 경향을 띠고 있다고 지적한다.[4] 18편이 고대성을 띠고 있으나, 유다 공동체가 포로기 이후 이스라엘 왕이 없는 상황에서 사용되었을 가능성이 높다. 어려운 상황 속에서도 여전히 하나님을 모든 나라 위의 주권자로 선포하며, 자신들의 신앙을 유지하도록 하기 위함이었을 것이다.

---

1) M. Dahood, *Psalms I*, 104.

2) *Ibid*.

3) E. S. Gerstenburger, *op. cit.*, 100.

4) J. C. McCann, *op. cit.*, 746.

만일 18편을 다윗과 그 후손이 군사적 승리 후 군주가 드리는 감사시로만 본다면, 이 시편은 단지 박물관에 방치될 유물에 지나지 않을 것이다. 게르스텐부르거(Gerstenburger)는 18편이 포로기 이후 유다 공동체에게 희망을 주려고 저작되었을 것이라고 제안하는데, 그렇다면 이 시편에 등장하는 희망은 다윗 왕권에 희망을 둔 모든 공동체에도 적용할 수 있을 것이다. 이 시편의 근본 의도는 하나님의 뜻에 대한 신앙 고백이고, 억압을 이겨나가기 위한 능력의 추구이다. 이 시편은 시작부터 찬란한 은유로 하나님을 묘사하면서 하나님께 초점을 두고 있다. 18편의 다윗과 후손들은 그런 하나님의 통치를 실행하는 대행자들이다. 그러므로 18편은 우주적 하나님의 통치에 대한 강한 증언이다. 이러한 신앙의 바탕에서 희망을 갖게 되는 것이다.

포로기 후기뿐만 아니라 어느 때이든 항상 악의 세력이 흥할 때 하나님의 주권을 주장할 수 있다(4–5절). 이 시편은 2편과 같이 종말론적이다. 포로 후기뿐만 아니라 오늘날에도 하나님께서 통치하신다고 고백하기는 쉽지 않다. 그러나 예수님은 하나님의 나라를 선포하셨다(막 1:14–15). 따라서 교회도 하나님의 주권을 희망의 근본을 삼고 선포해야 한다. 우리는 우리의 신앙 선언과 죄악으로 점철된 우리의 삶 사이에는 항상 큰 괴리가 있음을 인정한다. 하지만 하나님이 완전한 길이요 진리이시기 때문에 신뢰해야 한다. 우리는 증오와 욕심을 따를 것이냐, 그렇지 않으면 사랑의 하나님을 따를 것이냐 결단하여야 한다. 사랑의 하나님은 무엇보다도 먼저 신뢰할 수 있는 피난처이시다. 그러므로 우리는 18편의 군주나 예수 그리스도를 따라서 전쟁보다는 평화를 이루기 위해 분투해야 할 것이다. 결국 우리가 할 수 있는 질문은 누가 세상을 통치하느냐 하는 문제이다. 이 시편 시인은 끊임없이 희망을 품고 어려움을 극복해 나간다. 여기에 예수님의 말씀이 참으로 적절하다. 예수님이 말씀하기를 '나는 평화를 너희에게 준다. 내가 너희에게 주는 평화는 세상이 주는 것과 같지 않다. 너희는 마음에 근심하지 말고, 두려워하지도 말아라'고 하셨다(요 14:27). 예수님께서 떠나실 때 하신 말씀은 이렇다. "너희는 세상에서 환난을 당할 것이다. 그러나 용기를 내어라. 내가 세상을 이겼다"(요 16:33). 18편 시인은 43-50절에서 하나님은 사랑의 목적을 성취하실 것이라고 신앙 고백한다. 특히 50절에서 시인은 하나님은 "한결같은 사랑을 영원무궁하도록 베푸시는 분이시다"라고 결론을 내린다.

시편 20편 ● 승리를 위한 기도(지휘자를 따라 부르는 다윗의 노래)

20편은 왕의 시편으로 왕의 전례식문이다. 9절을 보아 왕이 출전하기 직전에 올리는 기도로 보인다. 또한 기도와 제사를 아울러 드린다(왕상 8:44-45, 삼상 7:9, 13:9-12, 대하 20:4ff.를 참조하라). "기름을 부으신 왕"(6절)과 또는 "우리의 왕에게"(9절)라는 왕에 관한 표현들로 보아 이 시편이 왕의 시편임을 분명하게 나타낸다. 그러면 이 시편의 기원과 배경은 무엇일까? '시온의 성전'이라는 표현은 성전 예배와 관계가 있는 듯하고 또 '곡식 예물'(3절), '도움을 위한 왕의 기도'(1, 4-5절)는 시온의 성전 예식과 연관이 있음을 말해준다. 이러한 단서들을 종합해 볼 때 다음과 같은 결론에 도달한다. 즉 왕의 출정에 앞서 전쟁의 승리를 원했고, 백성은 왕의 승리를 위해서 기도했다는 것이다(1-5절). 왕과 백성은 하나님께서 보호해주실 것이라고 확신한다.

20편의 삶의 자리에 대하여 학자들 간에 많은 논의가 있다. 여기서 중요하게 지적할 수 있는 것은 매캔(McCann)의 주장처럼, 이 시편은 어떤 특정한 왕에 초점을 둔 것이 아니라 하나님께 그 초점을 두고 있다.[5] 왕의 중요성을 무시하는 것이 아니다. 단지 주인공은 하나님이시라는 것이 시편이 말하려는 점이다. 포로기 이후 잃어버린 왕권을 후세에게 물려주려고 했던 것이 아니다. 오히려 이 시편을 통하여 당신의 백성을 구원하시는 하나님

---

5) J. C. McCann, *op. cit.*, 775.

의 능력을 증언하고자 했던 것이다.

한편으로 보면 20편은 고대 유다 정치 선전에 지나지 않는 것으로 보인다. 즉 '하나님이 우리 편이고, 또 하나님이 꼭 승리하게 하신다'라는 태도이다. 종교인들의 이런 호전적 태도는 과거나 현재나 똑같이 등장한다. 위험한 생각이다. 적과 전쟁을 벌일 때 하나님께서 개입하여 승리하게 하실 것이라는 생각은 정말 위험하다.

그러나 20편을 좀 더 자세히 검토해보면, 주역은 왕이나 백성이 아니고 하나님이다. 그리하여 메이스(Mays)는 다음과 같이 결론을 내린다.[6)]

성서는 권력을 가진 자를 위해 기도하라고 교회에게 말한다. 왜냐하면 그들의 권력은 하나님으로부터 왔고 또 하나님께 의존하기 때문이다. 우리의 뜻이 하나님의 뜻이라고 생각지 말고 하나님의 통치 안에서 살아야 한다. 하나님의 종은 공의와 사랑을 중심으로 살아야 한다. 사실 20편을 자세히 읽어보면 이 시편이 반군사적이고 또 전쟁에 반대하고 있다는 점을 알 수 있다. 우리의 뜻이 하나님의 뜻이라고 가정하지 말고 우리의 뜻을 하나님의 뜻에 복종시킨다는 말이다. '당신의 나라가 임하시고 또 당신의 뜻을 이루소서' 하는 주님의 기도가 우리의 목표가 되는 것이다.

기독교는 전통적으로 20편을 기독론적으로 해석해왔다. 특히 6절을 중심해서 그렇게 보았다. '기름 부으심을 받는 왕에게 승리를 가져올 것이라'는 구절은 메시아를 지적해서 말한 것이다. 즉 예수 그리스도의 오심을 예언한 것으로 볼 수 있다. 메시아 예수님은 폭력을 피하고 하나님을 신뢰하며 복종하는 가운데 사명을 완성한다는 것이다. 이 시인은 7절에서 '우리는 주님 우리의 하나님을 신뢰한다'고 고백한다.

6) J. L. Mays, *Psalms*, Interpretation, 103.

시편 45편 ● 왕의 혼례식 노래(지휘자를 따라 소산님에 맞추어 부르는 고라 자손의 노래, 마스길, 사랑의 노래)

45편은 왕을 위한 노래이다. 이 시편은 왕이 왕후를 맞이하는 결혼식을 축하하는 노래이다. 왕에 대한 존경심과 열정으로 성전 시인이 창작한 것으로 보인다. 그러면 세속적인 시가 왜 '시편'에 포함되었는가 하는 질문을 제기할 수 있다. 포로기 이후에 왕권이 사라지고 왕국이 회복되지 않게 되자, 유대인들은 이 시편을 메시아 기대라는 견지에서 바라보게 되었다(히 1:8-9, 시 45:6-7). 아마도 메시아에 대한 메시지 때문에 시편에 포함된 것으로 보인다. 이렇게 45편은 세속적 노래가 아니라고 해석한다. 그는 하나님의 주권을 대표하는 하나님의 아들이기 때문이다(시 2편). 6절에서 왕은 하나님에게나 걸맞는 언어로 추앙받는다. 하나님은 왕의 삶뿐만 아니라 그의 미래와도 밀접하게 관련되어 있다. 왕은 하나님의 정책을 수행하는 대변인이며, 하나님의 뜻을 실현하는 사람이다(4, 6-7절). 그러므로 왕의 혼례식은 하나님 왕국에 중요한 사건이다.

45편은 군주에 대한 고대 근동 이념의 흔적으로 또는 이스라엘의 정치적 선전용으로 볼 수도 있을 것이다. 그러나 45편 자체가 성서 안에 들어와 있기 때문에 정당한 정치적 권리는 무엇일까 생각해 볼 수 있는 계기가 되기도 한다. 이것이 중요한 이유는 사도 바울이 "권세들도 하나님께서 세워 주신 것입니다"라는 견해 때문이다(롬 13:1). 인간은 권력을 가진 사람에게 매혹을 느낀다. 따라서 정치적 지도자를 찬양하는 인간의 경향을 말하는 45편을 검토할 필요가 있다. 45편의 이러한 의도를 우리 독자들은 숙고하여 어떻게 생각해야 할지 결정하여야 할 것이다. 왕이 찬사를 받고 그의 삶이 아무리 화려하다 해도 그의 권세는 결국 하나님에게서 유래한 것일 뿐이다. 군주는 자기의 뜻이 아니라 하나님의 뜻을 실행하는 대행자라는 것이다. 그 하나님의 뜻은 충실성과 공의와 평등을 실현시키는 것이다(4-7절). 하나님의 뜻을 제대로 실현하지 못하면 자연적으로 그의 정치 권력도

상실할 것이라고 이 시편은 제시한다.

정치적 지도자들이 하나님의 뜻에 따라 행하는 원칙은 진리와 겸손과 공의(4절)이다. 만일 그들이 하나님의 주권에 따라 행하지 않으면 그들의 권력은 땅에 떨어지고 말 것이다.

45편은 유대교에서 메시아적 관점으로 읽었다. 바빌론 포로 후 군주 제도가 실패한 후 백성은 하나님이 뜻한 대로 통치하는 지도자가 나타나기를 고대했다. 초대교회도 이러한 지도자를 갈망하며 예수 그리스도를 하나님의 아들, 메시아로 여겼다(시 2:7). 초대교회는 나사렛 예수를 "하나님의 영광의 광채시요, 하나님의 본체대로의 모습"이라고 믿었다(히 1:3). 바로 예수님은 신실하신 하나님을 본받으신 분으로, 낮고 고통 받는 자들을 치유하고 세상의 질서를 바로 잡는 분으로 보았다. 메이스(Mays)는 예수님의 인격과 사역과 관련하여 이 시편을 전통적으로 그리스도를 향한 교회의 사랑 노래로 읽어왔다고 말한다.[7] 곧 45편은 예수님의 하나님 나라 선포와 우리 자신이 지녀야 할 충성을 말하는데, 그 충성이란 하나님의 통치를 선언하고 실행하는 것이다.

시편 61편 ● 하나님의 보호에 대한 확신

(지휘자를 따라 현악기에 맞추어 부르는 노래, 다윗의 시)

61편은 왕의 애가이다. 왕은 병으로 고생했던 것으로 보인다. "땅끝에서 주님을 부른다"라는 말은 그의 병의 심각성을 드러낸다(2절). 왕이 죽음의 세계 앞에 있음을 의미한다. 왕이 적에게 에워싸여 있었던 상황을 묘사하는 것인지도 모른다. 이러한 어려운 상황 속에서 이 왕은 하나님께 도움을 구하며 소리 높여 부르짖는다.

61편의 기원과 시대적 배경은 사실 분명하지 않다. 2절을 문자적으로

---

7) Mays, *op. cit.*, 182.

해석하면 시인은 아마도 노예생활을 하면서 기도드리는 것 같다. 일부 학자들은 2c-5절을 근거로 시인이 핍박받는 상황 속에서 성전을 피난처로 찾는 것이라고 한다. 그런데 6-7절의 기도를 보면 시인이 왕이었는지 사실 불분명하다. 1, 2c, 4절의 분위기와는 사뭇 다르기 때문이다. 따라서 6-7절이 포로기 이전 시대에 기원하는 것으로 본다면, 이 시편은 포로기 이후에 도움을 구하는 공동체 기도로 사용되었을 가능성이 높다. 반면에, 이 시편이 순수한 왕의 기도였다면 백성의 미래를 위하여 기도드리는 메시아 기도였을 수도 있다.

61편은 다른 시편들과 같이 탄원과 신뢰의 구절들이 같이 나열되어 있다. 이러한 두 요소가 연속적으로 나타나지 않고 동시에 같이 나타난다. 따라서 이 시편 속에서 우리는 종말론적 전망을 발견할 수 있다. 이 시편의 시인은 하나님의 주권을 부인하는 상황에서 하나님의 주권을 선포한다. 이런 상황에서는 항상 결단과 용기가 필요하다. 이 시편의 시인은 하나님의 주권 아래 살고 있으면서도(5, 8절) 또한 그 주권이 왕성히 실행되기를 기대하고 있다. 예수님은 하나님 나라를 선포하시면서 '하나님의 나라는 왔고 또 앞으로 완성될 것'이라고 언급하셨다. 곧 기독교인들은 십자가의 백성이면서 동시에 부활의 백성이다.

61편의 특수성은 테이트(Tate)가 제안하듯이 풍부한 은유이다.[8] 즉 우리 자신의 경험을 기도의 경험과 융합시키면 풍성한 영적 경험을 하게 된다는 것이다. 이러한 은유를 우리보다 강한 힘과 합칠 때 예상치 못한 큰 성과를 획득할 수 있다는 것이다. 곧 61편은 우리 자신보다 하나님을 믿으라고 격려한다. 하나님에 대한 신앙은 공동체와 같이 나눌 때 큰 성과를 얻을 것이다. 이러한 신앙생활은 세속적이고 개인적인 사회에서 도전이 아닐 수 없다. 인간은 항상 절망 속에서 하나님의 도움을 구한다. 벼랑 끝에 매달려 있는 인간이 하나님의 도움으로 다시 살게 된다. 61편의 희소식은 모

8) Tate, *Psalms 51-100*, 116.

든 상황에 적용할 수 있을 것이다. 우리 인간은 혼자 존재하지 않는다. 높으신 하나님의 현현이 힘이 되어 이끌어 주시고 또 힘을 주신다. 그 하나님의 힘이 우리에게 사랑과 충실성으로 임한다. 만일 우리가 이러한 좋은 소식을 받아들이고 신뢰한다면 이 시편 시인과 같이 "주님의 이름을 영원토록 노래하며, 내가 결단한 바를 날마다 이행해 나갈 것이다"(8절).

시편 63편 • 하나님의 현현으로 얻은 위안과 확신
(다윗이 유다 광야에 있을 때 지은 시)

학자들은 63편의 문학 양식을 다양하게 규정한다. 찬양의 노래(4절)라고 하기도 하며, 감사의 노래(5절), 개인 애가와 불평의 노래(1, 9-11절), 신뢰의 노래(7-8절), 또는 철야를 위한 시편(6절) 등으로 본다. 이 시편을 전체적으로 볼 때, 시인은 일관되게 하나님의 현현을 바라보고 있다. 이러한 학자들의 제안을 고려할 때, 이 시편은 여러 가지 다양한 정황에서 사용되었다고 볼 수 있다. 그러나 구체적으로 이 시편은 예루살렘 성전에서 왕이 부른 노래인 듯하다.

5절에 나오는 '입'이라는 말의 용도와 11절에 나오는 '입'의 용도가 대조적이다. 적의 입은 닫쳐 있는가 하면 이 시인의 입은 즐거운 찬양으로 열려 있다. 이 시인의 열린 입은 하나님을 향한 것을 상징한다. 하나님을 갈망하고 찬양하고 기도하는 열린 입이다. 열린 입은 생명의 하나님을 향한 열림을 말한다. 적의 입은 열리지 않아 하나님을 찬양하지 못한다. 하나님을 가까이 하지 못하면 죽음이나 마찬가지이다. 이 시편의 시인은 하나님을 찬양하며 하늘 나라에 들어가 모든 축복을 누린다는 것이다. 하나님께 입을 여는 사람을 3절은 이렇게 표현한다. "주님의 한결같은 사랑이 생명보다 더 소중하기에, 내가 입술로 주님께 영광을 돌립니다"(3절). 하나님과 가까이 산다는 것이 얼마나 중요한가를 강조한다.

63편의 메시지는 예수님의 말씀과 같다. 예수님은 "누구든지 제 목숨을 구하고자 하는 사람은 잃을 것이요, 누구든지 나와 복음을 위하여 제 목숨을 잃는 사람은 구할 것이다"라고 말씀하셨다(막 8:35). 이것이 바로 63편이 추구하는 것이다. 자기 자신을 절대시하지 말고 하나님의 주권과 통치를 중요시하고 사는 사람은 복을 받는다는 것이다.

시편 89편 ● 다윗과 하나님의 계약(에스라 사람의 마스길)

89편은 유다 왕국의 왕이 부르는 공동체 애가이다. 남왕국 유다의 군주가 군사적인 패배를 당한 것이 이 시편의 기원이다. 그 애가는 이 시편의 마지막 부분인 38-51절에 집중되어 있다. 이 애가를 지은 시인은 그 당시에 성전에서 사용되었던 두 기초 자료를 사용했다. 첫째 자료는 창조주이시고 세계의 통치자이신 하나님의 위대하심과 존귀하심을 찬양하는 찬송이다(5-18절). 1-2절은 찬송의 서론이다. 이 부분은 북왕국 이스라엘의 찬송 가운데 하나이다.[9] 이 시편이 창작되고 사용되었을 당시의 북왕국은 부강했다. 여로보암 2세가 군림하고 있을 때였던 것으로 추정된다. 분명한 것은 이 부분이 북왕국 이스라엘이 망한 기원전 721년 이전에 기록되었다는 것이다. 북왕국 이스라엘이 망할 당시에 89편은 베델에서 수집된 시편들 가운데 남아 있었을 것이다. 둘째 자료는 남왕국 유다의 왕에게 내린 예언자의 신탁이다(19-37절). 왕실을 찬양하는 신탁이 성전의 연주 목록 가운데 보존되었다. 성전 예배에서 예언자나 제사장이 주님의 이름으로 군림하는 군주에게 준 하나님의 신탁이다. 이 두 자료가 89편의 기초를 형성한다.

89편의 기원은 군주제도가 사라진 기원전 587년 이전으로 추정할 수 있다. 만일 그렇다면 89편을 기원전 587년 사건을 기록한 실록으로 볼 수도 있을 것이다. 그런데 어떻게 이 시편을 이렇게 중요한 시기에 편집했는

9) E. Leslie, *op. cit.*, 273.

지 참으로 흥미롭다. 시편 독자들에게 하나님의 도시가 파괴된 상황 속에서 하나님의 통치의 본질을 고찰하고 명상하라고 강요하는 듯하다. 이러한 질문들이 이 시편을 이해하는 데 중요한 단서가 될 것이다. 예루살렘 성전 파괴 후 하나님의 통치에 대한 신학적 입장은 어떻게 전개되었을까 궁금하다.

시편들을 읽으면 성전 파괴 후 하나님이 통치하신다는 신념을 단념하지 않았다는 사실을 알 수 있다. 1-2편부터 시작하여 많은 시편은 하나님의 주권을 주장한다(시 92, 95-99편). 89편과 그 외의 시편 속에 등장하는 공동체와 개인의 불평을 검토하면 하나님의 통치를 종말론적으로 본 것을 알 수 있다. 곧 하나님은 반대 세력이 흥할 때 항상 당신의 통치를 주장하신다. 어떤 때는 하나님이 통치하시지 않는 것같이 보이기도 한다. 하나님의 주권은 약한 것을 완전하게 만드는 힘이라는 것이다.

하나님의 주권과 악한 자의 번영 사이의 부조화가 일어날 때 독자는 결단을 내려야 한다. 내가 하나님을 의지하고 그분의 통치 안에서 살 것인가? 그렇지 않으면 나를 의지하고 나를 중심으로 살 것인가 선택하여야 할 것이다. 공의와 악, 둘 중에 하나를 선택하여야 한다. 현실 속에서 하나님의 통치가 실현되지 않는 것처럼 보일 때, 우리는 종말론적 신앙 태도로 이겨나가야 할 것이다.

그러면 89편을 읽으면서 하나님의 통치와 함께 다윗 왕가를 비롯한 군주 제도에 관하여 무엇이라고 말할 것인가? 이 질문의 대답은 조심스럽고 미묘하다. 89편의 지적처럼 군주 제도는 본래부터 잘못된 것이라는 결론을 내릴 수 있다. 만일 그렇다면 하나님께서 책임을 져야 할 것이다. 사무엘상 8-12장을 보면 군주제도에 대한 미묘한 감정을 읽을 수 있다. 군주제도는 하나님께서 허락하신 제도이다(삼상 16장, 삼하 7장, 시 2편). 군주제도를 설립한 이유는 하나님의 정의와 공의 정책을 구체적으로 실현하기 위한 것이었다. 이런 맥락에서 군주제도는 이 세상에서 하나님의 뜻을 구체적으로 실현하기 위한 것이었다. 그러나 실제로 군주는 위에서 언급한 목적을 성취하지 못하고 실패했다. 그러나 군주에 대한 언어와 개념은 세상을 향한 하나님의 목적을 표현한 것이기 때문에 그 언어와 개념은 그냥 보존했다.

군주제도가 망한 후 계속 군주제도의 언어와 개념을 보존하여 군주제도를 재해석하여야 할 필요성이 생겼다. 이 재해석은 그때와 지금 모두 다르다. 어떤 그룹은 군주의 특권과 책임이 전체 백성에게 넘어갔다고 본다. 어떤 그룹은 정치적 구조로서 군주제도 회복을 주장한다. 어떤 그룹은 메시아 사상으로 발전시켰다. 기독교인들은 나사렛 예수를 메시아로 믿고 예수님을 그리스도라고 믿는다. 그런 의미에서 89편을 대림절에 읽으면 적절하다. 하나님이 군주제도를 통해 성취하려고 했던 그 목적을 예수 그리스도와 그의 몸 된 교회를 통해 이루어 나갈 것이다. 교회는 임시적인 하나님의 통치 기구이다. 유대 군주제도가 실패한 것처럼 교회도 실패할 가능성이 많다. 그러나 이 과제는 인간의 힘으로만 수행해 나갈 수 없고 하나님의 통치 안에서 수행해 나가야 할 것이다.

시편 144편 ● 국가의 화목과 평화를 위한 기도(다윗의 시)

144편은 양식비평적인 견지에서 볼 때 문제를 안고 있다. 이 시편은 통일된 하나의 노래로 보기 힘든 점도 있으나, 1-11절과 12-15절이 모두 왕에 관한 시이기 때문에 하나의 시편으로 취급한다. 레슬리(Leslie)는 144편을 왕의 시편으로 보며, 왕이 군사적 원정을 떠나기 전에 부른 것이라고 한다.[10] 또한 그 저작 시기는 남왕국 후기 시대로 본다.[11]

144편은 포로기 이후 공동체와 특별히 관련되어 있다고 본다. 하나님의 백성의 관심을 계속해서 묘사한다. 이 시편의 시인은 예수님처럼 행복은 가난한 자와 핍박받는 자에 속한다는 사실과 하나님의 통치를 동시에

10) E. Leslie, *op. cit.*, 279.
11) *Ibid.*

선포한다. 그러한 축복은 하나님의 주권을 인정하며 하나님의 통치라는 새로운 세상에서 살겠다고 결단하는 것이다. 우리는 우리가 살고 있는 환경이 하나님의 통치를 거부하는 상황이라 할지라도 계속 하나님의 통치를 선포해야 한다. 우리는 계속 종말론적 삶을 살아야 하다.

144편을 구성하는 절차는 신학적으로 중요성을 가지고 있다. 메이스(Mays)는 144편에 대해 다음과 같이 결론을 내린다.

> 이 시편은 찬송가와 기도를 새롭게 창작할 때 사용했다. 옛 자료를 가지고 새로운 시대적 요구에 따라 새로운 찬송을 창작했다. 오늘날도 시편 자료들을 재정리하면서 새로운 찬송과 기도를 창작한다. 시편의 아름다움과 그 힘을 예배 전례문을 제작하는 데 계속 사용했다.[12)]

그러므로 시편을 단지 역사적 유물로만 생각하지 말고 오늘 우리 삶에서 하나님의 통치를 선포하는 데 사용해야 한다. 시편을 사용하여 우리의 삶을 찬송과 기도로 만들어 우리의 희망을 표현하여야 할 것이다.

12) J. L. Mays, *op. cit.*, 437.

제8장

개인 감사의 노래

(시 23, 30, 32, 34, 40, 66, 92, 107, 116, 138, 139, 146편)

시편 중 개인 감사시가 가장 감동적이다. 레슬리(Leslie)의 양식비평 연구에 따라 다음과 같은 시편들을 감사시로 분류할 수 있다. 23, 30, 32, 34, 40, 66, 92, 107, 116, 138, 139, 146편 등이 개인 감사의 찬송이라고 한다.[1] 개인 감사시의 중요한 요소는 '맹세'와 '구원의 확신'이다. 앞의 개인 감사시에는 시인과 하나님의 관계에서 맹세가 중요한 요소로 등장한다. 시인은 어려운 처지에서 하나님께 도움을 구하는데, 하나님께서 도와주시면 무엇을 하겠노라고 맹세한다. 맹세를 하면 기도한 것을 확실히 얻을 것이라고 믿기 때문이다. 그리고 그 기도가 성취되면 감사의 노래가 흘러나오기 마련이다. 유대교의 율법서인 탈무드(Talmud)를 보면, 『네다림』(*Nedarim*)과 『나지르』(*Nazir*)라는 두 책이 '맹세'를 취급하고 있다.[2] 종교생활에서 맹세는 일반적인 요구의 수준을 뛰어넘는다.[3] 맹세는 누가 강요하는 것이 아니라 자기 자신이 스스로 자원해서 하는 일이다. 맹세는 한번 하면 꼭 지

---

1) E. Leslie, *op. cit.*, 282.

2) *Ibid.*

3) McFaden, "Vows (Hebrew)," *Hastings Encyclopedia of Religion and Ethics* XII, 654.

켜야 한다. 입다의 딸 이야기(삿 11:36)와 한나의 맹세(삼상 1:11) 등을 그 예로 들 수 있다.

맹세가 성취될 때 성전에서 예물을 드려 주님께 감사를 드린다. 감사를 드리는 사람은 회중 앞에서 하나님이 베푸신 구원의 이야기를 한다. 이러한 개인 감사의 시들은 기독교인들의 신앙생활에 큰 영향을 주었다.

감사의 노래의 구조는 일반적으로 다음과 같다. 시인은 서론 부분에서 왜 감사를 드리는지 그 의도나 동기를 말한다. 먼저 자기가 경험한 고통과 억압을 묘사하고, 이어서 도움을 얻기 위해 하나님께 부르짖는다. 그리고 하나님의 구원을 경험한다. 결론 부분에서 시인은 온 회중 앞에서 다시 한번 야웨 하나님의 은혜로운 구원의 이야기를 간증한다. 미래의 도움에 대한 기도 또는 야웨의 은혜에 대한 고백이 여기에 포함된다. 이와 같은 감사의 노래는 요나 2:2-9에서 그 대표적인 구조를 찾아볼 수 있다.

오늘날 많은 사람은 감사의 근본적인 뜻을 망각하는 것 같다. 「크리스챤 센추리」 2012년 11월 14일자에서 이 저널의 편집자 요한 버캐논은 감사의 핵심적인 면을 이렇게 지적한다. 그는 브루그만을 인용하면서 "찬양은 책임인 동시에 즐거움이며, 인간 공동체의 궁극적 부르심(vocation)"이라고 한다. 감사하는 사람들은 정서적으로 건강하다고 한다. 감사생활을 하는 사람은 세월이 가면서 감사의 경험이 더욱 깊어진다는 것이다. '현대인들은 모든 것을 자기중심적으로 보기 때문에 감사의 참 뜻을 모르는 경향이 많다.'[4] 우리는 시편을 통해 감사의 참 뜻을 회복하여야 할 것이다.

시편 23편 • 주님은 나의 목자(다윗의 노래)

23편은 개인 감사시로서 '시편'에서 가장 사랑받는 노래다. 이 노래는 감사의 시편으로 성전에서 감사 헌금을 드리면서 부른 노래이다. 시인은

4) J. Buchanon, *Christian Century*, Nov. 14, 2012.

4-5절에서 구체적인 구원의 경험을 이야기한다. 그는 아주 심한 병으로 고생하고 있었으나, 그 병에서 회복되었다. 또한 그는 위험한 적들의 위협에서 구원을 받았다. 그 위협에서 구원을 받음으로써 시인은 평화와 안위를 획득하게 되었다. 그는 매우 훌륭한 시인으로서, 그 당시 고대 이스라엘 사회에서 흔히 볼 수 있는 인물의 이미지를 이용한다. 그 두 인물은 바로 목자와 집 주인이다. 즉 하나님은 목자이시고, 또 적으로부터 쫓기는 사람을 보호하고 대접하는 '집주인'과 같으신 분이라는 것이다.

오늘의 소비자 중심 사회에서 23편이 간단하면서도 과격한 메시지로 들리기도 한다. 오늘날 현대인들은, 하나님은 필요 없고 모든 것을 자기의 능력으로 성취할 수 있다고 생각한다. '나는 아무것도 필요한 것이 없다'는 주장은 자기 자만에서 나온 것이다. 현대인들은 하나님의 도움보다는 무엇이든 자신이 해결할 수 있다고 믿는다. 욕망으로 가득 차 있는 우리의 삶 속에서 가장 근본적으로 필요한 것은 음식이나 물 또는 주택만이 아니다. 이런 물질적인 것 외에 다른 것은 필요 없다고 하는 것은 인간의 삶을 제대로 이해하지 못하는 것이다. 이런 문제에 대해서 예수님은 다음과 같이 말씀하셨다.

'목숨을 유지하려고 무엇을 먹을까 걱정하지 말라. 목숨이 음식보다 소중하지 아니하냐?'(마 6:25) 예수님은 인간의 영과 육체와 정신을 하나로 보는데 현대인들은 인간의 육체적인 면만 보는 경향이 있다. 23편과 예수님의 말씀은 우리 삶에 대해 필요 이상 너무 걱정하지 말라는 것이다. 하나님의 통치 안에서 우리가 필요한 것을 모두 주신다는 근본 신앙 태도이다. 곧 하나님을 신뢰하라는 것이다. 그러나 세속 사회는 우리 자신을 믿고 우리가 필요한 것을 우리 힘으로 구할 수 있다고 주장한다.

23편 시인은 "주님은 나의 목자시니 내게 부족함이 없어라"는 신앙 고백으로 우리에게 도전한다. 어린 아이와 같아야 하나님 나라에 들어간다고 예수님은 말씀하셨다(막 10:15). 어린 아이가 가정에 속해 있는 것같이 우리는 하나님의 가정에 속해 있는 사람들이다. 미크스(Meeks)는 23편의 메시지가 예수님의 최후만찬(The Last Supper)의 내용과 같다고 주장한다.[5] 최후만찬은 하나님의 집에서 은혜로운 하나님이 음식과 물을 마련해주시고 또 안전하게 지켜주신다는 뜻이다. 이것이 바로 이 시편의 근본 메시지이다. 이 시편에 의하면 하나님의 집에서 주님은 모든 것을 채워 주신다는 것이다. 이 시편은 하나님이 음식 그리고 안전과 같이 인간에게 근본적으로 필요한 것을 채워 주신다고 말한다. 최후만찬과 같이 이 시편은 하나님의 통치 안에 살고 또 하나님의 자녀들과 같이 그의 만찬에 초대하는 것이다. 23편은 인간의 삶뿐만 아니라 죽음과도 관계가 있다. 즉 인간 삶 전체를 포함시키는 것이다.

기독교인들은 23편에서 예수님에 대한 증언을 듣는다. 예수님께서 은혜스러운 주인으로서 상을 마련하며, 적과 화해케 하여 새로운 삶을 살게 한다는 것이다(막 14:22-25). 예수님은 주인과 목자로서 인간에게 영적·육체적 양식을 마련해 주시고 안전하게 지켜주신다.

요한복음 10:1-17은 예수님을 목자로 묘사한다. 23편과 같이 목자이신 예수님은 양을 인도하시고(요 10:3), 먹을 것을 주시어 생명을 보존하시고(요 10:12-13), 또 안전하게 지켜주신다(요 10:12-13).

예수님과 23:4('주님께서 함께 계신다')는 보편적 관계성을 언급하고 있다. 마태복음은 태어나실 예수님을 임마누엘이라고 한다(마 1:23). 마태복음 28장에 나와 있는 대로 예수님은 또한 '세상 끝날까지 내가 너희와 함께 하리라'고 마지막으로 약속하셨다. 예수님의 이 마지막 약속은 모든 나라를 제자로 삼는다는 말씀과 같은 맥락에 등장한다. 하나님은 세상 끝까지 하나님의 집에 다 포함시키신다고 하신 말씀이다(시 22:27). 곧 신약성서를 보면, 23편 시인의 증언과 같이 예수님은 목자와 주인과 임마누엘로 임하신다. 목자이신 하나님은 우리가 소유할 수 있는 존재가 아니라 우리

5) M. D. Meeks, *God the Economist: The Doctrine of God and Political Economy* (Minneapolis: Fortress, 1989), 180.

를 주관하시는 주인이시라는 것이다. 이 시편이 증언하는 하나님은 전 세계를 그의 가슴에 품고 모든 민족을 초청하는 집 주인이고 또 목자이시다.

시편 30편 ● 몹쓸 병으로부터 회복에 감사(성전 봉헌가, 다윗의 시)

30편의 표제가 제시하듯 '성전 봉헌가'이다. 랍비들의 자료에 따르면, 이 시편은 봉헌 축제인 하누카와 관련이 있다. 이 시편의 배경은 기원전 165년 안티오쿠스 4세 에피파네스(Antiochos IV Epiphanes)가 성전을 파괴한 후 마카비 형제가 성전을 재건하려는 상황이었던 것으로 보인다.[6] 그러나 대다수의 학자들은 이 시편을 마카비 시대와 관련시키는 것이 적절하지 않다고 본다. 이 시편이 기원전 2세기보다는 더 오래되었을 것이기 때문이다. 학자들은 30편에 성전 헌당식에 관한 요소가 없다고 지적한다. 또한 이 기도가 1인칭 단수로 되어 있는 것을 보면 헌당식과의 관련은 희박한 것으로 보이기도 한다. 따라서 30편을 개인 감사시로 분류할 수도 있을 것이다. 결론적으로 이 시편의 감사와 기쁨의 표현을 볼 때, 이 시편을 하누카 절기에 불렀던 것으로 보는 것이 적절할 것이다. 이 시편의 기원을 정확히 알 수는 없으나, 다양한 정황에서 사용하기도 했을 것이다. 이 시편은 기도로 구성되어 있으나, 찬양으로 보는 것이 가장 적절하다고 본다.

메이스(Mays)는 30편 시인에 대해서 다음과 같이 평한다.[7] 이 시인은 장시간 기도하면서 하나님께서 그의 기도에 응답할 것이라는 아주 단순한 신앙의 태도를 갖고 있는 듯하다는 것이다. 크라우스(Kraus)는 이 시인에게서 찾아볼 수 있는 삶의 새로운 태도는 고통과 기쁨을 다시 바라보는 것이라고 말한다.[8] 하나님과의 밀접한 관계와 그분이 주시는 도움 속에서 고

6) J. C. McCann, *op. cit.*, 795.
7) J. L. Mays, *op. cit.*, 142.
8) J.-C. Kraus, *Psalms 1-59*, 356-357.

통을 새롭게 이해하려는 것 같다(2절). 곧 하나님 안에서 피난처를 찾는 자들에게 고통이란 하나님의 부재 때문에 오는 것이 아니라는 것이다(시 2:12). 오히려 살아가면서 겪는 고통을 하나님의 선물로 받아들이라는 것이다. 찬양은 꼭 행복하고 번영을 누릴 때만 가능한 것이 아니라는 것이다. 메이스(Mays)가 결론 내리듯 찬양은 항상 그 삶 안에 존재해야 한다는 것이다.[9] 9절에 의하면 죽어서 한줌의 티끌이 되어도 주님을 찬양할 수 있고 또 한줌의 흙이 주님의 진리를 말할 수 있다(9절). 이 시인은 살기 위해 기도하고 또 찬양하기 위해 산다고 말한다.

30편은 전통적으로 부활절 절기에 사용해왔다. 부활절에 사용하기에 좋은 것은 이 시편이 생명과 힘을 주시는 하나님의 좋은 선물이라고 확언하기 때문이다. 이 시인은 하나님의 현현을 통해 그분을 내면 깊숙이 대하면서 새로운 느낌을 갖게 되었다고 말한다(11-12절). 이러한 새로운 깨달음으로 이 시인은 기쁨의 춤을 추고 감사와 찬양으로 영광을 돌린다(4, 11-12절). 그런 의미에서 9절을 보면 시인은 삶을 하나님께서 주신 선물로 받아들인다. 그리하여 이 시인은 슬픔의 상복을 기쁨의 옷으로 갈아입고 또 영혼이 잠잠할 수 없어서 주님을 찬양한다는 것이다(11-12절).

시편 32편 ● 용서받는 자의 기쁨(다윗의 마스길)

32편은 개인 감사의 시이다. 이 시편에는 히브리 지혜의 전형적인 교훈과 문학적 형식이 들어 있다. 이 시편에는 여러 다양한 양식이 혼합되어 있다. 예를 들면, 축복, 훈계, 연설, 응보에 관한 일반적인 찬송 등이 혼재되어 있다.[10] 이런 문학적 양식들이 혼합되어 사용된 시기가 이 시편의 기원일 것이다. 아마도 기원전 500년 이후였을 것으로 보인다. 이 시기에 유대

9) J. L. Mays, *op. cit.*, 141.
10) E. Leslie, *op. cit.*, 288.

교는 포로생활의 고통으로부터 회복되는 단계에 있었을 것이다. 이 시기는 제사 법전으로 말미암아 이스라엘 백성에게 죄에 대한 의식이 강화되었을 때이다.

전통적으로 교회는 이 시편을 참회시로 여겨왔다. 그러나 참회의 시라기보다는 참회의 본질과 결과에 대하여 가르치는 노래라고 보는 것이 더 적절할 것이다. 또는 용서하시는 하나님의 본질적인 성격을 노래하는 것으로 보아도 좋을 것이다. 이 시편의 주제가 요한1서에 잘 표현되어 있다. 요한1서는 죄와 하나님의 관계를 말하고 있다.

32편은 1편을 회상케 하며, 공의에 대한 이해를 강화시킨다. 즉 의롭다는 것은 죄를 짓지 않는다든지 또는 법을 잘 준수하며 살아간다는 뜻이 아니라는 것이다. 이 시편이 제안하듯이 의로운 사람도 죄를 짓고 또 죄로부터 오는 결과로 가득 차 있다(3-4절). 의롭다는 뜻은 죄로부터 용서함을 받는다는 것이다(5절). 의롭다는 말은 하나님의 은총의 증인이 된다는 것이다(6-11절). 하나님의 은총을 증언한 최고의 증인 바울은 32편을 잘 이해하여 로마서 4:6-8에서 시편 32:1-2a를 인용했다. 은총으로 구원을 받는다는 바울의 신학은 아브라함이나 시편의 신앙에 영향을 받았을 것이다. 또한 하나님의 은총을 증언한 증인인 어거스틴(Augustine)은 32편의 말씀을 침실에 두고 아침마다 일어나면서 읽었다는 것이다.

행복(1-2절), 용서(5절), 바른 것(11절)과 같은 경험은 인간 삶에 중요한 요소이다. 오늘날 현대인들의 문제는 우리 자신을 죄인이라고 생각하지 않는 데에 있다. 또한 인간이 만들어낸 법인 단체들도 부정을 죄로 생각하지 않는다. 현대인들은 죄를 부정하고 또 죄를 인정한다고 해도 죄 문제를 취급하지 않고 무시하는 것이 문제이다. 32:3-4가 인정하듯이 메닌저(Menninger)는 우리의 죄를 제대로 인정하지 못할 때 육체적·정치적·영적 파괴가 발생할 수밖에 없다는 점을 알아야 한다고 경고한다.[11] 32편 시인은 우리가 우리의 죄 문제에 대해 더는 침묵하지 말라고 가르친다. 32:3

은 죄를 인정하는 문제에 대해 다음과 같이 강조한다. "내가 입을 다물고 죄를 고백하지 않았을 때는, 온 종일 끊임없는 신음으로 내 몸이 탈진하고 말았습니다"(3절). 죄를 고백할 때 용서를 받고 새로운 살길이 생긴다는 것이다. 오늘의 기독교 성직자와 평신도 모두 우리 자신의 죄, 우리 사회의 죄악을 자세히 파악하고 그 죄에 대한 근본 문제를 취급하여야 할 것이다. 이러한 결단 없이는 하나님의 은총은 없을 것이다. 32편을 중심해서 죄에 대한 연구가 긴급하게 요청된다. 인간이 잔 재간을 부리며 죄를 무시하고 살면 우리 개인개인, 가정, 교회, 사회, 국가가 모두 망하고 말 것이다. 그러나 죄를 진정으로 고백하고 용서를 구하면 용서의 하나님은 은총으로 우리를 다시 살리실 것이다.

시편 34편 ● 재난 가운데서 구원과 찬양
(아비멜렉 앞에서 미친 체하다가 쫓겨나서 지은 다윗의 시)

34편은 개인 감사의 시이다. 시인은 각 절의 시작을 히브리 알파벳에 맞춘다. 이 시편은 이스라엘 지혜시로부터 많은 영향을 받았다. 이 시의 기원은 페르시아 시대 이후로 본다.[12] 개인의 경험을 중심으로 기록된 노래이다. 이 시인은 자신의 경험을 바탕으로 다른 사람들을 가르칠 수 있는 권위를 갖고 있다. 1-3절은 찬송시 양식이다. 이 시편은 주님을 향한 찬양으로 서론을 시작한다. 시인은 회중 앞에서 주님을 찬양한다. 회중은 그의 감사의 간증을 들으며 기뻐한다.

시편 34편은 고난과 어려움에서 하나님께 부르짖는 사람들을 위한 하나님의 반응을 서술하면서 서로 다른 히브리어 네 단어를 사용하고 있다. 각 말씀은 생명을 허락하시는 하나님의 활동을 지적하고 있다. 그러면서

11) Karl Menninger, *Whatever Became Of Sin?* (NY: Hawthorn Books, 1973), 178.
12) E. Leslie, *op. cit.*, 291.

34편의 중심에 놓여 있는 질문은 '네가 살기를 원하느냐' 하는 질문이다(12절). 물론 우리 모두는 살기를 원한다. 그리고 삶이란 무엇이고 어떻게 살아가야 하느냐 하고 질문하기도 한다. 34편은 대답한다. 그러나 우리가 쉽게 이해할 수 있는 대답이 아니다. 왜냐하면 오늘날의 문화가 삶에 대한 견해와 상반되기 때문이다. 예를 들면, 오늘의 문화는 좋은 집과 차, 좋은 수입을 즐기며 사는 삶을 가치 있는 삶이라고 생각한다. 그런데 우리 문화와는 반대로 34편은 하나님을 '두려워하는 신앙생활'을 강조한다(8-9절). 주님을 피난처로 삼고 주님을 두려워하는 것이 가장 중요한 삶의 시작이라는 것이다. 우리 현대 문화는 욕망을 말하지만 34편은 항상 주님을 찬양하고 감사하는 삶을 말한다. 만일 우리 문화가 선호하는 대로 살아간다면 고통과 같은 인간 삶의 모순은 이해할 여유가 없을 것이다. 그러므로 하나님 경외를 삶의 출발점으로 삼는다면 우리의 삶에 많은 가능성이 생길 것이다. 이 시편이 제안하는 삶의 가능성을 크레이기(Craigie)는 다음과 같이 말한다.[13)]

> 주님에 대한 두려움으로 우리는 삶 속에서 기쁨과 성취를 경험할 수 있다. 부서진 마음을 고치고, 영적으로 나약해진 영에 힘을 북돋운다. 그러나 억압의 세력들은 쉽게 분쇄되지 않는다. 34편에 의하면 악의 세력이 몰려올 때 견딜 수 있는 힘은 하나님을 믿는 신앙뿐이다.

이 시편 시인은 삶이 무엇이고 삶으로 인해 오는 고통이 무엇인지 안다. 그러나 예수님은 하나님을 위해 목숨을 잃은 자는 찾을 것이라는 역설의 희소식을 말씀하신다(막 8:35). 사도 바울과 같이 이 시인은 여러 가지 역경 속에서도 "우리를 우리 주 예수 그리스도 안에 있는 하나님의 사랑에서 끊을 수 없다"(롬 8:39)는 신앙 태도를 지니라고 제안한다. 바울과 같이

13) Peter C. Craigle, *Psalms 1-50*, WBC 19(Waco, Texas: Word, 1983), 282.

이 시인은 "나를 본받는 사람이 되라"(고전 4:16)고 주장한다. 이 말은 오만처럼 들리나 우리 삶에서 경험하는 하나님의 은총을 증언하는 것이다(2절, 고전 1:31).

34편은 전통적으로 최후 만찬(The Last Supper)과 관계되어 있다. 즉 8절에 나타나는 '맛보다'('깨달아라')라는 말이 그 근거이다. 8절과 연결시키는 것이 피상적으로 보이기는 하나 전체적으로 볼 때 이 시편이 주님의 만찬과 관계를 갖는다는 것은 이해할만하다. 주님의 최후 만찬은 삶에 대한 하나님의 은혜를 말하고 있기 때문이다. 그 하나님의 은혜에 적절한 응답은 감사이다(1-3절). 성만찬을 '유카리스트'(Eucharist)라고 하는데, 그 뜻은 '감사'이다.

시편 40편 ● 하나님의 뜻을 행하는 즐거움

(지휘자를 따라 부르는 노래, 다윗의 시)

40:1-10과 40:12-17, 이 두 부분의 내용의 차이 때문에 두 개의 독립된 시편으로 취급한다. 편집자들이 이 두 부분을 연결하기 위하여 11절을 삽입한 것 같다. 1-10절은 과거에 경험한 구원에 감사하는 시이고, 11절은 감사에서 탄원으로 전환하기 위해 삽입한 것으로 보인다. 그리고 12-17절은 전형적 애가로 구성되어 있다. 또한 한 가지 지적할 것은, 13-17절 부분이 70편과 똑같다는 것이다.

그렇지만 40편을 하나의 시편으로 취급하는 이유들이 있다. 예를 들면, 여러 개의 같은 단어들과 어근들이 두 부분에 골고루 산재해 있다. 그러므로 구조적 문제가 있어도 하나의 통일된 시편으로 볼 수 있다. 예를 들면, 3절과 12절, 5절과 17절, 5절과 12절, 8절과 14절, 8절과 13절 등에 공통 언어와 내용으로 연결되어 있다는 사실이다. 이런 모든 연결성을 감안할 때 두 부분을 하나의 독립된 시편으로 보는 것이 적절하다.

40편이 감사로부터 출발하여 불평과 긴급한 탄원으로 바뀌는 것이 중요하다. 이 시편은 또한 교육적이다. 이것은 개인이나 공동체이든지 막론하고 우리는 필요에 따라 항상 무엇인가를 기대하는 것을 말한다. 이것은 우리 개인이나 교회생활에서 경험하는 생명을 주시는 하나님의 힘을 증언하는 것이다. 그러나 항상 고통에서 구출을 받기도 하지만 동시에 우리는 우리의 약점 때문에 곧바로 새로운 위험에 부닥치게 된다(12절). 이스라엘의 이야기가 이것을 논증하는 이야기이다. 이집트로부터의 구원은 곧 새로운 위험에 직면하는 경험이기도 하다. 그 예는 광야에서 금송아지를 만든 우상 숭배 사건이다. 위험이 도사리고 있던 광야에서 구원을 받은 백성은 가나안 땅에 들어갔을 때 새로운 위험에 직면하기도 하였다. 사사기에 의하면, 이러한 위험과 구출의 사건이 반복되었다. 블레셋 사람들 때문에 생겼던 외적 위험을 방지하기 위해 군주제도를 설립했으나 내적으로도 위험한 일을 겪을 수밖에 없었다. 결과적으로 바빌론 포로라는 치욕스런 경험을 했고 또 그 경험으로부터 해방되어 회복의 경험을 했다. 이러한 이스라엘 백성의 반발과 용서의 역사는 반복되었다. 기독교 공동체나 우리 개인의 생활도 다찬가지이다. 이러한 전망에서 하나님의 백성은 주님의 구원을 기다리는 것밖에 다른 길이 없다. 즉 우리는 종말론적 전망 속에서 살아야 한다.

그러나 종말론적으로 산다는 것도 영구적 구원과 새로운 삶을 경험하는 모순 속에 사는 것이다. 40편은 우리에게 구원의 필요성을 말하는 동시에 또 새로운 삶의 전망을 말한다(4-10절). 새로운 삶은 하나님을 신뢰하는 것이다(4절). 하나님의 가르침에 우리 전체를 바치는 것이다. 그뿐만 아니라 다른 사람들에게 하나님의 희소식과 은혜를 널리 알리고 전파하는 일이 우리의 선교적 사명이다(5, 9-10절). 이 시인이 증언하는 것은 로마서 12:1-2, 곧 산제사를 드린다는 사도 바울의 명령을 따르는 것이다.

시편 66편 • 이스라엘에게 베푸신 하나님의 선하심을 찬양 (지휘자를 따라 부르는 노래)

66편과 65편은 잘 연결되어 있다. "기쁨의 함성"이라는 말이 65:13c와 66:1a에 나온다. 65편은 하나님이 땅 끝까지 보살피신다고 선언한다. 같은 내용이 66편에도 나타나는데, 바로 하나님께서 세상을 통치하신다는 감동적인 신앙 고백이다(특히 1-2절). 66편은 개인이 하나님의 은혜를 경험하고 드리는 감사의 노래이다. 이 시편이 어떤 예배 상황에서 사용되었는지 정확히 알 수는 없다. 다만 분명한 것은 이 시편에 출애굽과 요단강을 건너는 이야기가 나타나는 것으로 보아 역사적 구원의 사건을 중심한 것으로 보인다(1-7절, 특히 6절). 크라우스는(Kraus)는 출애굽과 요단강을 건너는 이야기를 근거로 길갈에서 일어난 사건을 기념하는 축제에서 이 시편이 사용되었을 것이라고 주장한다(수 3-4장과 시 114편을 보라).[14] 다른 학자들은 성전에서 제사 중에 헌금을 드릴 때 사용되었을 것이라고 제안한다. 어떤 학자는 1인칭 복수가 13절에서 1인칭 단수로 변한 것을 근거로 이 시편을 통일성 있는 한 작품으로 보기 힘들다고 한다. 그러나 1-12절과 13-20절이 병행적으로 구성되어 있는 것과 또 많은 동사들이 서로 연결되어 있는 것으로 보아, 이 시편을 통일성 있는 하나의 시편으로 보는 것이 적절하다.

프로테로(Prothero)에 의하면, 존 번연(John Bunyan)은 66편에 대해서 다음과 같이 기록했다.[15] 번연은 『죄인들의 괴수에 하나님의 은혜 충만』이라는 책에서 "하나님을 두려워하는 사람들아, 오너라. 그가 나에게 하신 일을 증언할 터이니, 와서 들어라." 하고 명령한다(16절). 번연은 죄인들에

14) H.-J. Kraus, *Psalms 60-150*, 36.

15) Rowland E. Prothero, *The Psalms in Hebrew Life and Experience*(NY: E.T. Dutton, 1903), 185.

게 하나님께서 은혜를 충만하게 주신다는 위로의 말을 한다. 66편은 '죽음에서 생명'으로 인도한다는 말씀을 9절에서 강조한다. 그리하여 헬라어 칠십인역(LXX)과 라틴어 불가타역(Vulgate)은 이 시편에 부활의 시편이라는 표제어를 붙였다. 이 때문에 66편을 아직도 부활절과 연관시켜 읽는다. 출애굽(5-7절)과 또 역사적인 여러 사건(8-12절) 속에서 경험한 구원을 증언하기 때문이다(13-20절). 하나님은 죽음에서 생명을 살려내시며 일하고 계신다는 것이다. 기독교인들은 예수 그리스도의 죽음과 부활에서 새 생명을 얻는다고 믿는다(롬 6:1-11).

이 시편은 출애굽과 같은 모범적 사건에 참여하라고 강조한다. 5절은 하나님은 그의 백성을 위해 하신 일이 놀랍다고 말한다. 또한 하나님은 하나님을 두려워하는 개인들에게 하나님이 하시는 일을 와서 보라고 16절에서 다시 촉구한다. 이 시편은 공동체 증언과 개인의 증언들을 통하여 하나님의 역사를 증언한다.

시편 92편 ● 사죄에 대한 감사(안식일에 부르는 찬송시)

92편의 표제는 안식일에 부르는 노래라고 한다. 시편 중 오직 이 시편만이 안식일을 지정하여 부르는 노래이다. 모세 오경뿐만 아니라 이스라엘의 역사에서도 안식일의 중요성은 매우 강조된다. 랍비 자료에 따르면, 92편은 안식일에 성전에서 사용되었다. 그리고 24, 48, 81, 82, 93, 94편은 주중에 6일간 사용할 것을 지정하고 있다.

그러나 92편은 꼭 안식일에만 사용되는 것은 아니다. 4-5절에 보면 창조주 하나님의 활동이 묘사된다. 창조 이야기에서 안식일이 언급된다. 창조와 관계되는 것 외에 안식일은 인간의 건강과 휴식을 위한 것이기도 하다(출 23:12, 신 5:12-15). 안식일은 하루 쉬면서 하나님을 찬양하고 또 그의 율법을 명상하는 날이다(1-3절). 여기서 야웨라는 이름이 일곱 번 나오는데, 안식일은 바로 일곱 번째 날이기도 하다. 이 시편은 개인 감사이다.

구원에 대한 전형적인 감사의 노래다.

92편에 등장하는 종말론적 시각은 전체 시편의 흐름과도 같다. 이 시편은 특히 1, 37, 73편이 생각나기도 한다. 인간이 자기 지신만 신뢰한다는 메시지는 착각이다. 즉 우둔하여 주님이 하신 일을 알지 못하고 또 미련하여 깨닫지 못한다는 것이다(6절). 세계 역사에서 우리같이 우둔하고 미련한 세대는 없다는 것이다. 하나님을 신뢰하기보다 우리의 지능, 능력과 기술을 신뢰하는 것은 어리석고 우둔한 일이다. 92편의 관점에서 보면 아이러니하게도 우리가 세련될수록 또한 자만하면 할수록 우리는 어리석고 또 불안해진다는 것이다. 하나님의 대사업, 우주를 펼치신 하나님의 놀라운 일을 통하여 인간을 향하여 주권을 행하시는 하나님의 통치에 대한 새로운 이해가 긴급히 필요하다(5-9절). 1-3, 37, 73편들과 그 외 많은 시편은 종말론적 전망으로 우리 자신과 하나님을 연결하여 생각해야 한다고 촉구한다. 92편은 안식일에 관한 시편으로 영원한 안식에 관해서도 언급한다. 하나님의 통치를 인정하고 받아들일 때 영원한 안식과 평화를 누린다는 것이다(4, 12-15절). 영원한 안식과 하나님의 평화에 대해서 92:12-15는 "의인은 종려나무처럼 우거지고 또 레바논의 백향목처럼 뿌리를 내리고 크게 번성"한다고 한다.

여기서 선언하는 주제로 보아 92편은 강림절에 적합한 시편이다(2, 15절). 15절은 주님의 올곧으심을 나타낸 것이다. 여기서 하나님의 근본적 성격, 즉 한결같은 사랑과 충실성을 선포한다(2절). "아침에 주님의 사랑을 알리고 밤에 주님의 진실을 알린다"고 92편은 선언한다. 사랑과 진실의 선포를 매일매일 밤과 낮 또 항상 선포하며 또 일생 동안 선포한다는 것이다(14절). 이것은 예배(3, 13절)가 삶의 질(14절)과 관계된다는 것이다. 예배와 삶의 활동을 통해 그들의 미래가 그들에게 속하지 않고 하나님께 속한다는 점을 말하는 것이다. 이 선언은 의롭게 된다는 것이 무엇인지 그 본질을 나타낸다(12절). 92편의 메시지는 포로들을 해방시키는 희소식이다. 또한 오늘 우리에게도 희소식이다. 하나님으로부터 소외된 우리 인간이 서로 분열과 소외에서 해방되는 것이다.

시편 107편 ● 맹세를 지키려고 드리는 감사

107편은 감사의 시이다. 크게 두 단락으로 구분된다. 첫째는, 각 개인이 맹세한 것을 단체가 함께 지키는 성전 예배 전례식문 부분이다(1-32절). 둘째는, 성가대의 찬송이다(33-43절). 둘째 부분은 후대에 명상을 목적으로 첨가된 듯하다. 포로기 이후에 시대적 상황에 따라서 2-3절과 33-43절이 첨가된 것으로 보인다. 첫째 단락(1-32절)은 가을 신년 축제의 맹세 헌신 예배와 관련되었을 것이다. 개인들이 고통 중에 주님께 탄원하여 구원을 얻을 때 그들은 성전에서 감사의 희생제물을 드린다. 유대 디아스포라였을 이들은 각지에서 온 순례자들로서 성전에서 예배를 드렸을 것이다. 또 한 가지 지적할 것은 이 시편에서 한결같은 사랑(hesed)의 개념이 중요한 자리를 차지하고 있다. '한결같은 사랑'이라는 말이 1절과 마지막 43절에 나온다. 또한 후렴으로 8, 15, 21, 31절 등에서 나온다. 107편은 '하나님의 사랑'을 중심으로 설교로 구성되어 있다. 1-3절은 회중에게 응답하라고 한다. 그리고 네 개의 이야기가 나온다(4-9, 10-16, 17-22, 23-33절). 결론에서는 이 네 이야기가 중심이 되어 찬송으로 끝을 맺는다. 시인은 마지막 43절에서 회중에게 하나님의 한결같은 사랑을 명심하고 깨달으라고 권면한다.

107:4-22의 내용을 보면, 어느 한 개인의 경험이 전체 백성의 경험으로 바뀌었을 가능성이 많다. 신학적으로 이 점이 중요하다. 왜냐하면 성서에 나타난 하나님의 말씀은 옛 상황에서도 타당하지만 반복되는 역사 속에서도 타당성을 지니기 때문이다. 곧 107편에 나오는 이야기들은 새로운 세대에도 타당성이 있을 것이다. 4-22절에 나타난 이야기들은 바빌론 포로기 또는 그 후기의 경험인 동시에 또한 새 시대에도 새로운 모범이 될 수 있다. 그러므로 107편에 의하면 우리의 경험과 하나님의 말씀과 행실 사이

에 새로운 연결성을 찾을 수 있다. 예를 들면, 네 개의 이야기는 인간의 약점, 따라서 도움이 필요하다는 사실 그리고 죄악성을 말하고 있다. 과거에 일어났던 일들을 지혜롭게 명심하여 사는 사람들(43절)은 항상 어려움이 닥쳐올 것을 안다(2, 6, 13, 19, 28절). 그런고로 하나님께 부르짖고 하나님을 의지하며 사는 일은 긴급할 때만 필요한 것이 아니고 우리 일상생활 속에서도 꼭 필요하다. 현재 우리 생활은 과거와 무척 다르다. 오늘날 우리 문화가 가르치는 것은 성서와는 정반대이다. 오늘 사회는 자급자족의 철학을 강조한다. 우리가 실패했을 때 우리의 힘으로 일어나야 한다는 생활 철학이다(10-16절). 안전하고 안락한 우리의 삶은 우리의 힘으로 계획하고 수행하기 때문에 가능하다고 생각한다. 즉 현대인은 하나님의 도움이 필요 없이도 살 수 있다고 생각한다.

이렇게 107편의 메시지는 단순하다. 하나님께 의존하는 길만이 살길이라는 것이다. 자만은 있을 수 없는 일이다. 따라서 우리가 하나님을 의존할 수 있다는 사실이 우리에게는 희소식이다. 하나님은 선하시고(1절), 그의 선하심을 우리에게 나눠주신다는 것이다(9절). 하나님은 한없는 사랑으로 우리를 사랑하신다. 기독교인들은 이러한 사랑을 예수님의 삶, 죽음과 부활을 통해서 역사하셨다고 고백한다. 예수님은 하나님의 뜻을 따라 십자가를 지심으로 하나님의 구원의 역사를 성사시키셨다. 바울은 107편의 중요한 메시지를 고린도전서 1:24에서 언급한다. 즉 십자가는 어리석은 사람의 지혜보다 더 지혜롭고, 약함이 사람의 강함보다 더 강하다는 증언이다. 그렇기 때문에 이 시인은 우리에게 주님께 감사드리라고 촉구한다. "그는 선하시고 인자하심이 영원하다"라고 증언한다. 이런 이유로 107편은 우리 기독교 사순절에 전통적으로 사용해 왔다. 즉 사순절에 하나님께 감사하며 또 기다린다는 것이다.

시편 116편 ● 병으로부터 회복시켜 주심에 감사

116편은 개인 감사의 시이다. 이 시편에는 크게 두 가지 내용이 들어 있다. 첫째는, 시인 자신의 경험이다(1-11절). 시인은 어려운 처지에서 하나님의 구원을 경험하고 감사드린다. 둘째는, 시인이 고통 가운데서 하나님께 맹세한 것을 지키는 이야기이다(12-19절).

학자들은 이 시편의 구조와 관련하여 합의점을 찾지 못한다. 헬라어 칠십인역(LXX)과 라틴어 불가타역(Vulgate)은 116편을 두 개의 시편으로 취급한다. 첫째 노래는 1-9절이고, 둘째는 10-19절이다. 그러나 이 시편은 통일성을 나타내는 여러 증거가 있기 때문에 하나의 통일된 시편으로 보는 것이 적절하다. 예를 들면, '부른다'라는 말이 반복되고(2, 4, 13, 17절), "죽음"이 반복되며(3, 8, 15절), 또한 '보상금'이라는 말이 반복된다. 또 하나는 13b-14절의 내용이 17b-18절에서 반복된다. 이렇게 반복되는 것으로 보아 하나의 통일된 시편으로 보는 것이 좋을 것이다.

그러면 이 시편이 어디에서 어떻게 사용되었는지 알아본다. 이 시편은 아마도 개인이 고통에서 구원받은 것을 하나님께 감사드리는 상황에서 사용되었을 것이다. 그러나 구체적 상황을 언급하지 않아 확실히 알 수 없으나 성전에서 사용된 것은 확실하다(19절). 이 시편은 유월절 찬송가로 할렐 찬송 중 하나이다. 기독교 성만찬에서도 이 시편이 흔히 사용된다.

다른 감사의 노래나 찬양과 도움을 구하는 기도와 같이 116편은 하나님이 은혜로운 분이라는 것과 그분의 의로운 목적이 무엇인지 증언한다. 이 시인은 인간이 도울 수 없는 자들을 하나님은 도우신다고 주장을 한다. 이 시편은 그러므로 하나님은 자기 자신조차 도울 수 없는 자들을 도와주신다고 주장한다. 그리하여 116편은 자기 자신보다 하나님을 의존하라고 촉구한다. 즉 하나님을 신뢰하라는 것이다(2, 10절). 하나님을 믿는 참된 신앙은 하나님과 참된 사랑의 관계를 맺는 것이다(1절). 이 시인의 삶 속에는 하나님의 사랑이 묻어나고(5-6절), 감사(12-14절, 17-19절)와 겸손하게 봉사하는 태도(16절)가 나타난다. 이러한 신앙은 여러 어려움을 극복하는 능력이기도 하다(10절).

본래 116편은 하나님이 한 개인을 구원하신 일을 말하고 있지만, 후에 예배에서 사용되었다. 이 시편이 할렐(찬양) 시편의 한 부분으로 채택되었는지는 사실 잘 알려지지 않았다. 아마도 죽음에서 구원받고 찬양하는 내용이 들어 있기 때문에 할렐 시편으로 채택된 듯하다. 이 시편에 유월절과 "잔"이라는 말이 언급되어 있기 때문에 유월절과 연관이 있다고 생각한 듯하다(13절). 유월절 음식은 '네 잔의 축복 포도주'와 관계 있다. 여기서 구원의 잔을 든다는 것을 출애굽을 재현하라는 말로 읽은 듯하다.

예수님도 물론 유월절 음식을 드셨다. 116편은 기독교인들의 성만찬과 관계가 있다. 특히 이 시편은 전통적으로 성 목요일에 사용되었다. 기독교인들은 앞으로 올 예수님의 고난을 생각하며 이 시편을 읽었을 것이다(10절). 또한 죽음으로부터 부활을 생각하면서 기억했을 것이다. 예수님께서 잔을 들어 그의 죽음을 기억하셨다는 것은, '주님 앞에서 살아가려는' 9절의 말씀을 증거하는 것이다.

시편 138편 ● 하나님의 구원에 대한 감사와 찬양(다윗의 노래)

138편은 개인 감사 시편이다. 한 개인이 회중 앞에서 주님께 감사의 노래를 부른다. 그는 성전 뜰에서 "주님, 주님의 인자하심은 영원합니다"라고 소리 높여 찬양한다(8절). 왕과 회중 앞에서 하나님께 감사의 노래를 부른다. 이 시편의 기원은 포로기 이후로 볼 수 있다. 이 시기는 여러 문학 양식이 혼합되어 등장하기 시작한 때이다. 이러한 현상은 135:5와 136:2–6에도 나타난다. 이 시인은 하나님의 위대하심을 선포한다(시 35:5, 138:5). 시인은 하나님의 한결같은 사랑에 감사한다(2, 8절). 이 시편은 예언자들의 영향을 많이 받았다. 특히 이사야 40–66장의 영향을 받았다. 이렇게 예언자들의 영향을 받은 것으로 보아 바빌론 포로기 이후의 작품일 것이다. 포로기 이후 위기에 직면한 이스라엘 공동체는 하나님의 주권을 주장하고 또 하나님의 한결같은 사랑을 증언한다. 이것이 이 시편의 근본 의도이기도 하다. 138편과 144-145편은 포로기 이후의 이스라엘 공동체가 공중 예배 때 사용한 것으로 보인다.

138편의 마지막 탄원은 기독교인들이 즐겨 부르는 '온 세상이 하나님의 손 안에 있다'는 흑인 영가를 연상케 한다(7절). 이 시편 시인과 같이 우리는 여러 역경과 반대 세력에 굴하지 않고 이러한 신앙을 표현한다. 즉 하나님께서 세상을 통치하신다는 종말론적 신앙이다(시 2, 65, 66, 67, 93, 95-99편). 우리의 삶이 아직 완전히 성취되지 않은 상태에서 하나님께서 그의 목적을 성취하신다는 것이다. 이 시편의 종말론적 전망은 우리는 이 시편의 성격을 규정하는 오묘함에 살 것이라는 것이다. 즉 우리는 항상 하나님의 구원을 선포하면서 살 것이다(3절). 3절에 의하면, 우리가 부르짖을 때 응답해 주신다는 것이다. 당신의 나라와 뜻을 이루소서 하는 하나님의 구원의 기도를 드리는 것이다. 확실하게 나타나는 오묘함이 신앙의 삶의 실제로 나타난다. 이 시편은 우리가 하나님께 완전히 의존하여야 함을 가르친다. 우리 자신보다 하나님을 근본적으로 의존해야 한다고 가르친다. 과거뿐만 아니라 현재 우리 전체를 바치고 하나님을 위해 사는 것이다(7, 10절). 우리가 고난의 길을 가도 주님께서 나를 살려 주시고 주님의 오른손이 나를 구원해 주신다(7절).

6절은 하나님의 통치를 인정하고 또 의존하고 살 때 세상의 변화가 생긴다고 말한다. 예수님은 하나님을 완전히 의존하여 사는 것을 가르치셨다. 이 시편은 하나님이 세상을 통치하신다는 신앙을 선언한다. 이 시편은 우리가 하나님의 통치 선언을 받아들이고 결단하여야 한다는 것이다. 시인과 같이 하나님을 찬양하고 또 우리의 맘을 하나님께 바치는 산제사를 드리며 충성하여야 한다는 것이다.

시편 139편 ● 무소부재하신 하나님(지휘자를 따라 부르는 다윗의 노래)

인간은 자신을 반성하며 살아야 한다고들 말한다. 그러나 이 시편은 인간을 검토하는 것은 인간이 아니라 하나님께서 자기 지식으로 인간을 검토하고 시험하신다고 말한다. 이 시는 찬양시로서 히브리 지혜가 성했던 후기 유대교의 산물로 보인다. 이 시는 욥기 기자와 영적으로 밀접한 관계를 가지고 있는 것으로 보인다. 이 시편에는 보편주의 사상이 강하게 드러난다. 이 시인은 훌륭한 시인으로 하나님의 뜻을 헤아리고, 그 뜻을 따라 자신의 삶을 반성하는 참으로 고상한 시인이다.

성서 주석가들은 139편이 전지전능이나 무소부재 같은 신학적 사상을 취급한다고 한다. 그러나 이 시인은 하나님에 대한 개념을 조직적으로 체계화할 의도가 없기 때문에 신학적으로만 보지는 않은 듯하다. 이 시인은 모든 것을 단순하게 보아 하나님은 나를 알고 또 나와 같이 한다고 증언하는 것뿐이다. 어떤 학자는 이 시편을 예정론과 결부시킨다. 그러나 전통적 예정론과 이 시편을 연관시키는 것은 무리라고 본다. 만일 우리의 삶이 하나님으로부터 왔고 또 그분에게 속해 있으며 또 하나님의 목적 안에 사는 것은 확실히 예정론의 개념이 적절하다고 할 수 있다. 로마서에서 바울이 주장하는 '미리 정하였다'(롬 3:29)는 말은 "우리를 예수 그리스도 안에서 하나님의 사랑에서 끊을 수 없다"(롬 8:39)는 뜻이다. 바울과 같이 이 시인은 하나님의 사랑 안에 하나가 되는 것을 참 기쁜 소식으로 이해하고 있다. 하나님의 사랑을 다 이해할 수 없으나 한 가지 확실한 것은 '나는 주님과 함께' 한다는 것이다(18절). 이 시편 저자는 주님이 항상 같이 하신다고 고백한다. 곧 하나님이 임마누엘 하신다는 것이다(마 1:23). 하나님께 나의 미래를 다 맡긴다는 것이다(23절). 즉 하나님은 나를 살펴보시고 또 마음을 알아주신다는 것이다. 하나님은 나를 철저히 시험하시며, 나를 살피시며 영원한 길로 나를 인도하신다는 것이다(23-24절). 왜냐하면 하나님은 의인이 갈 길을 알기 때문이다.

1편과 139:19의 기도에서 같은 것을 찾아볼 수 있다. 즉 그 기도에는 '악의 길은 망한다'는 내용이 담겨 있다. 따라서 139편의 전망은 종말론적이다. 이 세상의 모든 것을 하나님의 통치 안에서 바라본다. 하나님 앞에 충성된 자들은 때와 장소를 막론하고 하나님께 속해 있다는 것이다. 하나님은 끝까지 우리를 보호하시고 섭리하신다는 것이다. 하나님은 우리와 항상 같이 하신다는 것이다. 그러한 하나님의 사랑 앞에 충성을 다하고 또 완전히 복종한다는 것이다.

시편 146편 ● 하나님의 도우심에 대한 찬양

146편은 찬양과 감사의 시로 찬양시집(시 146-150편)에서 처음으로 등장하는 시이다. 이 찬양시집에 포함되어 있는 노래의 처음과 마지막에는 주님을 찬양하라는 의미에 "할렐루야"가 명령으로 나온다. 145편의 마지막 절인 21절이 그 다음부터 시작되는 찬양 시집을 이끌어내는 역할을 한다. 찬양시에는 몇 가지 주제가 있다. 예를 들면, 145편과 마찬가지로 146편은 '시편의 서론'(시 1-2편)과 신학적 중심사상이 반영되어 있는 시들(시 93, 95-99편)을 연상시키는 내용이 포함되어 있다. 특히 146편에는 1편의 교육적 요소가 강하게 반영되어 있다. 그뿐만 아니라 이 시편의 교육적인 내용은 본질적으로 2편의 내용과 같은데, 그 내용은 바로 인간 통치자들을 믿지 말고 오직 하나님만을 신뢰하라는 것이다.

이 시편은 개인 감사시이다. 시인은 하나님의 손에서 풍성한 것을 경험한다. 그는 하나님의 복을 받고 살아가는 동안 주님을 찬양할 것을 맹세한다. 그는 회중 앞에서 이 시인은 스스로에게 주님을 찬양할 것을 명령한다.

146편은 시편의 최종 제V권에 속한다. 이 시편은 1-3편을 회상하면서 시편의 근본 메시지를 요약한다. 1편과 같이 이 시편은 온전히 하나님 중심으로 사는 사람이 복이 있다고 선언한다. 2편과 같이 세상에서 하나님의 주권을 주장한다. 3편과 같이 하나님의 도우심이란 의인들이 아무런 역경 없이 사는 것을 말하는 것이 아니다. 의인도 억압당하고 굶주림으로 고통당하고 투옥되기도 한다(7-9절)는 사실을 받아들인다. 이 시편은 세상이 하나님의 통치를 거부한다는 종말론적 전망을 지적하기도 한다(시 2, 93, 95-99편).

하나님의 통치의 종말론적 전망은 우리 믿는 사람들의 결단을 필요로 한다. 즉 우리가 누구를 신뢰할 것인가? 하는 질문이 이 시편의 중점이다. 어느 때보다 이 질문이 결정적이다. 인간의 도움이 필요하고 또 어떤 때는 효과가 있는 것으로 보인다. 우리 문화의 표어는 '하나님은 자기 자신을 돕는 자를 돕는다'이다. 그러나 그러한 신조는 결과적으로 하나님을 찬양하지 않고 자기 자신만을 찬양한다. 이러한 태도는 멸망으로 이끌 뿐이다(9c절). 즉 자기 중심의 삶은 '악인의 길과 같이 멸망으로 이끄는 것'이다.

그러므로 146편은 하나님을 찬양하라는 긴급한 부름이다. 성서적으로 볼 때 하나님을 찬양하는 것이 사는 것이고, 산다는 것은 또한 하나님을 찬양하는 것이다. 찬양한다는 것은 예배 행위이면서 동시에 삶의 모습이다. 이 두 가지를 분리할 수 없다. 브루그만(Brueggemann)은 2절의 내용처럼 하나님을 찬양하는 일이 이 시편의 출발점이라고 주장한다.[16] 2절은 또한 인간 삶의 출발점이 평생토록 주님을 찬양하는 것이라고 분명히 말한다. 2절에 의하면, "내가 평생토록 주님을 찬양하며 내가 살아 있는 한 내 하나님을 찬양하겠다"는 것이다.

하나님 찬양(1절)과 찬양의 가르침(3-4절), 또 하나님의 통치 선언(10절)은 예수님이 선언하신 하나님의 통치를 예상하고 있는 듯하다(막 1:14-15). 또한 산상보훈에 등장하는 '팔복'에 대한 예수님의 가르침(마 5:3-11)뿐만 아니라 예수님의 정의와 해방과 치유와 자비의 사역(마 11:2-6)도 146편과 연결되어 있다. 예수님이 직면하셨던 하나님의 통치를 반대하는

16) Walter Brueggemann, "Psalms 146: Praise for Nineteenth Sunday After Pentecost," *No Other Foudation* 8/1(Summer, 1987), 29.

세력을 오늘 교회도 직면하고 있다. 그러나 예수님께서 그의 제자들에게 가르치신 것과 같이 하나님의 백성을 찬양하라고 이 시편은 격려한다. "당신의 나라가 임하시며 당신의 뜻이 하늘에서 이루어진 것같이 땅에서도 이루어소서"는 예수님의 기도를 146편에서 재확인한다.

제9장

거짓 증언으로 비난받는 자의 기도

인간 사회에서 거짓 증언으로 비난받는 사람들이 많다. 이 문제는 도덕적으로 큰 문제이지만 더 큰 문제는 사회적인 측면이다. 거짓 증언으로 고통당하는 사람이 과연 누구에게 어디서 어떻게 자신의 고통을 호소하고 도움을 청할 것인가? 이러한 문제를 해결하기 위해 고대 이스라엘은 간단한 제도를 만들었다. 이스라엘 백성이 광야에서 헤맬 때 모세는 지도력 있는 사람들을 선택하여 백성의 문제를 놓고 재판하도록 했다(출 18장). 이 제도가 발전된 후기 신명기 법전에 의하면 결국 예루살렘 성전에서 제사장들이 재판관의 역할을 했다.

시편에서는 거짓 증언으로 비난받는 사람들이 하나님의 변호를 요청하는 노래가 많다. 슈미트(Schmidt)는 이러한 시편들을 양식비평적 입장에서 두 종류로 구분했다.[1] 슈미트에 따르면, 한 종류는 거짓 증언으로 비난을 당하여 변호를 구하는 기도이다. 또 다는 종류는 거짓 증언으로 비난을 당하여 변호를 구하면서 성전 제단에서 밤을 세워가면서 드린 기도이다. 첫

1) H. Schmidt, *Das Gebet der Angeklagten in den Psalmen*, Beihefte zur Zeitschirift für die Alttestamentliche Wissenschaft 49(Giessen: Topelmann, 1928), 49.

번째 종류는 다음과 같다. 시편 7, 11, 25, 26, 27, 31:1-8, 42-43, 52, 54, 55:1-18b, 22, 55:18c-21, 23, 56, 64, 70, 94:16-23, 120, 140, 141, 142편이다. 두 번째 종류에 속하는 시편은 3, 4, 5, 17, 57, 59, 143편이다.

1. 거짓 증언으로 비난받은 자가 변호를 구하는 기도 (시 7, 11, 25, 26, 27, 31, 42-43, 52, 54, 55, 56, 64, 70, 94, 120, 140, 141, 142편)

시편 7편 ● 핍박자로부터 해방을 구하는 애원(다윗의 식가욘, 베냐민 사람 구시가 한 말을 듣고 다윗이 주님 앞에서 부른 애가)

7편은 다윗의 시로서 베냐민 사람 구시와 관계된 것임을 알 수 있다. 그런데 성서에는 구시에 대한 기록이 전혀 없다. 아마도 구시는 사울의 지지자로 베냐민 족속에 속했던 것으로 보인다(삼상 9:1-2). 탈무드의 기록에 따르면, 구시는 사울의 추종자로 다윗을 반대한 사람이다. 7편의 분위기로 보아, 이 시편은 다윗이 사울에게 쫓기던 사건을 그 배경으로 한다.

이 시편은 비난받는 사람이 하나님께 도움을 청하는 기도다. 대적들에게서 거짓 증언으로 고통을 받기에 시인은 하나님께 구해달라고 애원을 한다. 비난받은 사람은 성전 법정에 가서 자기의 무죄를 증명하는 맹세를 한다(왕상 8:31b).

6편과 같이 7편은 하나님의 주권이 의로운 사람의 삶을 안전케 하고 악인은 망한다고 증언한다(시 1:6, 2:12, 3:7-8, 6:8-10). 악이 계속 흥하는 것 같으나 미래에 하나님이 승리하게 하신다는 종말론적 희망을 증언한다. 이 시인은 하나님의 방패와 피난처를 경험한다(시 2:12, 5:11, 7:1). 7편의 시인이 도움을 구하여 기도를 드리는 이유는 자신의 진실성과 바름 때문인 것 같다(8절). 이 시편의 특징은 시인이 무작정 무죄하다거나 흠 없다고 고백하기보다는 적이 공격하는 상황에서 자기는 잘못이 없다고 주장하는 것이다(1-2절). 이 시편 시인은 욥과 흡사한 점이 있다. 욥도 자기 친구들의 비난에 자기는 진실하고 의롭다고 주장한다(욥 29:14, 31:6). 그러나 욥이나 이 시인은 독선적인 면을 말하는 것은 아니다. 욥과 이 시인은 근본적으로 하나님의 공의를 언급한다. 욥과 같이 이 시인은 공정하신 재판장을 신뢰한다는 것이다(11절). 또 최종적인 하나님의 공의를 경청한다는 것이다(17절).

적들이 경청하여야 할 말씀은 "심판을 받지 않으려면, 다른 사람을 심판하지 말라"는 예수님의 말씀이다(마 7:12). 이 시편의 시인은 적을 상대할 때 하나님을 신뢰하며 공의와 진실을 따라 살겠다고 신앙 고백한다는 점이 중요하다. 7편을 해석하면서 루터(Luther)는 하나님의 심판에 복종한다는 바울의 말씀을 인용한다(고전 4:1-6). 기독교인들은 정의와 진리를 위해 싸워야 한다고 권면한다. 이 시인은 진리의 승리를 위해 기도한다. 그렇게 함으로 예수님과 같이 이 시인은 정의롭게 심판하시는 존재에게 다 맡긴다는 것이다. 베드로전서 2:23의 말씀과 공감대를 이루고 있다.

시편 11편 ● 하나님을 신뢰하는 노래(지휘자를 따라 부르는 다윗의 노래)

11편의 시인은 심한 위기에 직면하고 있다. 대적들이 시인의 삶을 위협하고 음모를 꾸미고 있다. 그의 친구는 그의 안전을 위해 산으로 도망가라고 충고한다. 그러나 시인에게는 자신을 위협하는 문제보다 더 큰 문제가 자신의 공동체가 부패한 것이다. 공의와 정의가 땅바닥에 떨어졌다(암 5:7). 이러한 상황에서 시인은 무엇을 하여야 하는가 고민한다. 시인은 자신의 신앙과 공동체의 영적 변화를 위해서 이 노래를 부른다.

11편의 메시지는 우리가 잘 아는 찬송가로 요약할 수 있다. 즉 그 찬송은 "악이 강한 것 같이 보이지만 세상의 통치자는 주님이시다." 절대적 권력에 억압을 받아 희망이 없는 상황에서(2-3절), 이 시편 시인은 하나님의 통치에 대해 신앙 고백한다(4절). "악인이 화살을 메워서 바른 사람을 어두운 곳에서 쏘려하지 않느냐?"(2절)라고 하지만 어두움 속에서도 주님은 하늘 보좌에서 지켜보신다는 것이다(4절). 하나님의 통치가 완전히 나타날 것이라는 희망을 갖는다(5-7절). 즉 종말론적 전망을 갖게 될 때 하나님의 통치가 없는 곳이 없다는 것이다. 이 시인은 역경 중에도 도망가지 않고 신앙으로 자리를 지킨다. 오만함을 버리고 주님을 의지함을 선택한다. 여기서 신뢰라고 함은 자기 자만을 버리고 하나님 보좌의 능력을 믿는다는 것이다.

이 시편 시인과 같이 오늘 세상의 많은 사람은 근본 바탕이 무너진 무질서의 세상에서 살아간다. 사회의 근본 구조가 무너진 상황에서 우리가 살아가고 있다는 것이다. 가정과 교회와 교육기관 등 공동체의 구조가 모두 위협을 받고 있다는 것이다. 11:3에서 제기하는 질문, "우리가 어떻게 할 것인가?" 하는 것이 바로 우리의 긴급한 질문이다. 3절은 "기초와 바닥이 흔들리는 상황에서 의인은 무엇을 할 수 있는가?"라고 질문한다. 이런 상황이 되면 이 시인과 같이 포기하고 싶은 유혹에 빠진다. 이렇게 어려운 상황에 몰리게 되면 도망치지는 않는다 해도 회피하고 싶은 생각이 간절할 것이다. 이러한 상황에 하나님 안에 피난처를 찾는 것이 우리가 할 수 있는 해결책이다. 피난처를 찾는다는 뜻은 이 시인과 마찬가지로, 적과의 싸움에서 물러서지 말고 강하게 우리의 자리를 지키는 것이다. 7절에 의하면, 반대편에서 막강하게 진을 친다고 해도 하나님 안의 피난처에서 희망을 갖고 산다는 것이다. 왜냐하면 이 시인이 간증하듯이 우리는 하나님의 얼굴을 뵙게 될 것이기 때문이다. 이 시편은 논쟁의 시편이라고 한다. 하나님의 적들과 대결하라고 촉구하기 때문이다. 적과의 투쟁 속에 의로운 하나님은 의로운 자들을 높이 들어주실 것이라는 것이다.

시편 25편 ● 하나님의 인도와 구원을 구하는 기도(다윗의 시)

25편은 개인 애가이다. 시인은 성전에 모인 회중을 의식하며 그 회중에게 교육한다. 곧 "주님의 언약과 계명을 지키는 사람"(10절), "주님을 경외하는 사람"(14절) 등을 언급하며 성전에서 예배드리는 회중에게 교훈한다. 시인은 회중과 같이 성전에서 예배드린다. 이 시편에서 시인은 주님께 "가르쳐 주십시오"라고 탄원한다(5절). 이것은 이 노래에 히브리 지혜 문학이 반영되어 있다는 증거이다(12-14절). 시인은 지혜 문학의 질의문답 형식으로 하나님께 탄원을 드린다. 이러한 배경으로 보아 이 노래를 후기 페르시아 시대의 작품으로 볼 수 있을 것이다. 이 시편의 1-21절은 히브리 알파벳 순서를 따라 기록되었다. 이 시인은 특별히 죄에 대한 의식에 깊이가 있다. 그런데 마지막 22절을 시작하는 '구속하다'라는 말은 알파벳 순서와는 상관없이 등장하는 말이다.

25편은 자기 실현을 격려하는 세속적 문화 속에서 신앙 생활하는 사람의 기도와 삶의 모델이 무엇인지 제시한다. 이 시인은 자신만 위해서 사는 것보다 하나님께 자기 생명을 바치고자 하는 기도를 드린다(1절). 자기 자신과 자신의 힘을 의존하기보다 하나님을 의지하며 하나님 안에서 안전을 찾는다(2, 20절). 일시적 만족을 찾는 것보다 하나님을 위해 기다림에 만족한다(3, 5, 20절). 하나님과의 관계가 삶의 참 축복이라고 믿는다(5, 12-15, 21절). 기도를 드린다는 것이 자기가 원하는 것만을 추구하는 것이 아니라는 것을 이 시인은 안다. "하나님의 뜻을 이루소서"라고 하면서 하나님의 뜻을 찾는 것이다(4-5, 8-9, 12절).

이 시인은 핍박(2, 19절)과 고독과 괴로움(16절) 그리고 아픔과 근심(17-18절)에 봉착할 때 1-2편이 말하는 하나님의 가르침을 '행복'으로 여기며(시 1:1-2), 하나님께 의존하는 삶이 바람직한 삶이라고 말한다. 이 시인은 자기 자신의 단점(7, 11절)을 자각하며 하나님의 백성에게 좋은 표범을 보여준다. 이러한 표범은 어려운 문제들을 직면하는 교회에게도 도움을 준다. 인간이 사는 여러 상황에서 하나님은 그의 뜻을 가르친다. 메이스(Mays)는 오늘의 교회가 성령의 역사로 하나님의 뜻을 따라 살아가야 한다는 것을 이 시편이 제시하고 있다고 말한다.[2)]

이 시인은 이스라엘의 신앙 이야기들을 기억하고 있다. 하나님이 지향하시는 새로운 통찰력을 갖게 해달라고 간구한다. 또한 하나님이 어떤 분인지 또 어떻게 일하셨는지를 인식하면서 하나님의 새로운 뜻을 추구한다(6절). 출애굽기 32-34장을 회상하면서 탄원 기도를 드리는 듯하다. 과거의 사건 또는 전통을 의식함이 중요하나 그 전통만 의지함이 아니고 미래의 하나님의 가르침을 기다리는 것이 더욱 중요하다는 것이다.

25편은 전통적으로 강림절과 오순절에 사용한다. 겸손한 탄원의 기도는 사순절에 적합하다. 현재 삶의 확신과 미래의 희망은 강림절에 적합하다. 강림절은 예수님의 오심과 하나님의 뜻의 완성을 기대하는 절기이다. 하나님께 의존하는 신앙은 모든 절기에 적응된다.

시편 26편 ● 정의와 공의에 대한 애원(다윗의 시)

26편의 시인은 죄인이라는 비난을 받고 있다. 그를 비난하는 자들이 심하게 공격한다. 그들의 손에 죽음을 당할까 두려워한다. 그는 자신의 무죄를 확신한다. 무죄 선언을 받기 위하여 성전으로 가서 정의를 이뤄달라고 하나님께 탄원한다. 그는 자신의 무죄를 항변하면서 하나님의 정의를 구한다.

이 시편은 교차대구법으로 구성되어 있다. 1-3절과 11-12절은 시인과 하나님께 초점을 맞추고 있다. 이 부분에는 동사 '걷다'와 명사 '올바름'이 반복된다. 4-5절과 9-10절에서는 시인과 악인이 대조적으로 등장한다. 중간 부분인 6-7절은 다시 하나님과 시인에게 초점이 맞추어져 있다. 8절은

---

2) J. L. Mays, *op. cit.*, 127.

9-10절과 연결되어 있지는 않고 확실히 6-7절과 연결되어 있다.

26편에는 두 가지 면이 있다. 첫째는, 이 시인의 애원은 진실성에 입각하여 정의에 호소하고(1, 11절), 둘째는, 엘리트주의자 악인으로부터 자신을 구분하면서 더 나아가서는 악인들을 증오하는 것같이 보인다. 기독교인들은 이런 경우에 의아하게 생각한다. 여기서 이 시인이 자신을 높이고 또 자신은 다른 사람들과 다르다고 하면서 하나님께 감사하는 예수 시대의 바리새인들과 같이 가식적으로 보이기 때문이다(눅 18:11). 예수님은 죄인과 세리들을 섬기며, 그들을 증오하기보다는 사랑과 용서의 태도로 대했다. 7편과 17편과 같이 이 시인은 거짓 증언으로 비난받는 상황에서 자신의 순수성을 방어하는 것같이 보인다. 여기서 확실한 것은 진실성이란 자기 자신이 이룬 것에서 비롯되는 것이 아니라 하나님을 신뢰하는 데서 온다는 것이다. 시인은 하나님의 가르침에 따라 살면서(1-5절), 예배를 드리고(6-7절), 자신의 신앙을 증언한다(7, 12b). 그러면서도 마지막에 가서는 "은혜를 베풀어 달라"(11절)고 탄원한다. 시편에서 악인이라는 말은 근본적으로 하나님의 통치를 거부하고 자신만을 신뢰하는 사람을 말한다. 악인을 대항해서 산다는 것은 하나님의 통치에 자기 자신을 순종하고 극복해 나가는 것이다. 예를 들면, 예수님은 죄인과 세리를 사랑하고 용서했다. 그러나 하나님의 주권에 굴복하지 않는 자들을 위선자라고 부른다(마 23:13-36).

26편은 악에 반대하는 자세와 겸손한 태도로 사람들을 대하는 두 가지 양면을 논하고 있다. 하나님의 주권에 순종하지 않고 자기 자신만 신뢰하는 사람과는 큰 차이가 있다는 것이다. 하나님께 충성하게 사는 데는 지켜야 할 삶의 양식이 있다. 곧 매일매일 주님과 같이 걷는다(1, 3절). "주님의 사랑을 바라보며 주님의 진리를 따라 살겠다"(3절) 하는 각오로 살아가는 것이다. 주님께 충성하는 자는 삶의 근본이신 하나님께 감사하는 예배를 드리는 사람이다. 충성된 자는 '선한 자'의 회중에 자리를 잡고 하나님의 주권을 인정하며 사는 것이다. 이러한 충성된 삶의 성공 여부는 예배 공동체에 참여하여 영적 재생을 가져오는 것이다. 26편은 "주님을 섬기든지 다른 신을 섬기든지 선택하라고 도전한다"(수 24:15). "아무도 두 주인을 섬기지 못한다"는 진리의 말씀을 예수님은 강조하셨다.

시편 27편 • 주님은 나의 빛과 나의 구원

학자들에 따라 시편 27편을 두 편으로 나누어 취급하기도 한다. 즉 시편 27:1-6과 27:7-14로 나눈다. 27:1-6은 거짓 증언으로 고통받는 사람이 밤에 성전에서 기도하는 내용이다. 반면에, 27:7-14는 거짓 증언으로 비난받는 사람이 변호를 구하는 기도이다. 이 시편이 두 부분으로 나뉘는 것같이 보이나 두 부분은 다음과 같이 연결되어 있다. 1-6절과 7-14절은 사용하는 언어를 보면 한 시편으로 볼 수 있다. 1절과 9절은 "나의 구원", 2절과 12절은 "대적들", 3절과 8, 14절은 '일어난다'와 '다시 일어난다', 3절과 12절은 '의지한다', 4절과 13절 '또한 결론 부분에 증언과 권유에 있어서도 기도의 바탕으로 삼는다.' 이러한 예를 보면 이 시편의 첫 부분과 둘째 부분은 연결되어 있다. 그러므로 27편은 하나의 통일된 시편으로 보아야 한다. 결론적으로 말하면 하나님의 종들은 신앙 때문에 고난을 피할 수는 없으나 어려운 상황 속에서도 오직 용기와 희망으로 살아간다고 이 시편은 증언한다(13-14절).

야이로의 딸이 죽었다는 소식을 듣고 회당장 야이로에게 "두려워하지 말고 믿기만 하라"(막 5:36)고 한 예수님의 이야기를 우리는 기억한다. 이 시편의 메시지는 바로 예수님의 말씀을 요약한 것이다. 삶의 심한 위협 앞(2, 3-12절)에서도 이 시인은 믿기로 결단한다. 이 시인은 공격을 받아도 "나는 하나님만 의지한다"고 주장한다(3b절). 즉 하나님을 믿는다는 것이다(13절). 두 번이나 이 시인은 하나님을 "나의 구원"이라고 부른다. 죽음의 위협에서 구출되는 삶을 말한다(출 15:2). 죽음의 세력의 위협 속에서 이 시인은 신앙으로 산다는 것이다. 마가복음 5:36과 시편 27편은 신앙의 반대말은 의심이 아니고 공포라고 증언한다. 이 시인이 "나는 무섭지 않다"

(3b)라고 한 말은 "나는 주님을 믿는다"는 말이다(13절). 시편 27:3과 23:4는 죽음의 위협을 받으나 "나는 악을 두려워하지 않는다"고 고백한다. 여기에서 가장 중요한 요소는 하나님께서 같이하시는 것, 곧 그분의 현현이다. 이 시편은 하나님의 현현을 강조한다. 우리 시대를 '불안한 시대'라고 한다. 크라우스(Kraus)는 야웨 하나님 안에 전적인 바탕을 두고 산다는 것이다.[3] 우리 사회에서 '불안'을 '신경의 실패'라고 본다. 그러나 이 시편에서는 '불안은 신뢰의 실패'라고 제안한다. 하나님을 신뢰하지 않고 우리 자신을 신뢰할 때 기쁨을 누리지 못하고(6절) 충만한 삶을 향유하지 못한다는 것이다(13절).

14절은 우리의 삶의 닻줄은 전적으로 하나님께 있다고 고백한다. 14절은 하나님을 기다리는 종말론적 공동체를 상상하게 한다. 어려움 속에서도 주님을 기다리는 것이다. 주님을 기다리는 가운데 공포에서 벗어나 강하고 담대해지기 때문이다. 주님을 기다리는 지금, 이 시인은 기쁨을 맛본다는 것이다(6절). 현재 맛보는 기쁨은 이렇게 기다림이라는 신앙 때문에 가능하다고 본다. 또한 이 시인은 예배를 통해서 하나님을 찾는다(4-6절). 메이스(Mays)는 신뢰란 신앙생활을 통해서 육성되고 힘을 얻는 것이라고 주장한다.[4]

여러 가지 측면에서 27편은 미가서 마지막 장을 회상케 한다. 폭행과 억압이 미가 예언자를 사로잡는다. 미가는 그의 가장 가까운 친척까지도 믿을 수 없었다(미 7:1-6, 시 27:10). 그리하여 미가는 "나를 구원하실 하나님을 기다린다"고 고백한다(미 7:7, 시 27:9, 14). 그에게 하나님은 "나의 빛"이다(미 7:8, 시 27:1). 불안과 폭행과 욕심이 판치는 세상에서 미가는 27편 시인과 예수님처럼 공포를 물리치고 신뢰하라고 외친다. 빛과 생명과 힘과 용기이신 예수님은 하나님의 길을 구하라고 하신다. 교회가 하

3) H.-J. Kraus, *Psalms 1-59*, 337.
4) J. L. Mays, *op. cit.*, 133.

나님의 현현이신 예수 그리스도 안에 거할 때, 27편과 관련한 희소식은 "그 빛이 어둠 속에서 비치니, 어둠이 그 빛을 이기지 못하였다"(요 1:5)는 것이다. 이러한 신앙과 희망으로 우리는 생명과 평화를 누리게 된다(요 8:12, 14:27).

시편 31편 ● 주님의 손에 나의 생명과 미래를 맡긴다 (성가대 지휘를 따라 부르는 다윗의 노래)

31편은 크게 두 단락으로 구성된다. 첫째 단락인 1–8절은 거짓 증언으로 비난받는 사람이 변호를 간청하는 부분이다. 둘째 단락인 9–24절은 개인 애가이다. 이 시편은 세 단락으로 구분하기도 한다(1–8, 9–18, 19–24절). 여기서 우리는 이 시편을 통일된 한 시편으로 취급하고자 한다.

이 시인은 대적들의 그물에 걸려 있는 듯하다. 대적들은 하나님을 떠나서 헛된 것을 따르는 자들이다. 시인은 그들로 인해 심한 고통에 빠져 있다. 시간이 많지 않다. 이에 시인은 심한 고통 속에서 주님께 도움을 구한다.

한 편의 기도인 31편의 주제는 죽으나 사나 하나님을 신뢰한다는 것이다. 칼빈(Calvin)은 5절이 시편 전체에 적용되는 구절이라고 말한다.[5] 5절은 유명한 말씀으로 "주님의 손에 나의 영을 맡긴다"는 구절이다. "진리의 하나님이신 주님, 나를 속량하여 주실 것을 믿습니다"라는 하나님을 신뢰하는 신앙 고백이다.

31편은 복음서 저자들이 예수님의 고난과 죽음을 이해하는 데 중요한 자료가 된다(시 22, 41, 69편). 예수께서는 십자가에서 돌아가시는 순간 "주님의 손에 내 영을 맡긴다"는 5a절을 인용하셨다. 이 구절을 인용한 것은 앞으로 일어날 부활을 내다본 것이다. 곧 하나님의 구속의 능력은 죽음도

---

5) John Calvin, *Commentary on the Book of Psalms*, Calvin Translation Society, vols. 5(Grand Rapids: Baker, 1981), IV:1–503.

좌절시키지 못한다는 것이다(롬 14:8). 예수님의 뒤를 따른 제롬을 위시한 교회의 교부들 그리고 마르틴 루터와 요한 낙스 등이 삶의 최종 순간 시편 31:5를 암송하며 세상을 떠났다. 이 시편은 우리가 어떻게 죽을까를 가르쳐 주지만 어떻게 사느냐 하는 것을 가르쳐 준다는 점이 중요하다. 예수님이 어떻게 죽으셨느냐 하는 것도 중요하지만 더 중요한 것은 어떻게 사셨느냐 하는 것이다. 예수님은 말씀뿐만 아니라 행동으로도 하나님을 신뢰하며 하나님의 통치를 선언하셨다. 5절과 15절의 내용은 삶을 위한 것이다. 그런데 여기서 문제는 하나님께 우리의 삶과 미래를 맡긴다는 말이 무슨 뜻이냐 하는 것이다. 하나님의 주권 아래 우리가 "종"(16절)으로 산다는 것은 무슨 뜻일까? 이러한 질문에 대답하기가 어려운 것은 4, 9-13, 15b절의 해석 문제 때문이다. 현대인들은 이 시편 저자를 망상적이라고 할 것이다. 자신을 완전히 포기하고 야웨 하나님께 항복하라는 것이 이 시편의 주장인데 현대인들에게는 사실 받아들이기 힘든 요구이다.

이런 면에서 31편의 언어가 예레미야서와 흡사한 데가 있다. 예레미야와 같이 예수님은 하나님의 통치를 실현하기 위해 십자가를 지기까지 나아가셨다. 하나님을 따르기 위해 자신을 완전히 포기하는 일은 현대인들이 쉽게 받아들일 수 있는 요구가 아니다. 복음서의 중심 메시지는 받아들이기가 사실 쉽지 않다. 십자가를 지고 나를 따른다고 하신 예수님은 복음의 험한 골짜기를 말씀하신다. 우리 인간이 살 수 있는 길은 하나님을 완전히 믿고 의지하고 사는 것이다. 그렇지 않을 때 많은 문제가 뒤따른다. 하나님이 신실하신 분이라는 것을 믿기 때문에 하나님을 신뢰하는 것이다(7, 16, 21, 23절). 곧 마지막 절(24절)에서 시인은 우리가 지녀야 할 태도를 잘 표현한다. 곧 "주님을 기다리는 사람들아, 힘을 내어라. 용기를 내어라"라는 말씀이다.

시편 42-43편 ● 하나님 안에서 희망(지휘자를 따라 부르는 마스길, 고라 찬송의 노래)

42편과 43편은 본래 하나의 노래이다. 따라서 43편은 표제가 없다. 이 두 시편은 그 내용과 언어가 매우 비슷하다. 예를 들면, 42:9b와 43:2b의 문장이 똑같다. 43:5에 나오는 후렴이 42편에서도 두 번 나온다(5, 11절). 42-43편은 애가의 시이다. 시인은 깊은 실의에 잠겨 있다. 시인은 벌써 죽음의 문턱에 도달한 듯하다. 시인의 대적들이 그를 억압한다. 그들은 증오에 찬 음성으로 시인을 조롱한다. 대적들 가운데 한 사람이 악의를 품고 시인에 대하여 거짓 증언을 한다.

몇몇 학자들은 42-43편의 기원을 포로기 이후 시대로 본다. 예를 들면, 게르스텐부르거(Gerstenburger)는 페르시아 시대의 회당 예배에서 이 노래가 사용된 것으로 본다.[6] 반면에, 다른 학자들은 이 시편이 일반적인 위험이나 위협이나 공포 또는 신뢰와 희망을 노래한다고 본다. 이 시편은 인간의 생명이 하나님께 달려 있다는 성서의 근본 사상을 말한다.

42-43편의 근본 정신은 어거스틴(Augustine)의 『고백록』(*Confessions*) 맨 처음 단락에 기록되어 있다. "하나님에 대한 생각이 인간의 맘에 깊이 움직이기 때문에 인간이 당신을 찬양하지 않으면 내 영이 쉴 수가 없다."고 그는 고백한다. 왜냐하면 "당신이 우리를 당신을 위해 창조하셨고, 우리의 영이 당신 안에서 평화를 찾을 때까지 평화를 찾을 수 없"기 때문이다.[7] 이 시편의 이미지를 초대교회는 세례예식에서 상징으로 사용했다. 42:1의 "사슴이 시냇물을 사모하듯"이라는 구절은 인간의 영이 영생의 샘물을 사모한다는 뜻으로 읽었다. 또한 이 시편은 세례식 때 기독교인들이 고백하는 상징으로 사용해 왔다. 기원후 387년 부활절 어거스틴이 세례를 받을 때 이

---

6) E. S. Gerstenburger, *Psalms*, Part I, 182.

7) Augustine, *Confessions* I, 1. trans. R. S. Pine-Coffin(NY: Penguin Books, 1961), 21.

시편을 노래했다. 인간의 삶은 모두 하나님으로부터 왔고, 또 그분께 속하며 또 하나님 안에서만 참된 삶을 가질 수 있다는 것이다. 인간의 생명은 하나님께 의존할 때 살 수 있다는 것이다.

42-43편에는 중요한 세 후렴이 들어 있다. 이 후렴은 개인의 신앙 고백을 담고 있는데 개인의 고백이라기보다는 공동체가 함께 드리는 예배의 측면이 더 강하다(시 42:5, 11, 43:5). 세상에 사는 기독교인들은 "어느 곳에 당신의 하나님이 존재하느냐" 질문한다. 이 시편은 제의적인 면과 성서적인 면이 중요하게 반영하고 있다. 하나님을 갈급하는 우리 영의 본질을 나타내고 있다. 우리는 찬양과 기도, 예배와 설교 등을 통해 하나님의 뜻을 알려고 노력한다. 다시 말하면, 후렴과 42-43편 전체가 하나님의 백성과 교회의 신앙 고백이다. 적대적인 상황 속에서도 신앙 고백한다는 것이 매우 중요하다. 화우어와스와 윌리몬(Hauerwas and Willimon)은 미국의 경우 신앙생활은 영구적인 포로생활과 같다고 한다.[8] 하나님을 의지하지 않고 자신을 의지하는 미국 사회에서 모든 것이 다 당신에게 달려 있다고 주장해야 하기 때문이다. 이러한 문화적 상황 속에서 가장 중요하게 우리가 할 수 있는 것은 하나님 안에서 희망을 품고 하나님이 우리의 도움이라고 고백하는 것밖에 없다(시 42:5, 11, 43:5). 희망을 가지고 하나님을 기다린다는 것이다.

하나님 안에 희망을 갖는다는 것은 희망과 좌절을 동시에 고백하면서도 종말론적으로 산다는 것이다. 예수님의 경우 겟세마네 동산에서 기도드릴 때 한편으로는 하나님을 전적으로 의지하면서도 또한 그의 영의 혼란에서 피하지 못해 고민하셨다(마 26:38, 요 12:27). 우리는 하나님을 의지하면서도 어려움을 당할 때 우리 영은 고통에서 피하기 힘들다. 그러나 한 가지 확실한 것은 하나님의 한결같은 사랑과 충실성에서 도망칠 수는 없다는

8) Stanley Hauerwas and W. H. Willimon, *Resident Aliens Life in the Christian Coloney*(Nashville: Abingdon, 1989), 36.

것이다. 하나님의 사랑은 항상 우리가 다시 그분께 돌아가게 인도하신다(시 42:8, 43:3). 이것이 우리의 희망의 본질이고 또 세상에 대한 희망이다.

시편 52편 ● 사람을 속이는 자에 대한 심판(지휘자를 따라 부르는 다윗의 마스길, 에돔 사람 도엑이 사울에게로 가서 다윗이 아히멜렉의 집에 와 있다고 알렸을 무렵에 다윗이 지은 시)

50편과 마찬가지로 52편에서 시인은 하나님께 기도와 찬양을 드리는 것이 아니라 '강폭한 자'("용사")에게 말하고 있다(1-5절). 이 강폭한 자는 힘 있는 자로서 시인과 의인들을 괴롭히는 자이다. 52편의 표제는 강한 자가 사울의 종인 도엑이라고 밝힌다. 도엑은 사울의 지지자로 다윗이 숨어 있는 장소를 사울에게 알리고 또 놉의 제사장들을 살해한 사람이다(삼상 21-22장). 그러나 이러한 표제의 역사성은 중요하지 않다. 다만 성서 속에 예화를 들어 이 시편의 배경을 설명하는 것뿐이다.

이 시편은 포로기 후 회당에서 공동체 교육용으로 사용되었을 것이다. 이스라엘 신앙 공동체를 위협하는 사람들을 대항하여 공동체를 강화하기 위한 자료로 사용되었을 것이다. 이 시편은 개인 애가이다. 권력을 가진 대적들로부터 위협을 당하는 공동체의 개인 노래라고 본다. 또한 이 시편은 예언자들의 영향을 받았다. 이 시편의 중심 사상은 의인과 세속적인 사람들에게 어떻게 살아가야 하는가 하는 문제를 다룬다. 시인은 이 질문을 5-7절에서 취급한다. 그러므로 이 시편은 다윗 시대 작품이라고 보기보다는 포로기 이후 시대의 상황에서 작성되었을 것이라고 본다.

52편의 내용은 다윗 시대로부터 포로기 이후뿐만 아니라 오늘날까지도 적절하고 타당하다. 이 시편이 말하는 것은 역사 속에서 계속 일어나는 문제들이다. 곧 안전과 부와 권력의 문제이다. 다른 사람을 희생시키고 자기 자신만 잘 살려고 하는 유혹은 인류 역사에서 흔히 찾아볼 수 있다. 1-4절은 부와 능력을 소유한 '강폭한 자'를 묘사한다. 이러한 삶의 스타일은 현 사회에서도 얼마든지 찾아볼 수 있다. 삶을 순전히 자기중심적으로 바라보는 것이다. 이 시편은 이렇게 현재 우리의 문제를 취급한다. 우리는 이기적 삶을 선택할 것인가, 하나님 중심의 삶을 선택할 것인가? 으리 자신을 믿든지 아니면 하나님께 그 미래를 맡기든지 선택해야 한다는 것이다. 이 선택은 어렵지 않다. 이 시인은 항상 주님의 말씀대로 사는 것이 어렵다고 한다. 예수님 제자들과 같이 항상 복음을 받아들이는 일이 어렵다는 것이다. 다윗 시대나 포로 이후 시대에 하나님의 충성스러운 종이 부유하고 강한 대적의 위협을 받는 경우를 생각해 볼 수 있다. 아모스와 예레미야와 예수님의 경우도 생각해 볼 수 있다(암 7:10-17, 렘 26:10-19, 38:1-13). 52편은 하나님을 의지할 것인가, 우리 자신을 의지할 것인가 하는 두 선택을 잘 보여준다. 그러므로 52편의 말씀은 오늘 우리 삶에 타당하다. 하나님을 의지한다는 것이 오늘 현재 사회에서 얼마나 힘든가? 하지만 그렇게 살 때 우리의 삶은 충만해질 것이다.

시편 54편 ● 변호를 구하는 기도

(지휘자를 따라 현악기에 맞추어 부르는 노래. 다윗의 마스길)

거짓 증언으로 비난받는 사람의 애가이다. 이 시인은 거짓 증언에 대한 변호를 받기 위해 성전으로 나아간다. 그는 하나님께서 자신에게 거짓 증언하는 사람들이 멸망하기를 기도한다. 이 시편은 탄원으로서 시작하여(1-2절), 불평으로 이어지고(3절), 신뢰의 신앙 고백이 뒤따른다(4-5a절). 그리고 다시 탄원(5b절)과 맹세(6절)가 나오고 탄원의 이유가 나온다(7절). 7절에서 시인은 과거의 구원사건을 회상하면서, 현재 직면한 문제를 해결하고자 한다. 54편의 표제는 다윗의 기도라고 밝힌다(삼상 23:19를 참고하라). 그러나 이 표제를 역사적인 사실로 받아들일 필요는 없다. 물론 54편의 배경을 다윗과 사울 사이에서 일어났던 사건으로 볼 수 있을 것이다. 그러나 이 시편은 거짓 증언으로 비난을 받은 사람이 언제나 어디서든 사용할 수 있는 시다. 어떤 학자는 이 시편을 고통에 직면했던 포로기 이후의 공동체 기도로 보기도 한다.

5절과 7절에 의하면, 이 시편의 시인은 때때로 복수심으로 보복하는 사람으로 나타난다. 바이저(Weiser)는 이 시인을 다음과 같이 평한다.[9]

> 복수심과 자만이라는 인간의 본능이 이성을 압도하는 듯이 보인다. 하지만 이 시인은 복수하기보다 하나님을 존중하고 또 생명과 정의가 실현되는 것을 무시하는 것은 아닌 듯하다. 부정과 억압 속에서 바른 질서를 가져오려면 억압자들을 억눌러야 한다. 바로 이러한 일을 위해서 이 시인은 기도한다. 즉 이 시인의 성향은 보복적이라기보다 실재적이다. 이 시편의 메시지는 위기 속에서 야웨의 이름으로 탄원하는 사람이 실패하지 않기를 바라는 것이다. 적들은 승리하지 못한다는 것이다. 야웨는 잔혹한 적들의 행위가 오히려 그들 자신들에게 해가 되게 하신다.

종합해서 말하면, 이 시인은 예수님께서 그의 제자들에게 가르치신 기도, "당신의 뜻이 하늘에서 이룬 것 같이 땅에서도 이루어지이다. … 악에서 구하옵소서"와 같은 신앙의 기도이다(마 6:10, 13). 주님의 기도가 종말론적인 요소를 띠고 있음과 같이 54편도 종말론적 전망을 나타낸다. 기독교인들과 같이 이 시인은 반대와 고통 중에서 기도한다. 그 기도는 하나님은 나의 도움이시라는 것 그리고 생명과 힘의 근본이신 하나님께 삶과 미래를 맡긴다는 것이다. 현재와 미래 사이의 긴장이 7절에 애매하게 나타나는데, 이 점이 신학적으로 중요하다. 즉 하나님께 의존하는 사람들은 하나님이 뜻하는 삶을 경험할 것이라는 것이다. 파괴와 무법과 고통이 심한 세상에서 생명을 갖는다는 것이다. 여기 7절의 애매한 내용으로 신학적인 문제를

---

9) Artur Weiser, *The Psalms*, OTL. trans. H. Harwell(Philadelphia: Westminster, 1962), 416.

따지는 것은 적절하지 않다. 기독교인들이 십자가와 부활사건을 분리해서 경험하지 않고 동시에 경험하는 사실을 보여주는 것이다.

시편 55편 ● 주님께 모든 짐을 맡기라

(지휘자를 따라 현악에 맞추어 부르는 다윗의 노래)

55편은 개인 애가이다. 전형적인 애가의 노래로 시인의 탄원(1, 2a, 9a, 15절)과 불평(2b–8, 9b–11, 12–14, 20–21절)과 신뢰(16–19, 22–23절)가 나타난다. 이 시편의 언어나 표현에는 비정상적인 것이 많다. 이 시편의 흐름이 마지막 부분에서 어색하다. 흐름의 연속성이 단절된다. 이것에 대해 몇몇 학자들은 이 시편 1–18a절과 18b–23절을 두 독립된 시로 본다.[10] 그러나 친구들에게 배신당한 구절들(12–14, 20–21절)이 전체적으로 산재해 있기 때문에 한편으로 볼 수 있다. 이러한 불규칙적인 시의 구조로 보아 시인의 삶이 무질서 또는 혼돈 상태에 있었던 것 같다. 그렇다면 그 무질서의 상태가 구체적으로 무엇인가 질문해 볼 수 있을 것이다. 그것은 어쩌면 시인이 낯설고 적개심이 많은 곳에서 포로생활을 하고 있었던 것을 말하는 것인지 모른다. 또한 군사적인 용어들과 배신의 주제가 두드러지는 것으로 보아, 시편 55편이, 압살롬이 다윗에게 반기를 들었을 때의 아히도벨의 배신과 관련이 있을 가능성도 있다(삼하 15:31). 그러나 이러한 생각은 지나치게 사변적이다. 그렇다면 이 시편이 어떻게 한 시편으로 보존되었는지 질문하게 된다. 게르스텐부르거(Gerstenburger)는 이 노래가 아주 극심한 위협 가운데 느끼는 죽음의 불안을 표현한 정형적인 전례식문이라고 주장한다.[11]

뉴욕 리버사이드교회 담임목사 윌리엄 슬로운 코힌은 그의 아들이 비

10) H.–J. Krause, *op. cit.*, 510–520.

11) E. S. Gerstenburger, *op. cit.*, 24.

극적으로 사망을 당한 후 설교할 때 '참사를 설명하는 데 성서에 해답이 없다'고 말했다. 그러나 그는 견디기 어려운 슬픈 상황에서 다음 성서 구절을 통해 슬픔을 견딜 수 있게 되었다고 했다. 즉 그 말씀은 "너희의 짐을 주님께 맡기라. 주님이 너희를 붙들어 주실 것이다"(22절).[12] 코힌 목사는 22절이 고통과 슬픔 속에 있을 때 가장 적절한 말씀이라고 지적한다. 다른 말로 말하면 인간은 과거나 현재나 계속해서 배반과 고통 속에서 살아간다. 어떤 이유나 어떤 경우든지, 또 어떤 적들이든지 우리는 슬픔의 경험으로부터 슬픔, 죽음, 공포, 폭행, 억압과 배반이 무엇인지 안다.

이 시인의 불평은 여러 가지 면에서 현재 우리가 사는 상황을 말하는 것 같다. 예를 들면, 우리의 도시들은 폭력과 분쟁이 가득하다(9절). 이 시편이 말하듯이 우리 사회는 일반적으로 무질서하다. 개인적 관계 형성에 어려움이 많기 때문이다. 살다보면 배반이라는 것이 그리 새로운 일이 아니다. 이러한 일은 비일비재하다(눅 22:48). 이 시편이 이러한 실상을 긍정하는 데에 도움이 될 것이고 또 이 문제를 취급할 때도 도움이 될 것이다.

어떤 교회에서 예배 때 배반당한 교인들을 모아 놓고 55편을 교인 전체가 천천히 읽었다. 한 절을 읽고 성가대가 후렴을 찬양했다. 그 후렴을 "너희의 짐을 주님께 맡기라. 주님이 너희를 붙들어 주실 것이다"(22절)이다. 예배가 끝나고 한 여자 교인이 말하기를 '어떻게 이 시편 시인이 배반이 가져오는 깊은 상처를 알았느냐?' 하고 감탄했다. 이 시편을 통해 우리는 고립의 고통으로부터 해방될 것이다. 이러한 예배 형식을 자주 보면 교인들은 '주님께 그의 짐을 맡기는' 데 많이 참여할 것이다. 즉 이 시편이 충성스러운 기도로 사용할 수 있을 것이다. 하나님의 능력이 인간의 죄의 힘을 능가함을 경험할 것이다.

---

12) Quoted in Thomas G. Long, "Preaching about Suffering," *Journal For Preachers* 15/2(Lent, 1992), 14.

시편 56편 ● 핍박 중에서 하나님을 신뢰하다(지휘자를 따라 요낫 엘렘르 호김에 맞추어 부르는 노래, 다윗의 믹담, 블레셋 사람이 가드에서 다윗을 붙잡았을 때에 다윗이 지은 시)

56편은 거짓 증언으로 고통을 받는 사람의 기도다. 대적들이 이 시인의 피를 노리고 있고, 또한 폭력적 억압을 가한다. 이러한 상황에서 이 시인은 하나님께 자신의 문제를 고한다. 그는 하나님께서 도와주실 것이라고 확신한다. 이 시편에는 주님을 신뢰하는 표현이 많이 나타난다(3-4, 8-11절). 이 시편의 표제는 다윗과 가드 왕 아기스와 관련된 이야기를 배경으로 한다고 밝힌다(삼상 21:10-14). 그러나 이러한 역사적 상황이 이 시편의 근원이라고 보는 것은 적절치 않다. 칠십인역(LXX)과 탈굼(Targum)의 표제에 따르면, 이 시편의 배경은 이스라엘 백성이 성전에서 멀리 떨어져 살고 있는 정황을 말한다. 따라서 56편을 바빌론 포로기 또는 그 이후의 이스라엘 공동체의 기도로 보는 것이 적절하다. 다른 시편들과 같이 이 시편의 기도 역시 그 구체적인 배경을 알아내는 것은 힘들다.

신학자들과 심리학자들은 우리가 무엇을 믿는 것이 중요한가를 이야기한다. 인간의 오래된 질문은 우리가 믿지 않는가보다는 무엇을, 누구를 신뢰할 것인가가 더 중요하다는 것이다. 바로 이러한 질문을 시편 56편이 취급하고 있다. 이 시인의 적들과 같이 우리의 계속적 유혹은 우리의 능력, 우리의 성취, 우리의 자원을 신뢰하는 것이다(시 49:5-6, 52:7-8, 62:10, 사 47:10). 여기서 특히 중요한 것은 6절에 "희망한다"('노리다")라는 말이 적의 목적을 요약한다는 것이다. 그들은 다른 생명을 희생시켜 가며 그들의 삶과 미래를 거는 것이다. 그와 반대로 이 시인은 하나님을 신뢰하고 또한 하나님의 약속을 신뢰한다. 56편은 시인이 두려워하는 것을 하나님께서 제거하지 않는다고 말한다. 이 시편이나 또 다른 기도의 가르침은 인간의 삶은 항상 위협과 반대 상황 속에 산다는 것이다. 그러나 희소식은 하나님이 우리와 같이하기 때문에 우리는 이 시인과 같이 "나는 두려워하지 않는다"고 말할 수 있다(4, 11절). 즉 우리가 두려워할 것은 그 두려움 자체라는 것이다. 즉 신앙의 반대는 의심이 아니라 공포라는 것이다. 예수님께서 야이로 회당장에게 말하기를 "두려워하지 말고 믿으라" 하신 말씀이 중요하다(막 5:36). 그러한 반응이 가능한 것은, 이 시편에 의하면, 하나님이 우리를 알고(8절) 또 하나님이 우리를 위한다는 것을 알기 때문이다. 예수님은 그의 제자들에게 위와 같은 이유로 "두려워하지 말라" 하고 격려했다(눅 12:4-7).

신약성서 저자들은 56편이 선언하는 희소식, 곧 예수님의 삶, 죽음과 부활사건을 직접 들었다. 인간은 항상 반대와 고통 속에 산다(롬 8:18). 바울이 증거하듯이 "만일 하나님이 우리와 같이 하시면 누가 우리를 대적하리오" 하고 힘차게 우리를 격려한다(롬 8:35). 바울은 확신하기를 "우리를 하나님의 사랑에서 끊을 수가 없다"고 강조한다(롬 8:39).

56편의 마지막 단락이 기독교인들에게 다음과 같은 예수님의 말씀을 회상시킨다. 곧 "나는 세상의 빛이다. … 나를 따르는 사람은 어둠 속에 다니지 아니하고, 생명의 빛을 얻을 것이다"라고 하신 말씀을 들으면 이 시편이 생각난다. 예수님은 제자들에게 위험이 없는 삶을 약속하시지는 않았다(요 15:18-25, 16:33, 17:14-15). 그러나 예수님은 "내가 주는 평화는 세상이 주는 것과 같지 않다"고 약속하셨다(요 14:27). 공포와 두려움에 빠지지 않는 평화를 주신다는 것이다. 예수님의 약속, 곧 이러한 평화가 바로 56편의 주제이다.

시편 64편 • 대적으로부터 보호에 감사

(지휘자를 따라 부르는 노래, 다윗의 시)

64편은 짧은 개인 애가이다. 시인은 공의롭고 정직한 하나님의 예배 회중 가운데 한 사람이다. 시인은 자신의 생명을 노리는 악하고 교활한 대적들에게 둘러싸여 있다. 이러한 어려운 상황에서 하나님께 도움을 청한다.

이 시편의 구조를 보면, 먼저 탄원이 나오고(1-2절), 이어 불평이 따른다(3-6절). 시인은 대적들이 어떠한 사람들이라는 것을 자세히 묘사한다. 하나님의 활동에 대하여 시인이 신앙을 고백하고(7-9절), 마지막으로 하나님을 신뢰하고 기쁨으로 찬양할 것을 권한다.

이 시편의 배경이 되는 구체적 정황을 재구성할 수 없다. 누가 어떻게 위협하는지 정확히 알 수 없다. 다만 원수들이 파괴적인 언어로 시인을 위협한다는 것을 알 뿐이다. 또 한 가지 알 수 있는 것은 핍박을 받는 사람이 성전에서 피난처를 찾는다는 것이다(시 57, 61편). 64편의 구체적인 역사적 배경을 밝혀낼 수는 없다.

날카로운 칼, 독서의 활, 올가미 등의 말이 나오고, 하나님이 직접 보복함을 묘사하는 등을 언급하는 것을 보면 오늘 우리의 상황과는 거리가 먼 것같이 보인다. 그러나 우리의 세상을 자세히 살펴보면 이런 현상이 터무니없는 현상은 아님을 알 수 있다. 이 시편은 사회에서 많이 볼 수 있는 불안과 당혹감에 대해 말하고 있다. 현 사회가 세련되었다고 해도 우리의 질서를 위협하는 파괴적 세력들이 잠재하고 있음을 안다. 5b-6절에 의하면, 사실 인간이 악을 꾀하고 은밀하게 음모를 꾸미며 사람을 속이는 현상이 기독교인들을 포함한 현대 사람들에게서 많이 볼 수 있다. 인간들은 자기들의 이익의 입장에서 생각하지 공동체 이익은 이차적으로 생각한다. 우리가 5b절에서 묘사하는 것같이 악한 행동을 하지 않을지라도 우리는 하나님과 공동체에 책임 있는 행동을 피할 때가 많다. 64편은 우리 자신과 사회의 악을 인정하고 또 고백할 것을 요청한다.

또한 신앙의 결단을 요구한다. 우리 자신의 능력을 의존하지 말고 하나님께 우리 전체를 맡기는 신앙 태도가 필요하다. 이 시편에는 하나님의 징벌에 대한 내용이 담겨 있다. 물론 기독교인들은 십자가를 항상 상기시켜 주는 하나님이 그의 힘을 행사하여 모든 악과 적들을 한순간에 제거하지는 않는다는 것이다. 하나님의 권능은 약함 속에서 완성케 하는 것이다(고전 1:25, 고후 12:9-10). 기독교인들에게는 부활이 하나님의 승리의 표적이다. 그러나 우리는 십자가와 부활의 백성으로 살 것을 초청받았다. 이 시인과 같이 우리가 악을 직면할 때 탄원과 불평을 하며 살아갈 것이다(1-6절). 그러나 궁극적으로 인간의 능력보다 하나님의 능력을 신뢰하기 때문에 우리는 기뻐할 것이다(10절). 악은 파괴의 씨를 뿌릴 뿐이다. 그러나 하나님의 창조적 능력이 악의 세력을 파괴하는 경험을 하게 될 것이다(9절). 자신보다 하나님을 신뢰할 때 우리는 하나님께 감사의 찬양을 드리며 해방되는 기쁨을 누릴 것이다.

시편 70편 • 주님, 지체하지 마십시오
(기념식에서 지휘자를 따라 부르는 노래, 다윗의 시)

70편은 거짓 증언으로 부당한 비난을 받는 사람의 기도이다. 대적들은 시인의 불행을 보고 흡족해 한다. 이에 시인은, 하나님께서 빨리 오셔서 자신을 구원해 달라고 애원한다(1절).

이 시편은 40:13-17과 비슷하다. 따라서 어떤 학자들은 70편이 독립된 시편이었는데, 후에 40편의 결론으로 사용되었을 것이라고 주장하기도 한다. 또 어떤 학자들은 40편이 더 오래된 것이며, 따라서 70편이 40편의 결론(시 40:13-17)을 인용한 것이라고 보기도 한다. 그러나 이 두 가설 가운데 어느 것 하나도 확실하지 않다. 오히려 70편과 71편이 시적인 형태로 연결되어 있는 것으로 보아 본래 이 두 시편이 한 작품이었을 가능성이 높다. 70편의 표제에 나오는 "기념식"이라는 말은 동사 '기억하다'의 사역형이다. 이와 비슷한 형태가 시편 71:16b에도 나타난다. 70편은 또한 71편과 밀접하게 관계되어 있다. 이 두 시편에는 시인이 가난하고 불쌍한 사람으로 묘사된다(시 69:29, 70:5). "가난한 자"라는 말이 69:33과 70:5에 나온다. 이 두 시편에는 또한 '구원'에 대한 개념이 공통으로 나오기도 한다(시 69:1, 13cd, 29, 35, 70:4).

70편은 전통적으로 사순절 끝 성 주간에 사용한다. 3절에 나오는 "아하, 아하”(3절)라는 적들의 조롱은 예수님께서 십자가에 들아가실 때 군중들이 아우성치며 하던 조롱을 회상시킨다(시 35:21, 25, 막 15:29). 이러한 제의적 상황에 도움을 간청하는 기도들이 여러 가지 상황에 적응됨을 보여준다. 예수님은 하나님께 자기 생명과 미래를 충성스럽게 맡기셨다. 다른 말로 말하면, 충성스러운 희생자로 하나님께 생명과 미래를 맡겼던 예수님의 태도를 말한다. 곧 예수님은 하나님의 주권이 무엇인지 그 본질을 잘 보여주셨다. 수난을 감수하고 사랑으로 행하는 위대성을 말한다(4절).

시편 120편 • 중상모략으로부터 구원을 위한 기도 (성전에 올라가는 순례자의 노래)

120편에 따르면, 시인은 자기의 집을 떠나 있다. 시리아 아라비아 사막 북쪽 끝 베두인 동족과 함께 살고 있다.[13] 게달과 메섹 사람들 사이에서 시인은 살았다. 이 두 부족은 이스마엘의 자손이다(창 25:13-14). 게달 부족은 활의 사수로 유명하다(사 21:17). 시인은 물론 평화를 사랑하는 사람이었다. 그러나 그의 삶은 분쟁이 많은 베두인 사람들 사이에서 늘 불안했다. 외국 부족들 틈에 끼어 사는 시인은 고통 가운데서 하나님께 애가를 부른다. 하나님께 도와달라고 아우성을 치는 것이다. 대적들의 배신에서 구원받기를 기도한다. 시인은 주님께 자신을 구해 달라고 탄원한다(2절). 시인은 사기꾼들을 주님께서 어떻게 대하고 멸하시겠느냐고 말하여 그들에게 도전한다. 대적들의 혀가 시인의 날카로운 화살로 찌르는 듯하다. 여기서 날카로운 화살 또는 싸리나무 숯불 등이 나오는 것으로 보아 심한 전쟁이 벌어지고 있는 것 같다. 이러한 어려운 상황에서 시인은 애가를 부른다.

120편은 구출(1절)과 탄원(2절)과 불평(5-7절) 순으로 나열되어 있는데 이런 구조는 시편 제5권과 또한 성서 전체의 특색이기도 하다. 이러한

13) E. Leslie, *op. cit.*, 340.

시편은 바빌론 포로 이후 세대들에게 의미가 있었다. 일반적으로 이러한 시편의 구조, 곧 구출과 탄원과 불평의 구조는 시편 전체의 종말론적 전망을 나타내기 때문이다. 희생자들을 위해 하나님이 정의를 성취하시는 일은 과거의 경험을 중심으로 성취하시는 일이다(1, 3-4절). 그러므로 기다리면서 기도해야 한다(2, 5-7절). 이 시편은 디아스포라 유대인들에게 특별한 의미를 주었을 것이다. 또한 성서 전체의 전망을 표현하고 있다. 성서의 내용과 마찬가지로 이 시편은 하나님의 약속과 성취 사이를 오간다.

곧 하나님의 백성은 하나님의 성취가 시작된 현재와 성취를 기다리는 미래 사이 속에서 살아간다고 이 시편은 말한다. 이미 실현된 하나님의 종말론적 통치를 예수님은 선포했다. 이러한 종말론적 성언 때문에 세상의 반대 세력이 부각된다. 예수님의 십자가가 그 반대 세력의 하나의 예이다. 예수님의 "평화를 이루는 사람은 복이 있다"라는 말씀 다음에 곧 "의를 위하여 박해를 받는 사람은 복이 있다"라는 예수님의 가르침은 벌써 실현됨과 또 앞으로 올 상황을 말하고 있는 것이다(마 5:10).

이 시편은 시인의 경험(6-7절)과 계속되는 하나님 백성의 경험을 증거하고 있다. 하나님이 주시는 평화는 참되다. 이 평화는 세상이 인정하는 평화가 아니다(요 14:27). 따라서 교회는 항상 이 세상 밖의 이방인의 삶을 살게 된다. 곧 이 세상에 살지만 이 세상에서 떨어진 삶을 산다는 것이다(요 17:14-18, 벧전 1:1-2, 2:11-12). 평화와 화해를 이루기 위해 노력할 때 그 반대 세력은 적개심으로 대할 것이다. 왜냐하면 평화를 추구하는 운동이 세상의 세력을 위협하기 때문이다. 미국 사회에서 1950년대와 1960년도에 흑인 인종 차별 문제와 1980년도와 1990년도 아프리카 남아공 다수 흑인 아파타이트 자결 문제들은 오랜 투쟁 끝에 해결되었다. 여러 나라의 기독교인들이 세계 평화를 위해 일할 때 비애국자로 취급받았다. 이러한 투쟁에서 희생자들을 지원하면 금낭화한 사람이라고 비난했다. 그런고로 평화를 이룩하려면 투쟁이 따르고(7절), 예수님을 따르려면 십자가를 지어야 한다(마 8:34).

시편 140편 ● 대적들로부터 구원을 구하는 기도
(지휘자를 따라 부르는 다윗의 시)

140편은 적으로부터 비난을 받는 사람이 드리는 애가의 기도이다. 적개심을 품은 그들은 악의에 찬 중상으로 시인에게 폭언을 퍼부었다. 이 폭행의 혀는 독사가 독을 내뿜는 것같이 날카로웠다. 이 악한 사람들은 시인을 상대로 비밀스럽고 사악한 음모를 꾸미고 있었다. 또한 전쟁까지도 음모하고 있었다. 그들은 시인을 그물로 붙잡으려고 한다. 이 시편은 교차대구법에 따라 구성되어 있다.

시편 전체의 경우와 같이 140편은 탄원과 신앙 고백이 나란히 배치되어 있는 것은 종말론적 전망을 나타내기 위함이다. 곧 하나님의 통치에 반대되는 상황에서 하나님의 통치를 선언하는 종말론적 전망을 보여주고 있다(시 2, 13, 22, 138편). 예수님의 경우도 마찬가지이다. 예수님은 하나님의 통치를 선언하는 동시에 자기 자신을 통해서 그 통치가 실현되었다고 선포하셨다(막 1:14-15). 그래서 마지막에는 십자가까지 지게 되었다. 140편은 시편 전체뿐만 아니라 성서 전체의 신학적 전망을 대표하고 있다. 8-11절의 탄원 때문에 140편이 기독교인들의 기도로 적절한가 하는 질문이 제기되기도 했다. 그러나 8-11절은 개인의 복수보다는 희생자를 위한 정의로 보는 것이 적절하다. 우리는 이 시편과 같이 희생자들을 위해서 기도하여야 할 것이다. 만일 우리가 140편을 다른 사람들을 위한 기도로 생각한다면 우리는 사회의 여러 문제를 이 시편과 연결시켜 생각해 볼 수 있다. 곧 그 문제란 여자와 아동 학대 같은 사회 문제를 말한다. 현 사회에는 폭행을 당하는 희생자들이 많다. 그들을 어떻게 해방시킬 것인가가 우리의 과제이다.

140편은 오늘날 기도로서 사용할 수 있는 또 하나의 측면이 있다. 로마서 3:13에서 바울은 140:3b를 이용하면서 모든 사람은 죄의 멍에 아래 있다고 주장한다(롬 3:9). 이 시편에는 우리 자신부터 건져 달라고 청하는 기도가 들어 있다. 곧 이 시편은 우리 모두가 다 피해자라는 것이다. 예를 들면, 현대인들은 적어도 폭력을 정당화하는 문화를 옹호한다. 어린이들은 매일 텔레비전을 통해 폭력을 경험한다. 또한 폭력은 성인들의 오락으로 전락하고 있다.

오늘날 국내 문제나 국제 문제를 해결하는 데 폭력을 폭력으로 해결하려고 한다. 많은 철학자는 폭력과 적대적 행동과 전쟁 등은 인간 생활에 불가피한 것으로 본다. 왜냐하면 평화는 너무 무미건조하고 또 실재 세계에서 너무 비용이 많이 든다는 것이다. 이러한 상황에 직면하여 140편과 함께 하나님의 백성으로 우리의 세계는 하나님의 통치 안에 있다고 결론을 내릴 수밖에 없다(6-7절). 그리하여 이런 상황 속에서 '만일 당신이 평화를 원하면, 평화를 위해 노력하라'고 말하는 슬로건은 적절하다. 폭력을 폭력으로 해결하는 것은 해결책이 아니다. 12-13절은 "주님은 고난을 받는 사람을 변호해 주고, 가난한 사람에게 공의를 베풀고, 정직한 사람은 하나님의 얼굴을 볼 수 있다"고 강조한다. 하나님은 정의를 위해 일하시는 분이다.

시편 141편 ● 악으로부터 보호를 구하는 기도(다윗의 노래)

141편의 젊은 시인은 마음속의 욕심 때문에 투쟁하는 경향을 강하게 보인다. 그는 물질에 대한 강한 유혹과 사치에 관심이 있다. 자신의 삶의 목적은 하나님의 선하심을 찾는 것이다. 그는 하나님의 도움을 구하기 위해 성전에 왔다. 성전에서 저녁 예배 중에 기도드리는 시간이었던 것으로 보인다(왕상 18:36). 이 시인은 두 손을 들고 저녁 제물을 드린다. 구원을 바라는 기도를 드린다. 또한 시인은 악인들의 번영을 두려워하는 유혹으로부터 자신을 구해 주실 것을 기도한다. 이 시편은 삶의 자리를 말하지 않는다. 많은 학자는 구절들이 불확실하여 주석하기가 불가능하다고 한다. 그런가 하면 바이저(Weiser)는 5c-7절을 이 시편에서 아예 삭제시킨다.[14] 바이저가 그렇게 하는 이유는, 이 부분이 이해도 안 되고 번역도 안 되기 때문이다.[15] 학자들은 이 시편을 두 부분이나 세 부분으로 나누기도 한다. 그런데 내용으로 보아 세 부분으로 나누는 것이 적절하다.

2절에 "저녁 제물"이라는 말과 관련되어 초대 기독교인들은 이 시편을 저녁 기도로 사용했다. 현재도 그렇게 사용한다. 이렇게 교회에서 이 시편을 저녁 기도로 사용하는 것은 좋을 듯하다. 오늘날과 같이 악이 널리 퍼져 있는 사회에서 이 기도를 사용하는 것이 적절할 것이다(3절). 사람들은 말을 무기로 삼아 수도 없이 위협한다. 곧 우리는 많은 재산을 소유하고 싶어 하고 원하는 것을 다 소유하려고 하는 욕망으로 가득 차 있다. 현대인의 꿈은 권력과 재물을 이용하여 자기 맘대로 행동하는 것이다.

그러나 성서에 의하면 바로 이런 행동이 악의 근원이라고 규정한다. 이러한 행동으로부터 구출해 달라고 시인은 3-5b절에서 간청한다. 이 시인은 행복의 추구가 물질적 부라든지 자기 이익만 추구하는 것을 주장하는 것이 아니다(3-4절). 이 시인은 "악한 일에 기울어지지 않게 허달라"고 기도한다. "악한 일을 하는 자들과 어울려지지 않게 해달라"고도 기도한다. 또한 악한 자들과 어울려서 악을 행하지 않게 도와 달라고 기도한다. 악에서 떠나서 하나님의 중심으로 삶을 살도록 해달라고 기도한다(8a절). 악을 행하는 유혹과 악으로부터 얻은 부를 거부하고 하나님께 의존해 사는 힘을 발견하게 해달라고 기도한다. 그리하여 "사랑의 매로 나를 쳐서"(5a절) 공동체의 일원으로 살아가게 해달라고 기도한다. 이 시인은 계속 도와달라고 기도한다(8b-10절). 그리하여 악한 공동체에서 자신이 "벌거벗겨서 내 쫓지는 말아 달라"고 기도한다. 이 기도는 예수님이 가르치신 기도, "당신의 뜻을 이루시고 … 시험에 들지 말게 하시고 악에서 구하소서"와 같다.

---

14) A. Weiser, *op. cit.*, 811.

15) *Ibid.*

시편 142편 • 핍박자로부터 구원을 구하는 기도

(다윗이 굴에 있을 때에 지은 마스길, 기도)

142편은 대적들에게서 거짓 증언으로 고통을 받는 사람의 기도이다. 이 시인은 감옥에서 신음하는 죄수이다(7a절). 감옥에서 판결을 기다리는 동안 그는 아주 심한 고통 속에 빠져 있다. 이에 그는 주님께 호소한다(2절). 주님께서 자신의 상황을 아시고 또 자신이 무죄하다는 사실을 알고 계심을 확신하며 시인은 탄원을 드린다. 맥캔(McCann)에 의하면, 142편은 다윗의 시집(시 139-143편) 가운데 중요한 노래이다.[16] 많은 시편은 포로기 이후의 이스라엘 신앙 공동체에게 중요한 역할을 했다. 이 시편도 포로기 이후의 작품으로 당시 이스라엘 공동체가 처한 위기 상황에서 이들이 드려야 할 기도의 모범을 보여준다. 이 시편의 표제는 다윗의 생애의 한 장면을 묘사한다(삼상 22:1, 24:3-4). 그러나 이 노래의 배경을 구체적으로 다윗의 역사적 사건으로만 볼 수 없다.

시편들 중 도움을 구하는 다른 기도와 같이 142편은 고통과 구원의 확신을 묘사한다. 곧 불평과 찬양을 분리시킬 수 없다는 점을 상기시킨다. 이 시편과 같이 기독교에서도 십자가와 부활을 분리할 수 없다. 예수님은 그의 제자들에게 "십자가를 지고 따르라"고 말씀하시면서 동시에 부활의 능력을 힘입어 나아가라고 하셨다(마 16:24, 28:19-20). 십자가와 부활을 하나로 믿고 따르라는 것이다. 부활은 어려운 현재 생활 속에서의 확신이고 또 미래를 위한 약속이다. 따라서 이 시인과 같이 기독교인들은 우리가 보지 못하는 힘의 능력으로 살고(4절) 또한 신앙과 희망으로 살아간다(롬 8:24-25, 히 11:1). 우리는 근본적으로 하나님을 의지하며 살아가기에 절대로 혼자 사는 것이 아니다(요 14:18-19).

보이지 않는 힘으로 산다는 뜻(4절)은, 기독교인들이 보이지 않는 것을

---

16) J. C. McCann, *op. cit.*, 1240.

안다는 독특한 인식론이다. 즉 영적인 눈으로 세상을 바라보며 독특한 길을 소유하고 있다는 것이다(시 111, 119편). 과학 세계에서는 '보는 것이 믿는 것이라'고 주장한다. 하나님을 신뢰할 때 우리는 하나님의 능력을 경험하고 알게 된다. 사도 바울에 의하면, "약한 것이 힘이 된다"(고전 1:25, 고후 12:9). 이 시인은 5절에서 세상에서 아무런 지지와 후원이 없어도 내가 사는 세상에서 내가 받는 분깃은 주님뿐이라고 고백한다.

4절은 기독교인들로 하여금 우리가 사는 세상에서 비인간적 대우를 받는 사람들이 많다는 것을 회상케 한다. 142편은 하나님이 세상에서 보잘것 없는 사람들의 호소를 들으신다고 말한다. 누가복음 6:20에서 "가난한 사람은 복이 있다. 하나님 나라가 너희의 것이라"고 예수님은 말씀하셨다. 곧 이 시편은 자기 자신을 도울 수 없는 사람을 하나님께서 돕는다는 진리를 말하고 있다. 궁핍한 형제자매가 우리 주변에 많이 사는데 하나님이 주신 물질적 복을 같이 나누며 살라고 가르친다(7절).

2. 거짓 증언으로 비난받는 자의 성전 밤 기도 (시 3, 4, 5, 17, 57, 59, 143편)

거짓으로 고발당하고 비난받는 사람이 성전에서 밤을 세워 가며 탄원의 기도를 드리는 내용의 시편들이 있다. 베델의 고대 산당에서 야곱이 한 경험이 좋은 예다(창 28:10-17). 솔로몬이 기브온 산당에서 드린 기도도 또한 좋은 예가 된다(왕상 3:4-15). 곧 탄원자가 성전에서 밤을 세워가며 하나님으로부터 자기가 찾는 응답을 얻으려는 시도이다. 이러한 기도의 시편에는 다음과 같은 시편들이 있다. 3, 4, 5, 17, 57, 59, 143편 등이 있다.

시편 3편 ● 하나님의 성전에서 하룻밤
(다윗이 아들 압살롬에게 쫓길 때에 지은 시)

1-2절에는 "많다"라는 말이 세 번 나온다. 그런데 "많다"라는 말이 나올 때마다 위협은 한층 더 강화된다. 시인의 어려운 사정이 1절에 묘사되어 있다. 히브리어로 읽을 때 1절 처음에 "주님"이 나오고, 마지막에 "나를"이라는 말이 나온다. 이것은 악인들이 하나님과 시인의 관계를 파괴하려는 것을 잘 드러내는 것이다. 대적들은 시인에게 하나님의 도움이 없다고 주장한다. 3-4절에는 하나님께서 이 시인을 받아들이고 포옹한다. 시인은 하나님 안에서 피난처를 찾는다. 5-6절에서 시인은 다시 확신을 갖는다. 이 시의 마지막인 7-8절에는 탄원(7a, 8a절)과 신앙고백(7b-8a절)이 나온다. 대적들이 일어날 때, 하나님께서도 일어나실 것을 시인은 애원한다. 마지막으로 시인은 대적들의 위협으로부터 구원을 받는 것뿐만 아니라 일상생활 속에서도 하나님의 지속적인 보호를 받고 싶다고 기도한다.

3편의 시인이 증언하는 희소식은 자신들을 스스로 돕지 못하는 사람들을 하나님께서 돕는다는 것이다. 세속 사회의 신조는 하나님 안에 도움이 없다는 적들의 말 속에 잘 드러난다. 하나님 안에는 도움이 없다는 것이 일반적으로 유행하는 말이다. 안타까운 것은 많은 사람이 그렇게 믿는다는 사실이다. 선을 행하는 선한 사람들까지도 하나님은 자기를 돕는 자를 돕는다고 생각한다. 많은 사람이 정의와 평화의 세계를 이룩하는 데 하나님의 역할이 필요 없다고 생각하는 경향이 있다. 그러나 우리가 하나님의 계속적인 창조와 구속의 역사에 참여하지 않는 것이 바로 불신이다.[17)]

악한 적의 주장을 거부하면서 이 시인은 인간의 삶과 운명은 하나님의 손에 달려 있다고 믿는다. 이 시인은 인간이 하나님께 완전히 순종할 때 평화를 찾는다고 말한다. 예수님의 말씀은 "누구든지 목숨을 구하고자 하는

---

17) J. L. Mays, *op. cit.*, 53.

사람은 잃을 것이요, 누구든지 나와 복음을 위하여 제 목숨을 잃는 사람은 구할 것이다"라고 하셨다(막 8:35).

우리가 사는 이 세상이 가장 중요하다고 주장하며 사는 사람들에게 이 시인은 도전한다. 1-2편과 같이 3편은 우리의 신앙적 결단을 원한다. 당신에게는 하나님으로부터 아무런 도움이 없다고 적들이 도전할 때 나 자신을 계속 의존하기보다 하나님을 의지하라고 이 시인은 권면한다. 기도는 하나님 앞에 부족을 느끼고 도움을 구하는 사람들에게 필요한 것이다. 도움이 필요한 사람에게만 기도가 필요하다. 기도는 하나님께서 어려움에서 건져주실 것을 믿는 사람에게 필요하다. 우리가 어려움에 처해 있을 때 기도가 필요하다. 인간은 항상 도움이 필요한 존재이다. 기도는 그들의 삶과 미래가 하나님께 달려 있다는 사실을 아는 사람에게 필요하다(시 3:8). 그러므로 우리가 사는 세계에서 기도는 혁명적 행위이다.

시편 4편 ● 하나님의 놀라운 친절하심

(지휘자를 따라 현악기에 맞추어 부르는 다윗의 노래)

4편은 확신에 대한 기도이다. 시인은 헛된 것을 추구하는 사람들에게서 거짓으로 고발당하고 누명을 쓴다. 대적들이 시인의 명예를 더럽히기에, 시인은 하나님께 도움을 구한다. 이러한 상황에서 시인은 하나님에 대한 확신에 찬 기도를 드린다. 8절에 의하면, 이 시인이 저녁 기도를 드린다. 그 반면에 시편 3편의 기도는 아침 기도이다. 적으로 공격을 받는 이 시인은 저녁 시간에 성전에 가서 기도하며 밤을 새우려고 한다. 4편의 저자는 3편과 마찬가지로 하나님께서 구원해 주시고(시 3:8) 또한 평화와 안전을 가져 오신다고 확신한다(시 4:8). 4편은 하나님의 도움을 구하는 동시에 다른 사람들을 교훈하는 권면의 노래이기도 하다(시 4:2-5).

4편 시인은 인간의 삶을 이해하는 데 두 가지 유혹을 받는다고 말한다. 첫째는, 다른 사람이 우리를 어떻게 생각하고 또 무엇이라고 하는지 하는 것이고(2-3절), 둘째는, 다른 사람들이 신앙 생활하는 우리보다 물질적 소유가 더 풍부한 것인가 하는 질문이다(6-7절). 이 시편 시인같이 억울하게 비난을 받을 때 위에서 언급한 질문들이 생겨날 수밖에 없다. 그런데 하나님께 속할 때 모든 것, 곧 가치관과 우선권과 삶의 양식 등이 다 변한다고 시인은 말한다. 하나님의 한결같은 사랑으로 사는 충성스러운 사람은 하나님께서 특별히 돌보시고 기억하신다는 것이다(3절). 그리하여 이 시인은 모든 것이 당신께 불리하게 될 때에도 포기하지 말라고 충고한다. 그럴 때일수록 하나님께 전체를 맡기고 하나님께 당신의 생명을 의존하라는 것이다. 사도 바울은 "하나님이 우리 편이시면 누가 우리를 대적하리오"라고 했다(롬 8:31, 사 50:7-9). 변화가 많은 세상에서 하나님의 통치를 믿고 나갈 때 두려운 것이 없다는 것이다. 예수님은 말씀하시기를 "너희가 나 때문에 모욕을 당하고, 박해를 받고, 터무니없는 말로 온갖 비난을 받으면 복이 있다. 너희는 기뻐하고 즐거워하라"고 하셨다(마 5:11-12).

하나님께 속한 사람은 물질적 소유가 상대적으로 중요할 뿐이라는 것을 안다. 예수님은 "빵으로만 살 것이 아니고, 하나님의 입으로 나오는 말씀으로 살 것이라"고 하셨다(마 4:4). 사람의 삶이라는 것이 물질적인 풍요로움에 달려 있는 것이 아니라는 것이다(눅 12:15). 이 시편 시인은 이러한 좋은 소식을 알기 때문에 걱정 근심 없이 잘 살 수 있다는 것이다(8절). 자기 자신이 어떠한 마음을 가지고 사느냐가 중요하다. 이 시인은 우리에게 중요한 것을 가르친다. 곧 하나님만이 궁극적 안전을 보장한다는 것이다(8절). 그러므로 주님께 당신의 신뢰를 다 맡기라는 것이다(5, 8절).

시편 5편 ● 아침 계시를 기다리며

(지휘자를 따라 관악기에 맞추어 부르는 다윗의 노래)

5편은 거짓 증언으로 고통을 당하는 사람의 기도이다. 고통 중에서도 시인은 구원을 확신한다. 시인은 주님으로부터 무죄선언받을 것을 확신하며 성전으로 향한다. 무죄선언을 받기 위하여 속건제물을 드리기로 한다. 시인은 하나님께 속건제물을 드림으로써 하나님의 무죄선언을 기대한다. 1-3절과 9-10절에서 시인은 하나님께 탄원한다. 4-6절과 9-10절에는 하나님께서 악한 사람들을 처리해달라는 내용이 나온다. 마지막 단락에서는 시인이 하나님을 만나서 간청하는 대목이 나온다. 마지막으로 의인들에게 방패가 되어 주시고 또한 은혜를 내려 주신다고 간증한다.

5편은 하나님의 주권과 관련하여 악의 세력 때문에 주님의 도움을 구하는 기도 속에 숨어 있는 신앙 고백을 소개하고 있다. 하나님의 백성이 어떠한 태도를 취해야 하는지 이 시편은 매우 적절하게 말하고 있다(2-3절). 예수님은 하나님의 통치 안에 들어와 살라고 초청한다. 그러나 예수님을 따르는 것은 십자가를 지는 것이다. 예수님은 그의 제자들에게 "하나님의 나라와 권세와 영광이 영원하라"는 기도를 드리라고 하셨다.

사도 바울은 로마서 3:13에서 시편 5:9를 인용하며 "모든 사람은 죄 아래 있어, 그들의 목구멍은 열린 무덤과 같다"고 주장한다. 여기서 9절은 인간 전체를 말하지도 않고 또한 특정한 적들(8절)을 고발하지도 않는다. 그렇다고 해도 5편을 인용하는 바울과 하나님을 의지하는 이 시인의 겸손한 삶은 현대인들에게 결단하라고 촉구한다. 우리는 우리가 가지고 있는 것으로 자만하며 살 것인지 그렇지 않으면 하나님을 피난처로 삼을 것인지 결단하여야 할 것이다. 우리의 뜻만 추구할 것인지 그렇지 않으면 이 시인과 같이 "주님의 공의로 나를 인도하소서"(8절) 할 것인지 결정해야 한다. 즉 이 시편은 우리 자신을 성찰하고 용서와 구원을 구하는 기도를 드릴 것인지 결정하라고 한다. 5편은 하나님을 지지하든 또 반대하든 그 과정 속에서 인간이 하는 말의 힘의 중요성을 상기시킨다. 우리의 말(언어)이 참 중요하다는 것이다. 말이 생명을 살리기도 하고 죽이기도 한다고 이 시인은 증언한다(9절). 야고보서가 증거하듯이 "혀를 길들일 수 있는 사람은 없다. 혀는 걷잡을 수 없는 악이며, 죽음에 이르게 하는 독으로 가득 차 있다"고 한다(약 3:8-9). 이 시인은 그러한 저주의 희생자였다. 의로운 하나님의 통치 속에 사는 일은 하나님과 모든 사람을 위해서 진리만 이야기하는 것이다. 그리하여 이 시편은 "너는 너희 이웃에게 거짓 증언하지 말라" 하는 제9계명의 중요성을 강조한다. 그러므로 우리는 진리를 증거하든지 거짓을 증거하든지 결단해야 한다. 우리는 하나님의 진리를 위해 바른 증인이 되어야 한다.

시편 17편 ● 핍박자들로부터 구원을 구하는 기도(다윗의 기도)

17편은 거짓 증언으로 고통을 받는 사람의 탄원의 기도이다. 탄원자는 자신의 진실함을 밝히기 위하여 주님 앞으로 나아간다. 탄원자인 시인은 자신의 기도를 들어 달라고 하나님께 부르짖으며, 또한 바른 판단을 내려 주실 것을 기도한다. 그는 자신의 무죄를 주장하며, 간절한 도움의 기도를 드린다(3-5절).

이 시편의 형태와 그 내용은 다음과 같이 다섯 단락으로 구성되어 있다. 첫째는, 첫 탄원이 나오고(1-2절), 둘째는, 무죄에 대한 항변이 묘사되고(3-5절), 셋째 단락은 중심 탄원이며(6-9절), 넷째 단락은 악인에 관한 이야기(10-12절)이고 그리고 마지막 단락은 결론에 해당하는 단락으로 탄원과 신뢰(13-15절)이다. 4-6절과 10-12절은 교차대구법으로 구성되어 있다고 볼 수 있다.

자신은 분명히 옳다는 것(1-2절)과 아무런 죄가 없다고 항의하는 것(3-5절)이 17편의 시인이 제기하는 문제인 듯하다. 물론 이 시인은 자만에 차 있든지 아니면 독선적일 수도 있다. 그런데 이 시편을 자세히 검토해 보면 이 시인이 무턱대고 무죄를 주장하지 않는다. 반대자들의 공격은 거짓이고 자신이 하는 말이 바르다고 주장하는 것으로 보인다. 그런 의미에서 7편과 같이 이 시편의 시인은 용기를 가진 사람으로 생각해 볼 수 있다. 그런데 적들은 이 시인이 교만하다고 정죄하면서 또 무자비하게 벌을 가했던 것 같다. 이 시인은 사랑의 하나님을 순수하게 신뢰하기에 그분만이 구원해 주실 수 있는 분이라고 굳게 믿는다(7절). 자신이 무죄하다고 항의하는 것은 이 시인이 하나님 앞에서 온전히 정직하게 살아왔음을 말하는 것이다. 적들과는 대조적으로 이 시인은 하나님의 말씀에 따라 살아왔다고 고백한다(4절). 이 시인은 공의와 정의(1-2절)가 이루어지게 해달라고 탄원하지만 그 결과가 어떻게 되었는지에 대해서는 아무런 언급이 없다. 그러나 15절을 참작할 때 이러한 질문은 아무런 의미가 없다. 15절에서 이 시인은 떳떳하게 주님의 얼굴을 뵙는다고 담대히 말한다. 하나님의 얼굴을 뵐 수 있다는 확신 때문에 적들의 반대를 새로운 눈으로 바라본다. 하나님은 지켜주시는 분이시기에 그 사랑으로부터 자신을 분리시킬 수 없다고 시인은 말한다(8절, 롬 8:38-39). 바울 역시 로마 교인들에게 "우리는 우리 주 예수 그리스도 안에 있는 하나님의 사랑에서 끊을 수 없다"고 증언했다. 여기서 이 시인이 하나님을 어떻게 볼 것인가에 대해서는 아무런 언급이 없다. 하나님을 본다는 것은 성전 예배의 경험을 말하고 있는 것이다(사 6:1-8, 시 24, 42, 63편). 기독교인들은 예배를 통해서 하나님을 경험한다. 그러한 경험을 기도와 노래로 표현하고 기쁨으로 찬양한다. 기독교인들이나 이스라엘 사람들은 여러 방식으로 하나님을 경험한다. 출애굽과 같은 역사적 구원의 사건에서 하나님을 경험한 것이 그 한 예이다. "마음이 깨끗한 자는 복이 있나니 하나님을 볼 것이다"(마 5:8)라고 하신 예수님의 선언을 이 시인은 예상했던 것 같다. 기독교인들은 15절을 부활과 관련해서 해석한다. 부활에 대한 신학적 사상이 아직 발전되지 않은 때였음에도 '죽음도 하나님에 대한 신앙을 흔들지 못한다'고 이 시인은 고백한다. 이 시인이 15절에서 "깨어나서 주님의 모습 뵈올 때에"라고 한 말은 부활을 암시하는 말이다.

17편의 마지막 두 절은 우리를 가장 행복하게 하는 것이 무엇인지를 말하고 있다. 오늘과 같이 부요한 사회에 사는 사람들이 가장 싫어하는 것은 권태라고 어떤 사회학자가 말했다. 이 시인은 예수님의 선언에서 "주리고 목마른 사람은 복이 있다. 그들이 배부를 것이다"는 경험을 예상했을 것이다(마 5:6).

시편 57편 ● 핍박 중의 찬양과 확신(지휘자를 따라 알다스헷에 맞추어 부르는 노래, 다윗의 시, 사울을 피하여서 동굴로 도망했을 때에 지은 시)

57편의 시인은 위협을 감지한다. 대적들이 그의 생명을 삼키려고 하기 때문이다. 마치 배가 고픈 사자가 동물을 덮치려고 하는 것과 같다. 그들의 중상 모략은 날카로운 무기와 같다. 또한 그들은 거짓 증언으로 시인에게 올가미를 씌우려고 한다. 그러나 시인은 자신의 무죄를 확신한다. 시인은 어렵고 고된 시기에 주님을 찾아 나선다. 주님의 날개는 주님의 성전을 가리킨다. 성전의 지성소에 보관되어 있는 법궤에 새겨진 날개를 시인은 말하는 것 같다. 바로 거기에 하나님께서 거하신다. 시인은 위기의 상황에서 주님께 구원의 기도를 드린다. "나에게 자비를 베풀어 주십시오" 하고 애원한다(1절).

57편 시인은 하나님의 한결같은 사랑과 진실은 우주에 널리 퍼지고 또 주님은 근본적 실재라는 훌륭한 신조를 고백한다(10절). 이 시인은 이렇게 결론내릴 수밖에 없다(1, 3b, 4, 6절). 증오와 적개심이 많은 이 세상을 볼 때 이 시인은 이렇게 결론내린다. 그런 의미에서 이 시편은 현 사회에 대한 도전이다. 하나님의 통치는 항상 반대 세력에 대항해서 선포해야 한다. 기독교인들은 이러한 반대 세력과 투쟁할 때 예수님의 십자가를 생각하게 된다. 예수께서는 그의 제자들에게 하나님의 나라가 왔다고 가르쳤다. 즉 하나님의 통치가 시작되었다는 말이다. 즉 '하나님의 나라가 왔고 또 앞으로 완성될 것이라'는 종말론적 전망을 가르쳤다. 이 시인은 벌써 하나님의 나라를 소유하고 또 앞으로 올 나라를 기대한 것 같다. 예수님의 제자들은 현재와 미래의 하나님 나라를 기대했다. 기독교인들은 이 세상에서 절망하지 않고 미래에 대한 희망을 가지고 전진한다. 하나님께서 궁극적으로 세상을 통치하여 종말에 모두 성취하신다는 신앙으로 용기 있게 살아가기 때문이다(2-3, 5, 10-11절). 그렇기 때문에 불신자들은 세상의 고통만 보지만 믿는 사람은 모든 것을 성취하실 하나님을 믿고 나간다. 그러므로 우리는 악과 죄와 죽음 앞에서 새벽 노래를 불러 새벽을 깨우는 찬양의 노래를 부르는 것이다.

시편 59편 ● 대적으로부터 구원을 구하는 기도(지휘자를 따라 알다스헷에 맞추어 부르는 노래, 다윗의 믹담. 사울이 다윗을 죽이려고 사람을 보내어서 그의 집을 감시하고 있을 때에 다윗이 지은 시)

59편은 시인이 모질고 악한 대적들에게서 핍박을 받는 상황에서 부른 노래이다. 대적들은 "피"를 좋아하는 사람들로 등장한다(2절). 시인에게는 이런 날카로운 칼보다도 비방을 통한 명예 훼손이 가장 큰 두려움이다. 대적들은 아무런 이유 없이 비방하고 공격한다. 이에 시인은 성전으로 가서 자기를 비방하는 자들에게서 구원해 달라고 하나님께 기도한다. 그들이 자신에게서 멀리 떠나가게 해달라고 기도드린다.

이 시편은 시적으로 균형이 잘 잡혀 있다. 이 시는 크게 두 단락으로 구성되어 있는데(1-10, 11-17절), 각 단락마다 탄원과 불평이 나오고(1-5, 11-13절), 각각의 후렴에서 또 한 번 불평이 묘사된다(6-7, 14-15절). 또 각 단락은 시인의 확신으로 끝을 맺는다(8-10, 16-17절).

이 시의 기원과 역사적 배경을 알아내기는 힘들다. 이 시의 표제는 사울과 다윗의 분쟁으로 되어 있으나, 다른 표제에서 보듯이 종교생활에서 흔히 볼 수 있는 하나의 예로 보는 것이 적절할 것이다. 많은 학자는 이 시편을 거짓 증언으로 고통을 받는 사람의 기도로 본다.

오늘날 대학 사회에서 신앙적으로 사는 학생은 그 대학 공동체에서 소외감을 느끼며 산다고 한다. 중고등학교 학생들은 동료로부터 많은 압력을 받아 부당한 행동을 하는 경우가 많다고 한다. 학교 공동체나 사회 전반에서 하나님의 통치를 믿으며 신앙적으로 산다는 것이 힘들다. 여기 시편 59편이 묘사하는 현상은 오늘 우리 사회와 다를 것이 없다. 이 시편을 보면 강한 적들이 목숨을 노리고, 공격하려고 모여들고, 달려와 싸울 준비를 하는 등 현 사회를 그대로 말하는 것 같다(3-4절).

위에서 묘사한 사실이 현 사회라고 말할 수 있을 것이다. 이 시인의 처지와 우리의 처지는 그다지 다를 것이 없다. 59:6-7은 자기 이익만 추구하고 증오만 일삼는 현상을 묘사한다고 한 성서 주석가는 평한다. 불행하게도 59편이 서술하는 세태는 오늘날 우리 세계의 모습이다. 이 시편이 말하는 적들의 행동은 우리 생활 속에도 그대로 남아 있다.

그러나 이 시편은 또한 좀 더 깊은 실재를 회상시킨다. 즉 그것은 권력에 대한 욕망뿐만 아니라 인간은 권력을 추구하는 존재로 나타난다. 이 세상은 하나님이 통치하시는 세상이어야 한다. 이 시인은 그것이 참된 실재라고 선포한다. 예수님은 하나님의 통치 안으로 들어오라고 촉구하신다(막 1:14-15). 물론 하나님의 통치가 구체적으로 실현된다고 해도 악한 사람들이 갑자기 없어지는 것은 아니다. 예수님의 십자가와 59편이 보여주고 있는 사실은 이런 악이 끈덕지게 남아 있다는 것이다. 그러나 우리는 변화된 사람들로서 악에 맞설 수 있다. 2편과 56-58편 또한 시편 전체와 같이 이 시편은 종말론적이다. 이 시인은 어려운 조건에서 하나님의 통치를 확인한다. 예수님과 같이 이 시편은 우리에게 결단하라고 촉구한다. 세상의 강한 자들과 투쟁해도 한 가지 확실한 것은 우리는 하나님 안에서 참된 힘을 발견한다는 것이다. 감당할 수 없는 악에 부닥친다 해도 우리는 힘으로 다가오시는 하나님을 만난다고 확신한다. 어려움 속에서 우리는 하나님 안에서 강한 성을 발견하고, 또 우리는 하나님께 감사의 찬양을 드리는 삶을 산다(16-17절).

시편 143편 ● 대적으로부터 구원을 구하는 기도(다윗의 노래)

143편은 거짓 증언으로 고소당한 사람의 기도이다. 이 시편의 시인은 사형 선고를 받은 듯하다. 그러나 그는 자신의 무죄를 확신한다. 주님께 자기의 무죄함을 아뢰면서 구해 주실 것을 간청한다. 인간은 아무도 하나님 앞에서 결코 의롭지 못하다고 그는 고백한다. 이러한 말은 시인이 깊은 신앙에서 나온 것으로 보인다. 시인은 고통 가운데서 애원하면서 자신의 간청을 들어 달라고 부르짖는다. 하나님의 진실하심과 의로우심에 호소한다.

143편은 142편과 연결되어 있고, 또 다윗의 시집(시 139-142편)과 연관성을 가지고 있다. 이 시편은 바빌론 포로기 또는 포로기 이후에 이스라엘 공동체가 고통 중에서 드리는 기도로 사용되었을 것이다. 그러나 이 시편의 기원과 역사적 배경을 정확히 재구성할 수 없다.

143편의 기원은 불확실하고 또 삶의 자리가 알려지지 않았다. 이 시편이 포로기 이후 이스라엘 공동체의 기도였음은 확실한 것 같다(2절). 이 시편은 주로 죄를 취급하고 있다. 바빌론 포로기와 그 이후에 이스라엘은 죄 문제를 가지고 많이 고민했다. 이런 상황에서 예언자들은 이스라엘의 죄가 용서받았다고 선언했다(사 40:1-4). 포로기 이후의 고통은 개인의 죄보다는 국제적인 분쟁 때문인 것으로 보았다. 이렇게 포로기 이흐 이스라엘은 고통의 본질과 죄를 포함한 여러 가지를 다시 생각하였다(시 44, 89편). 143편 때문에 포로 후기 이스라엘은 그들의 신학을 다시 고려하게 되었다. 확실히 바울도 그런 목적으로 이 시편을 읽었을 것이다. 바울은 143:2를 인용하면서 다음과 같이 죄에 대해 결론을 내린다. 곧 "사람들은 모두 죄의 멍에 아래에 있다"고(롬 3:9). 바울은 이 시편과 같이 인간이 의롭다고 인정받는 것과 하나님의 은혜의 역사하심을 포함하여 그분께서 모든 것을 바르게 다스리신다고 주장했다. 바울의 통찰력으로 우리는 하나님의 백성이 누구인가 재구성하기에 이르렀다. 이 시편이 위에 언급한 이유로 교회의 참회시 중 하나가 되었다. 참회의 시편들은 6, 32, 38, 51, 102, 130, 143편 등이다. 이 시편은 모든 인류의 죄를 말한다. 또한 참회의 이유를 묘사한다. 즉 하나님의 한결같은 사랑과 충실성에 기대어 우리 인간은 죄의 용서를 구할 수 있다는 것이다. 주님의 변함없는 사랑을 의지하고 또 내 영이 주님을 의지하기 때문이다. 우리가 완전히 변화될 때 우리는 하나님의 가르침에 우리 마음의 문을 연다(8, 10절).

이 시편은 부활절 절야 예배의 한 부분으로 사용한다. 이 시편은 예수님의 삶, 죽음과 부활을 회상케 하며 고난 받는 종의 모습을 떠오르게 한다. 예수님께서 십자가에서 고난당할 때 하나님은 직접 예수님과 함께 고난에 참여하셨다. 이러한 사랑 때문에 우리는 우리의 죄와 인류의 죄 문제를 다시 바라본다. 이 시인은 인간의 죄에 대해서 잘 이해하고 있었다. 그리하여 오늘의 교회가 죄에 대해 다시 생각하면서 죄 고백이 중요하다는 사실을 말한다. 참회할 때 우리는 하나님의 놀라운 은혜로 용서를 받을 것이다.

제10장

병든 자와 참회자의 기도

1. 거짓 증언으로 비난받는 병든 자의 기도 (시 13, 22, 28, 35, 38, 41, 69, 71, 86, 102, 109편)

지금까지 우리는 거짓 증언으로 고소당한 사람들의 기도와 탄원들을 살펴보았다. 제 10장에서는 거짓 증언과 질병으로 인하여 고통 받는 탄원자들에 대하여 고찰하고자 한다. 신체적 질병이 거짓 증언으로 인한 고통의 직접적인 원인은 아니지만, 사회적으로 어려운 상황에서 실제적인 질병이 심해지면, 설상가상으로 더 힘들고 고통스럽게 되는 것이 사실이다. 특히 고대 이스라엘 종교에서 질병은 하나님의 저주로 이해되었기에, 질병으로 말미암은 고통이 사회적인 비난과 결합되면, 그 고통은 더 심해진다고 할 수 있다. 거짓 증언으로 사회적으로 비난을 받는 사람이 병까지 얻게 되면, 더 가혹하게 취급을 당하게 된다. 이러한 사실을 염두에 두고 다음 시편들을 고찰하고자 한다. 13, 22, 28, 35, 38, 41, 69, 71, 86, 102, 109편 등이다.

시편 13편 • 구원의 확신에 대한 노래
(지휘자를 따라 부르는 다윗의 노래)

13편에 따르면, 시인은 오랫동안 대적들의 거짓 증언과 신체적인 병으로 고통을 받아 왔다. 하나님께서 시인을 영원히 떠나신 것으로 보였다. 탄원자인 시인은 아마도 눈병으로 고생했던 듯하다(3절). 그의 병이 점점 더 심해져 이제는 그의 생명까지 위협하는 지경까지 이르렀다. 그러나 이 시인은 신체적 병보다는 대적들의 적개심이 더 참기 어려운 고통이었다. 거짓 증언이 어떤 것인지 구체적으로 잘 알 수 없지만, 시인의 신체적 병이 대적들의 거짓 증언의 동기가 되었을 개연성이 높다. 이에 시인은 하나님께 탄원의 기도를 드린다.

13편은 불평과 찬양이 계속 섞여 나오는 것이 특색이다. 메이스(Mays)는 개혁자 마르틴 루터의 평을 인용하면서 시편 13편의 기도는 희망이 실망으로 변하는 상태를 나타내지만 그와 반대로 동시에 희망이 실망 속에서 솟아난다고 말한다. 불평과 찬양을 어떻게 하나로 묶어 일관성 있게 볼 수 있을까 하는 것이 우리의 과제이다. 하나님에 대한 경험과 일상생활의 경험은 분리할 수 없다. 인간 삶에서도 번민과 황홀은 같이 존재한다.[1] 기쁠 때나 슬플 때나 하나님은 우리의 삶 전체에서 우리와 관계를 맺고 계신다. 우리는 고통으로 신음할 때 하나님의 한결같은 사랑으로 위로를 받는다. 기독교인들은 십자가의 백성이면서 동시에 부활의 백성이다. 13편 시인은 복음서와 바울서신처럼 십자가를 지지 않고 예수님을 따를 수 없다고 말한다(막 8:34). 부활 신앙으로 우리는 고통을 극복하는 동시에 미래에 대한 희망을 갖는다. 이렇게 번민과 황홀은 동시에 존재한다.

그리하여 이 시편은 기도에 대한 좋은 지침서이다. 기도는 모든 것이 평화스러울 때도 필요하다(5-6절). 또한 잔인하게 정죄받을 때도 필요하다

1) J. L. Mays, "Psalms 13," *Int.* 37(1983), 281-282.

(1-2절). 시인은 대적들 앞에서 언제까지 고난을 받아야 하느냐고 불평한다(1-2절). 이 시편은 보통 우리가 직면하지 않고 피하려고 하는 것도 우리의 책임이라고 추궁한다. 곧 이 시편은 포기, 단념, 고민, 번민, 패배, 죽음의 공포 등을 중요하게 취급한다. 어떤 어려운 문제들을 직면할 때 우리는 기도의 문을 두드리는 것이다.

시편 22편 ● 나의 하나님, 나의 하나님, 어찌하여 나를 버리십니까?
(지휘자를 따라 '새벽 암사슴'의 가락으로 부르는 다윗의 노래)

22편은 개인 애가이다. 십자가에서 고통 당하던 그 고독한 순간 예수님은 "나의 하나님, 나의 하나님, 어찌하여 나를 버리십니까?"(시 22:1)라고 읊으시면서 고통을 극복하려고 했다. 예수님은 아람어로 부르짖었을 것이다. 이 시편의 끝 부분에 제2이사야의 사상이 반영되어 있는 것을 고려할 때, 이 시편이 포로기 이후의 것이라고 볼 수 있다.

22편에서 특히 눈에 띄는 것은 공동체적 측면을 강조하는 것이다. 안위와 희망이 희박한 가운데서도 주님과 이스라엘의 공동체 결속을 강조한다. 이 시인은 하나님께서 그의 기도를 들으셨다고 21절에서 고백하면서 하나님을 찬양하라고 회중에게 촉구한다(22-23절). 그리고 이 시인은 고통 받는 사람(24절)도 가난한 사람들(26절)도 다 같이 회중에 섞여서 하나님을 찬양하며 풍성하게 살 수 있다고 그렇게 축제의 분위기를 조성한다. 또 놀라운 것은 고통 받는 사람들뿐만 아니라 여러 나라도 다 함께 공동체를 이룰 수 있다고 자신하는 점이다. 그리고 이 공동체와 더불어 하나님의 통치를 찬양하기까지 한다. 물론 시인이 이렇게 기뻐 날뛰는 모습을 바라보면서 이상하게 또는 냉소적으로 바라볼 수도 있다. 이런 열광적인 모습이 이스라엘이나 교회의 모습은 아니라고 생각할 수도 있다. 우리 교회 공동체는 편협하고 배타적인 경향이 있다. 그러나 이 시편을 종말론적 전망으로 볼 때 그러한 열광적 공동체는 얼마든지 가능하다. 이 시편은 세상을 위한 하나님의 뜻을 말하고 있다. 곧 모든 백성과 나라들이 시간과 공간을 초월하여 하나님의 통치를 환영할 것이다. 이 시인의 이런 열광적 비전은 잘못된 것이 아니다. 하나님의 통치 안에서는 모든 것이 가능하다.

메이스(Mays)는 이 시편에 대해서 다음과 같이 말한다. "시편 22편은 고통 속에 있는 이스라엘이 기도하는 것이 아니다. 이 시편이 누구를 위해 저작되었는지 확실치 않으나 아마도 역사적 과정을 통해 전달되어 현재의 시편이 되었을 것이다. 이 시편은 이스라엘 공동체의 비전과 다윗의 메시아적 역할을 말하고 있다."[2)]

예수님 안에서 이스라엘 역사가 성취되고 또 그분이 메시아로 오셨다고 선언하면서 복음서 저자들은 22편을 가장 이상적 자료로 생각한 듯하다. 복음서 저자들은 예수님의 하나님 나라 선언을 기록하면서 이 시편을 인용하는 것이 적절하다고 믿었을 것이다. 이 시편이 예수님의 고통과 부활을 해석하고 하나님의 통치를 설명하는 데 도움이 된다고 생각한 듯하다. 고통 당하는 자들과 죽음 당하는 자들과 하나님께서 함께 하신다는 믿음이 인간 삶에 새로운 가능성을 주었을 것이다. 복음서 저자들은 또한 이 시편을 십자가와 부활을 설명하는 자료로 보았을 것이다. 절망 때문에 예수님은 십자가 위에서 소리를 지르신 것이 아니다. 그 절규는 하나님에 대한 신앙의 확신 때문이었을 것이다(마 27:46, 막 15:34, 시 22:1). 이 시편의 시인은 고통 중에서도 하나님을 찬양할 수 있다고 믿었다.

이 시인은 예수님처럼 하나님을 신뢰할 때 모든 것이 변화한다고 보았다. 삶이란 자기 만족에 빠지고 안전만 추구하는 것이 아니라 하나님을 의지하는 것이라는 사실을 알게 된다는 것이다. 고통은 피할 것이 아니고 받아들이는 것이다. 죽음조차 하나님의 사랑에서 우리를 분리할 수는 없다. 바로 이러한 신앙, 곧 이렇게 하나님을 신뢰하는 것이 삶이다(롬 8:31-39).

2) J. L. Mays, "Prayer and Christology: Psalms 22 as a Perspective on the Passion," *Today* 42(1985), 329.

예수님은 그의 몸과 맘 전체로 하나님을 신뢰하셨다. 끝까지 하나님을 의지하고 사셨다. 고통을 좋아하지는 않았지만 모든 인류를 위해 고통을 받아들이셨다. 그는 하나님의 능력이 죽음의 능력보다 강하다는 신념 아래 십자가의 죽음을 받아들이셨다. 즉 이 시인과 같이 예수님은 고통 받는 자를 저주하지 않고 사랑으로 대하셨다. 이렇게 예수님과 같이 이 시인도 고통 받는 가난한 공동체 안에서 살았다. 예수님은 죄인의 식탁에 참여하여 모든 사람과 생사고락을 같이하셨다. 근본적으로는 이 시편 시인이 예수님의 삶, 죽음과 부활을 이해했을 것이라고 복음서 저자들은 생각한 듯하다. 고통과 영광은 분리할 수 없다는 것이다. 고통 당하는 하나님의 백성을 위해 주님은 고통과 영광을 동시에 받아들이셨다.

시편 28편 ● 주님은 나의 힘, 나의 방패이시다(다윗의 시)

28편은 병으로 고생하는 사람의 탄원의 시이다. 뒤에서 음모를 꾸미며 핍박하는 거짓 친구들 때문에 시인은 고통을 받고 있다. 이러한 상황에서 시인은 성전 바깥뜰에서 손을 들고 탄원한다. 그는 주님께 부르짖는다. 죽음이 임박한 자신의 부르짖음을 거부하지 말아 달라고 애원한다. 시인은 주님을 바라보며 자신을 외면하지 말라고 간청한다. 주님께서 잠잠하시면 자신은 결국 무덤으로 갈 수밖에 없는데, 시인은 그것을 두렵다고 한다.

28편은 회중이 공동체가 무엇인가를 이해하는 데 도움이 된다. 이 시편은 개인의 구원이나 개인의 도움을 언급하는가(7절) 하면, 8-9절에서는 주님의 백성, 곧 공동체의 구원을 말하기도 한다. 8절은 주님이 백성(공동체)을 구원하신다고 말한다. 즉 구원과 도움에 대한 구절에서 우리가 알아야 할 것은 우리가 하나님의 요구대로 사는 것이고 하나님의 뜻대로 사는 것이다. 또한 하나님의 백성, 곧 공동체의 일원으로 사는 것을 뜻한다. 하나님께 속한다는 것은 또한 나 혼자만이 아니라 다른 사람들과 함께 그분께 속한다는 것이다. 개인의 구원보다는 공동체가 하나님께 의존할 때 살길이 있다는 것을 강조한다. 공동체와 개인의 문제에 대해서 바이저(Weiser)가 내리는 결론은 28편의 시인에게 삶이란 신앙 공동체와 친교를 나누며 살아가는 것이며, 삶은 바로 그 친교로부터 시작된다는 것이다.[3] 즉 우리는 공동체에 속했고 또 우리는 공동체로부터 세상에 나간다는 것이다.

이 시편이 말하는 것은 백성에게 필요한 힘(능력)과 구원이다(8절). 주님은 백성에게 힘이 되시며 왕에게 구원의 요새가 된다고 이 시인은 말한다(8절). 또한 이 시인은 공동체의 구원과 축복을 위해 기도한다(9절). 즉 이 기도는 종말론적 전망을 의미한다. 이 시인과 백성은 이미 능력(7-8절)과 도움(7절)과 구원(8절)을 경험한다. 하나님께서 통치하시는 덕분이다. 하나님의 통치가 거부당하는 상황 속에서도 하나님의 통치를 선언한다(시 2편). 이 시인의 기도는 예수님이 그의 제자들에게 가르친 기도, "당신의 나라가 임하시고 또 하늘에서 이룬 것 같이 땅에서도 이루어지리라"와 같다. 곧 이 시편의 탄원은 주님의 기도를 회상케 한다. 정의를 위한 기도(3-4절)는 "당신의 뜻을 이루시고, 악으로부터 구하소서"라는 예수님의 기도를 요약한 것이다. 그들에게 "목자가 되리라"는 탄원의 기도는(9절) "오늘날 우리에게 일용할 양식을 주옵소서"라는 주님의 기도를 요약한 것이다. 이 시편은 주님의 기도와 같이 하나님의 백성은 그들 자신을 의존하기보다 하나님을 의존해 삶을 확증하는 것이다. 이 시인은 하나님의 입에서 나오는 말씀으로 산다고 선언한다(마 4:4).

하나님의 요구를 받아들이는 사람들의 삶은 하나님을 신뢰하는 것으로 시작한다는 것이다. 2:12가 말하는 행복은 하나님 안에서 피난처를 찾는 자들의 행복이다. 이 시인은 바로 이러한 신앙을 가지고 있다. 마음으로 신뢰하면서 기뻐하고 노래로 주님께 감사한다는 것이다(7절). 하나님이 손수 지은 것을 받아들이는 자는 삶의 선물을 받을 것이고, 주님 안에 기뻐할 것이라는 것이다.

3) A. Weiser, *Psalms*, 258.

시편 35편 ● 대적들로부터 구원을 구하는 기도(다윗의 시)

35편은 탄원의 시이다. 시인의 대적들은 시인에게 불리하도록 거짓 증언을 한다. 거짓 증언자들은 시인이 전혀 알지도 못하는 일을 증언한다(11절). 그들은 시인의 생명을 노린다. 시인은 공의로운 심판자 하나님께 탄원한다. 탄원자인 시인은 병과 거짓 증언으로 주님 앞에서 재판을 받는다. 탄원자는 거짓 증언을 하는 자들 때문에 하나님께 탄원을 드린다. 시인은 하나님께서 용사처럼 무장하시고, 자신을 핍박하는 사람들을 치시는 모습을 상상한다. 35편의 언어와 상징적 요소는 구체적으로 어떠한 상황에서 사용되었는지 규명하기 힘들다. 이 시편은 다양한 상황에서 사용되었을 것이라고 판단된다.

35편은 게스텐부르거(Gerstenberger)가 제안하듯이 도움을 구하는 강한 변호의 기도이다.[4] 이 시편 속에는 오늘의 독자들이 이해하기 어려운 부분이 여럿 들어 있다. 예를 들면, 군사적인 이미지(1-3절), 적을 벌하라는 기도(4-6, 8, 26절), 시인 자신에 대한 칭찬(13-14절) 등이 그것이다. 그러나 이 시인은 예수님이 제자들에게 가르친 "악으로부터 구하소서"와 같은 기도를 드린다. 이 시인에게는 자기 칭찬도 문제가 되지 않는다. 그는 하나님께 드리는 충실성을 희망하고 있는 것뿐이다. 적을 대항하는 기도는 이타적이 아니다. 이 기도는 억압당하는 자들을 위하여 드리는 정의의 기도로 이해하여야 할 것이다. 즉 "하늘에서 이루어진 것같이 땅에서도 이루소서"라고 드리는 기도와 같은 기도이다. 여기서 이 시인이 말하는 정의는 악한 자들을 물리치는 것이다. 그리하여 이 기도는 악한 자를 물리치고 세상의 모든 것을 바로잡기 위해 악과 투쟁하는 기도이다(10, 23-24, 27절). 그렇기 때문에 이 시인이 여기서 군사 용어를 사용하는 것은 이해할만하다(엡 6:10-17). 다른 말로 바꾸어 말하면, 이 시인의 기도는 "누구든지 자기

4) Erhart S. Gerstenberger, *Psalms*, Part I, 153.

를 높이는 사람은 낮아지고, 자기를 낮추는 사람은 높아질 것이다"라는 예수님의 기도를 실제화한 것이다(눅 8:14). 적들은 자기 자신들을 높이지만(26절), 이 시인과 그의 지지자들은 겸손히 하나님을 드높인다(13, 27절). 구원의 탄원과 적들을 대항하는 탄원을 통하여 우리는 하나님이 어떤 분이신가를 잘 알 수 있다. 하나님은 연약한 자들과 도움이 필요한 자들을 위해 일하시기 때문이다(10절). 따라서 35편은 종말론적 성격을 띠고 있다. 즉 하나님의 주권을 주장하고 있다. 이 시인은 하나님의 주권을 굳게 믿으며(1-3, 10, 22-24, 27절) 동시에 하나님의 뜻을 기다리는 기도를 드린다.

이 시편은 하나님이 어떤 분이시며 어떤 활동을 하시는가를 증거하는 동시에 고통과 믿음의 삶을 가르친다. 이 시편을 읽으면 엘리야나 예레미야 그리고 욥과 예수님의 기도(요 15:25)가 생각난다. 위에서 언급한 성서의 인물들은 아무런 이유 없이 증오와 고통을 받았고, 의로움과 충실성 때문에 적들로부터 공격을 받았다. 이들이 받은 고통은 형벌로 생각할 수 없다. 하나님의 종들로서 값을 치루는 것으로 생각하여야 할 것이다. 그런 의미에서 이 시인은 가장 모범적인 종의 모습을 보이고 있다. 이 시인과 같이 고통 당하는 자들은 '당신의 뜻이 이루어지고 … 악에서 구하옵소서' 하는 기도를 드려야 할 것이다.

시편 38편 ● 고통을 당하는 자의 치유를 구하는 참회 기도 (기념 예배에서 읊는 다윗의 시)

38편을 게르스텐부르거(Gerstenburger)는 가장 인상 깊은 개인 애가라고 했다.[5] 이 시편은 기독교에서 참회 시편이라고 부르는 일곱 개 시편 중 하나이다(시 6, 32, 38, 51, 102, 130, 143편). 이 시편의 언어와 양식을 보면, 이 시편은 6편과 마찬가지로 병든 사람이 도움을 구하는 기도로 사용

5) E. S. Gerstenburger, *Psalms*, Part I, 160.

했던 듯하다(1, 21-22절). 시인은 자기의 병이 하나님의 진노하심 때문이라고 생각한다(1-2절). 하나님께서 노하셔서 시인은 마음뿐만 아니라 육체까지도 어려워졌다고 생각한다(3-4절). 고대 이스라엘은 인간의 죄가 신체적 질병을 초래한다고 믿었다(시 32:3-5, 39:10-11, 41:4, 88:7, 16, 107:17-18, 막 2:1-12를 보라). 즉 병이 걸리는 것은 죄의 결과라는 것이다. 이 시편 시인의 병은 심한 피부병으로 보인다.

표제에 이 시편이 "기념 예배"에 읊는 다윗의 시라고 되어 있는데, 구체적으로 무엇을 기념하는 예배인지 잘 알 수 없다. "기념 예배"에서는 곡식제물, 특히 "기름으로 반죽한 밀가루"를 제물로 드렸다(레 2:2, 9, 16). 이 시편에서 탄원자는 곡식제물을 드린 것 같다.

신체적 병은 하나님의 벌 때문이라는 고대 이스라엘의 주장이 문제이다. 성서 안에서조차 이러한 신학에 많이 저항하는 것을 볼 수 있다. 부한 사람은 하나님의 복을 받은 사람이고, 고통 받는 사람은 하나님의 벌을 받았다는 결론은 합당치 않다. 예를 들면, 욥의 고통이 하나님의 벌 때문이라는 주장은 받아들이기 힘들다. 욥이 고통 당하는 것이 당연하다고 욥의 친구들이 주장하는 것을 욥기는 심하게 비평한다(욥 11:2-6, 22:4-11, 42:7). 38편은 욥기와 같이 질병과 고통과 죽음을 인간의 실상으로 보아야 할 것이다. 우리가 당하는 고통은 우리 자신의 특정한 죄 때문이 아니다. 참회의 시인 38편은 죄를 고백하고 회개하라고 촉구한다. 그러나 이러한 죄에 대한 고백과 회개는 죄 많은 세상에서 하나님께 겸손히 의존하고 살라는 초청으로 보아야 할 것이다.

38편은 우리 자신의 고통을 이해하기 위한 함축성을 내포하고 있다. 즉 다른 사람들의 고통에 호응하라는 초청이다. 11절에 나오는 "친구들, 이웃들, 가족들"은 시인에게 확실히 부정적 역할을 하는 자들이다. 하나님이 자비스러우셔서 용서하시는 분이시듯이 우리도 용서하고 자비를 베풀어야 한다는 교훈을 받는다. 그러나 이러한 교훈은 쉽게 망각한다. 많은 기독교인은 병 문제로 고통을 받는 사람을 비난할 때가 있다. 가난하고 집 없는 에이즈(Aids) 환자들을 비난하기도 한다. 그런 사람들은 고통을 받아도 좋다고 가혹하게 평하기도 한다.

이 시편은 예수님의 고통과 죽음 이야기들과는 잘 부합되지 않는다. 왜냐하면 이 시편은 고통을 죄와 관련시키기 때문이다. 예수님은 죄인이 아니었으나 인류의 죄를 위하여 십자가를 지셨다(마 26:65-68, 27:20-23, 38-40). 따라서 예수님의 십자가는 보복의 교리를 거부하는 궁극적인 상징이다. 십자가는 또한 이 시편이 확신하는 희소식을 선언한다. 하나님은 정죄하지 않으시고 구원의 희망을 품게 하신다(15절). 죄인들은 하나님을 "나의 하나님"(21절)과 "나의 구원"(22절)이라고 고백한다(22절).

시편 41편 • 하나님의 도움에 대한 확신과 치유를 위한 간청

(지휘자를 따라 부르는 노래, 다윗의 시)

41편은 주님을 경외하는, 가난하고 미련한 사람의 영적인 경험을 기록한 탄식의 노래이다. 탄원자는 병으로 오랫동안 신음하다가 주님의 도우심으로 병에서 나왔다. 구원 사건이다. 이에 시인은 감사의 노래를 부른다.

41편은 시편 제1권의 결론으로, 1편과 함께 짝을 이루어 제1권 전체가 하나라는 점을 잘 나타내고 있다. 이 두 시편(1, 4편)은 "복이 있다"라는 말로 시작하여 지복 사상을 잘 보이고 있다. 1편은 하나님의 교훈으로 시작하고, 41편은 다른 사람들을 도와야 할 필요성을 말한다. 이 두 지복은 상반되지 않고 서로 보충한다. 이렇게 시편 제I권은 하나님과 이웃을 사랑하는 사람은 행복하다고 한다. 시편 1:2와 41:11에 등장하는 같은 표현으로 이 두 시편이 또한 연결되어 있다는 것을 알 수 있다. 곧 같은 히브리어를 1:2는 "즐거워하며"라고 번역한 반면, 41:11은 "사랑하심"으로 읽었다. 시편 제1권은 주님 안에서 "즐거워" 한다는 말로 시작하고 하나님이 "즐거워" 하신다는 말로 결론을 내린다. 즉 하나님과 인간 사이의 관계가 하나임을 말한다. 인간의 관점에서 그 관계란 하나님을 신뢰하거나 그분을 피난처로 삼는 것이다. 이것이 바로 지복 사상의 주제이다(시 2:12, 34:8, 40:4). 하나님의 관점에서 그 관계는 "은혜"(4, 10절)나 '한결같은 사랑'(시 5:7, 40:10-11)이라는 말로 표현할 수 있다. 특히 시편 1권에서 하나님은 '약하고, 가난하고, 도움이 필요하고, 고통 속에 있고, 겸손하고, 온유하고, 억압받는 사람들과 같이하신다'는 것이다. 곧 하나님은 자기 자신들을 도울 수 없는 자들을 돕는다(시 3편). 이러한 신념이 41편의 탄원과 지복 사상 속에 깔려 있다. 행복한 사람은 하나님이 함께 하시는 공동체에 속한 사람이다. 즉 가난하다고 생각하는 사람들은 행복하다는 것이다. 이와 마찬가지로 "자비한 사람은 복이 있다. 하나님이 그들을 자비롭게 대하실 것이다"라고 예수님은 말씀하신다.

하나님은 고통 당하는 자를 도우신다는 신념은 보복 사상을 반대하는 것이다. 이 시인은 죄를 고백하여 자기의 병이 나을 것이라고 생각했는지도 모른다. 그러나 우리는 이 시인이 죄의 벌로 병을 앓고 있다고 결론을 내릴 수 없다(시 6, 38편).

요한복음 13:18은 유다가 예수님을 배반한 것이 41:9b를 성취한 것으로 해석한다. 그리하여 이 복음서 기자는 다른 시편(시 22, 31, 69편)과 같이 41편은 예수님의 고통을 가리키는 것으로 읽은 듯하다. 유다는 자신의 욕망을 채우려고 배반했을 것이다. 그리하여 그는 겸손하고 고통 당하는 자들을 이용하는, 곧 시편이 말하는 그 적들을 대표하는 자가 되었다. 유다의 운명이 제시하듯이 자기 자신을 죽음의 길을 여는 바가 되었다. 예수님은 충성스럽게 고통의 길을 걸었다. 그는 하나님께 그의 미래를 의존하셨고, 또 가난한 자를 위하여 사셨다. 여기서 41편이 말하는 희소식은 거부당하는 자가 최종적으로 주님 앞에 서게 된다는 것이다(시 41:12). 겸손한 자는 높임을 받는다. 십자가에 돌아가신 분은 다시 부활한다는 것이다. 이렇게 고통과 영광은 공존한다(시 13, 22편).

시편 69편 ● 핍박으로부터 구원을 구하는 기도
(지휘자를 따라 소산님에 맞추어 부르는 노래, 다윗의 시)

69편의 탄원자인 시인을 괴롭히는 그 대적들은 그를 절도 혐의로 고발한다(4절). 이에 시인은 자신의 결백을 주장한다. 그는 자신의 도둑질하지 않은 것까지 물어 주게 되었다고 한탄한다(4절). 시인은 이렇게 고발당한 상황에서 주님께 자신을 변호해 주십사 하고 청한다. 시인의 상황은 점점 더 악화된다. 고발자의 칼이 그의 목숨을 빼앗으려고 하고, 시인은 자신의 죽음이 임박했음을 느낀다. 설상가상으로 몹쓸 병까지 얻었다. 자신을 괴롭히는 병 때문에 시인은 하나님께서도 자신을 멀리하신다고 생각한다. 시인은 죽음이 임박함을 느낀다. 바로 이때 그는 하나님을 찾고 하나님께 부르짖는다(1a절). 시인은 주님 앞으로 나아가 탄원을 올린다(1b-4절). 맥캔(McCann)은 이 시편의 삶의 자리를 포로기 이후로 본다. 이스라엘 신앙 공동체가 그 당시 정황에 맞게 이 시편을 나중에 첨가하였을 것이라고 주장한다.[6]

메이스(Mays)는 69편의 신학적 명상을 다음의 일곱 사항으로 요약한다.[7] 첫째, 이 시인은 자기 자신을 하나님의 종으로 생각하며(17절), 또 낮은 자들과 동일시한다(29절). 둘째, 죄 때문에 겪는 자신의 고통은 하나님에게서 비롯된 것으로 본다(26절). 셋째, 이 시인은 하나님께서 구원해 주실 것을 믿으며 고통 속에서도 신앙심을 가지고 기다린다(1, 3, 13b, 29절). 넷째, 시인은 겸손히 기다리며 하나님의 집에서 충성을 다하여 열정적으로 기다린다(9-11절). 다섯째, 이 시인이 신앙심으로 이렇게 기다리기 때문에 멸시를 받는다(8, 10-11, 19-21절). 여섯째, 따라서 이 시인은 하나님이 받아야 할 멸시를 받고 있다(7, 9절). 마지막으로 이 시인은 고통 속에서 하나

6) J. C. McCann, *op. cit.*, 951.
7) J. L. Mays, *Psalms*, 230-233.

님의 구원을 받는 대표적 인물로 나타난다(29, 22-23절).

메이스는 이 시편의 상황을 고려하여 어떤 특정한 역사적 인물로 이 시인을 보는 것은 적절치 않다고 주장하기도 한다.[8] 그러나 이 시편을 다음의 몇몇 인물이나 그룹과 연결시켜 볼 수는 있을 것이다. 예레미야(렘 11:18-20, 15:15-18, 17:14-18에 담겨 있는 고백들), 애가 3장에서 울부짖는 사람들, 시편 44편의 고통 받는 공동체(22, 24절), 이사야 53장의 고난 받는 종 그리고 욥 등이 그 예이다. 이 구절들은 바빌론 포로의 경험을 중심으로 기록된 부분인 듯하다. 메이스는 이스라엘이 포로생활의 고통과 형벌과 심적 번민 끝에 하나님의 구원의 목적이 무엇인지 알아보기 시작했을 것이라고 결론 내린다. 그리고 69편도 바로 그 한 표본이 될 수 있다고 말한다.

기독교인들로서는 여기 등장하는 패턴(표본)을 예수 그리스도의 십자가와 비교해 볼 수 있다. 이 시편을 예언자의 예언으로 해석할 수는 없으나 예수님의 삶, 죽음과 부활의 내용으로 해석할 수도 있을 것이다. 이 시인과 같이 예수님은 충성을 다하셨기 때문에 핍박을 받았다(요 2:17, 시 69:4). 예수님은 자기 민족으로부터 비참하게 차별과 치욕을 받으시고(7, 9, 19-20절) 또한 자기 민족에 의해서 심한 형벌을 받으셨다(21절, 마 27:34). 69편은 결론 부분에서 예수님의 부활과 같은 새로운 삶의 기쁨과 약속을 묘사하는 듯하다(32절).

도움을 구하는 다른 기도들과 같이, 69편은 마지막으로 낮고 억압당하는 자들과의 하나님의 성육신적 관계를 말하고 있다. 즉 불평/탄원과 찬양으로 구성되어 있는 이러한 신앙적 내용이 종말론 전망을 갖게 한다. 하나님의 백성은 오래 참고 기다리는 삶을 사는 것이다(3, 6절). 오래 기다리는 자체가 신앙의 확신 속에서 이루어지는 것이라고 본다(30-36절). 즉 고통과 영광, 아픔과 기쁨, 십자가와 부활은 하나님의 백성으로서 분리할 수 없는 실재이다. 인간의 이러한 고통은 하나님의 궁극적 사랑과 자비의 힘으

8) J. L. Mays, *op. cit.*, 232.

로 이겨 나갈 수 있는 것이다.

시편 71편 ● 하나님의 보호와 도움을 구하는 기도

다른 시편과 비교할 때, 71편에서 시인이 처한 상황은 비교적 확실하게 나타난다. 이 시편의 배경이 되는 상황은 이 시를 이해하는 데 도움이 된다. 시인은 노인으로서 일생 동안 하나님의 도움을 받아 살아 왔다. 그는 평생에 걸쳐 많은 어려움과 고통을 경험했고, 심지어는 생명의 위협까지도 받았다. 이제는 생명을 위협하는 병으로 신음하고 있다. 그는 자기의 병이 하나님의 노하심 때문에 생긴 것이라고 생각하여 부끄러워한다. 그는 무자비한 대적들의 공격을 받고 있다. 대적들은 하나님께서 포기했다고 생각하기 때문에 시인의 생명을 하찮게 여긴다. 71편은 전형적인 도움을 구하는 탄원의 시이다. 이 시편의 흐름에는 탄원과 신뢰/찬양이 번갈아 가며 나타난다.

하나님의 의에 대한 이 시인의 태도는 하나님의 계속적 도우심을 말하는 예수님의 말씀을 회상하게 한다. 즉 "너희는 먼저 하나님의 나라와 의를 구하라. 그리하면 이 모든 것을 너희에게 더하여 주실 것이다"라는 말씀을 회상케 한다(마 6:33). 하나님의 나라를 위해 일하는 사람은 역경에 부닥칠 것이라고 예수님은 말씀하셨다(마 6:10-11). 그러나 그는 하나님의 섭리가 충분함을 신뢰하라고 가르쳤다. 이 시인은 예수님이 언급하는 신뢰의 뜻을 알고 있기에 신뢰하라고 다른 사람들에게 힘써 가르친다(17-18절). 예수님과 같이 이 시인은 역경 속에 살고 있으나(10-11절) 신뢰와 희망과 찬양으로 살아간다(5-6, 14-17, 19-24절). 신앙은 고난 중에 성장한다고 이 시편은 주장한다. 힘세고 부요한 자가 아니라 하나님께 속하여 그의 미래를 하나님께 의존하는 사람들이 하나님을 찬양한다.

이 시인이 신뢰와 희망과 충성을 증언하기 때문에 시편 71편은 예수님의 고난과 관계가 있다고 보고 전통적으로 고난 성 주간에 읽는다. 그리하여 이 시편은 하나님의 의를 선언하는 공현축일 때 사용하기도 한다(15-

19, 24절). 이 시인이 신앙생활을 하는 모습은 바로 기독교인들이 습관적으로 공현축일을 지키는 것과 같다고 할 수 있다. 이 시인이 자신의 신앙생활 속에서 어떤 특정한 순간을 기억하고 있듯이 우리도 신앙생활을 하면서 세례를 기억하고 중요시한다. 우리가 세례를 기억한다는 것은 우리가 출생할 때부터 하나님께서 우리를 자녀삼아 주시고 또한 우리는 항상 하나님께 속해 있다는 것이다(5-6절). 그러므로 출생에서 노년까지 평생토록 찬양을 소명으로 간직하는 것이 중요하다. 하나님을 찬양한다는 것은 시인과 같이 역경 중에서도 계속 찬양을 하는 것이다. 16절에 의하면 태어날 때부터 주님을 이 시인은 의지하였다는 것이다. 21절을 보면 주님께서 이 시인을 전보다 더 잘되게 해주신다는 것이다. 시인은 하나님께서 다시 위로해 주실 것이라고 믿는다(21절). 이 시편이 보여주듯이 찬양생활을 하는 것은 하나님께서 항상 새롭게 임하시고 또한 미래를 향하여 문을 열어 놓는 것이다.

시인은 나이가 많아도 새로운 것을 기대한다. 18절에 의하면, 주님의 능력을 오는 세대에 전하겠노라고 선언한다(18절). 주석가들은 이 시인이 성전 음악협회(길드)의 한 회원이었을 것으로 추측한다. 음악 전문가로 찬송을 창작하였을 것이다. 오늘 우리 삶 속에서도 이 시인과 같이 창조적 삶을 통해서 후세를 교육하는 노력이 절대적으로 필요하다. 오늘 우리는 교육 문제를 교육 전문가들에게만 맡기지 말고 여러 방법으로 우리의 신앙을 전수하여 하나님께 속한 모든 사람이 기쁜 찬양을 할 수 있도록 노력하여야 할 것이다(22-24절).

시편 86편 ● 대적들과 맞서기 위하여 도움을 구하는 기도(다윗의 기도)

86편은 시편 제3권에 속하는 시편 가운데 매우 뛰어난 개인 애가이다. 이 시편은 고라 시편(시 84-85, 87-88편) 한가운데에 위치해 있다. 편집자들이 이 시편을 고라 시편 사이에 집어넣은 이유가 있을 것 같은데, 그 이유는 확실치 않다. 시편 제3권이 포로시기와 그 이후 시기의 경험을 반영하고 있는 것을 고려할 때, 이 시편은 온 이스라엘 백성을 대표하는 개인 애가임이 틀림없이 보인다. 왜냐하면 이 시편에는 백성이 불복종하였어도 하나님이 용서해주셨다고 말하기 때문이다(출 32-34장). 86편은 다른 시편 구절뿐만 아니라 성서의 다른 구절도 언급하는 특징이 있다.

86편이 '의'라는 말을 사용하고 있지는 않으나 이 시편은 의의 본질을 설명하고 있다. 하나님께서 지향하는 방향과 교훈에 자기의 삶과 미래를 맡긴다는 것이다(2, 4, 10절). 2, 4, 10절은 모두 하나님의 의로움을 증언한다. 이러한 증언이 고통과 반대 세력에서 해방받는 삶을 보장한다(7, 14절). 반대 세력 한가운데에서도 시인은 하나님의 선하심과 자비와 충성과 사랑(5, 15절)을 알고 있다. 시인은 믿음으로 의로워진다는 것이 무엇인지 진심으로 알고 있다. 곧 하나님께 완전히 그의 미래를 의존하는 것이다. 이 시인이 자기 자신을 "주님의 종"이라고 부르는 것(2, 4, 16절)이나 또는 시인 자신의 경험(7, 14절)으로 자신이 고난 받는 종의 역할을 한다는 결론을 내린다. 그런 의미에서 시인의 경건을 통하여 우리는 하나님을 완전히 신뢰하는 예수님의 삶과 사역을 예상할 수 있다. 충성된 사람은 고통과 영광을 분리하지 않는다. 사도 바울의 간증에 의하면, 그 무엇도 하나님의 사랑에서 우리를 끊을 수 없다(롬 8:39). 여기 이 시인의 간증은 기도의 모범이라고 성서 주석가들은 평한다. 기도는 단지 하나의 언어가 아니고 하나님의 종의 특징이다.

기도는 의뢰하는 음성이다(1절).
기도는 신뢰하는 음성이다(2절).
기도는 삶에 대한 간청이 아니고 삶을 변화시키는 것이다(18-23절).
기도는 충실성을 나타내는 음성이다(11-12절).

제자들에게 기도에 대해 가르치면서 예수님은 그들의 삶을 바치라고 하셨다. 곧 "당신의 뜻을 이루소서"라고 가르치셨다. 이 시편에서 이러한 순종을 읽을 수 있다. 시인은 하나님이 세상을 통치하신다고 믿기 때문이다. 우리는 당신의 나라와 권세와 영광이 영원함을 믿기 때문에 하나님을 의뢰한다.

시편 102편 • 하나님께서 빈곤한 사람의 기도를 들으신다 (가련한 사람이 고난을 받을 때에 자신의 고민을 주님께 토로하는 기도)

102편은 도움을 요청하는 탄원과 불평에 대한 개인 기도로 시작한다(1-11절). 12절부터 갑자기 시인의 회복에 대한 희망과 확신이 나타난다(12-17절). 또한 포로생활에서의 귀환을 노래하는 기쁨이 이어진다(18-22절). 그러다가 다시 개인의 불평과 탄원이 나타난다(23-24절). 마지막에는 다시 백성의 미래에 대한 확신과 찬양이 따른다(25-28절). 102편에는 개인 기도의 요소와 공동체 기도의 요소가 섞여 있다. 그리하여 양식비평적인 접근에 문제가 생긴다. 이와 같은 맥락에서 알렌(Allen)은 이 복잡한 시편에 대하여 여러 가지 해석이 나올 수 있다고 지적한다.[9] 이 시편에서 왕은 백성을 대표하여 하나님께 탄원의 기도를 드린다. 또한 한 개인이 공동체를 대표하여 기도했을 가능성도 있다. 여러 가지 가능성 때문에 이 시편의 삶의 자리를 규명하기 힘들다. 이 시편의 특징으로 보아 이 시편은 포로기 또는 포로기 이후의 위기 상황에 처했을 때 드린 탄원기도라고 볼 수 있다.

포로생활의 고통과 후세들의 부르짖음에서 하나님의 백성이 하나님이 통치하신다는 신앙 밑에 희망과 힘을 얻는다. 102편이 교회의 다섯 번째 참회시이다(시 6, 32, 51, 102, 130, 143편). 이 시편에는 구체적인 참회는 없으나 10절에 내포되어 있다. 참회시에는 죄에 대한 참회뿐만 아니라 하나

---

9) L. C. Allen, *Psalms 101-150*, WBC 21(Waco: Word, 1983), 11.

님의 은혜에 대한 간증도 들어 있다. 이 시편이 바로 이렇게 구성되어 있다. 백성의 미래를 상징하는 시온의 미래가 하나님의 긍휼과 자비에 달려 있다는 것이다(13절).

만일 이 시편이 포로기간의 애원 혹은 포로기가 막 끝난 때의 실망으로 본다면 이러한 메시지가 강조될 수 있을 것이다. 이스라엘이 포로생활을 타당한 벌이라고 보았다면 어느 한 시점부터는 포로와 고통의 문제를 더는 중요하게 생각하지 않았을런지도 모른다(사 40:1–2). 그런 점에서 포로생활을 하나님이 행하시는 새로운 출애굽의 기회로 생각할 수 있을 것이다(사 49:8–26). 13절에서 출애굽기 34:6을 회상하는 것이 중요하다. 왜냐하면 이스라엘이 금송아지로 제사를 드리며 죄를 지은 뒤, 하나님께서 자비와 은혜를 베푸셨기 때문이다. 이스라엘이 계속 반발하여 하나님께서 그들의 죄의 짐을 져야 했기 때문이다. 곧 이스라엘이 계속 살아갔다는 것은 하나님께서 자비와 은총을 베푸셨다는 증거이다. 교회가 이스라엘의 역사를 이어 받았고 또 은혜의 증거라고 할 수 있을 것이다. 그러므로 이스라엘과 교회는 그 존재에 가치와 타당성이 있어서가 아니라 하나님의 은혜로 보존되어 온 것이다.

102편은 시온을 통하여 하나님께서 구체적인 시간과 공간 속에서 특수한 백성으로 이스라엘을 선택했다고 말한다(시 46, 48, 76, 84, 87, 122편). 예수님께서 시온이라는 상징을 교회에 이양했다고 히브리서는 언급한다(히 1:10–12). 기독교인들은 예수님의 삶, 죽음과 부활을 하나님의 통치의 궁극적 표본으로 본다. 예수님은 불변하시는 하나님의 증인이다(히 13:18, 시 102:27). 그리고 교회는 이런 예수님의 말씀 속에서 희망을 찾는다. 이것이 이 시편이 말하는 미래를 향한 약속의 말씀이다. 25절에서 시인은 "주님의 종들이 편안하게 살며 그 자손은 주님 앞에 굳건하게 서 있을 것"이라고 미래에 대하여 약속한다(28절). 우리에게 희소식은 하나님의 은혜로서 하나님의 종들이 편안하게 살 것이며 그 자손도 주님 앞에 굳건하게 서 있을 것이라는 것이다(28절).

시편 109편 ● 변호와 복수를 위한 기도(지휘자를 따라 부르는 다윗의 노래)

궁켈(Gunkel)에 따르면, 109편은 시편 중 가장 순수한 저주의 시라고 한다.[10] 많은 학자는 이 시편이 독특한 특징을 지니고 있다고 본다. 이 시편은 전형적인 개인 애가인데, 이 시편은 탄원(1a, 20-21, 26-29절)과 불평(1b-5, 22-25절)과 찬양의 맹세와 신뢰의 고백(30-31절)으로 이어진다. 브루그만(Brueggemann)은 6-19절 단락을 '증오의 노래'라고 한다.[11] 그러면 이 시편의 삶의 자리는 무엇이며 이 시인은 누구일까? 이 시인은 성전에서 재판을 받는 장면을 말한다. 성전 제사장 앞에서 재판이 진행되었던 듯하다. 여기 6-19절에 나오는 '증오의 노래'가 시인 자신의 것인지, 고발자의 말을 인용한 것인지 분명치 않다. 이 단락을 자세히 살펴보면 이 노래가 고발자의 것이라는 증거는 찾아볼 수 없다. 6-17절은 고발자들에 대하여 시인이 하는 말이라고 보는 것이 좋을 것이다.

지난 몇 년 동안 109편은 기독교 예배에서 빛을 보지 못했다. 이 시편은 또한 도덕적으로 열등하다고 평하기도 한다. 이러한 평이 재미있는 것은 많은 기독교인이 6-19절에서 시인이 표현하는 복수의 감정을 좋아하기 때문이다. 곧 이렇게 악독한 범죄자들은 형벌을 받아 마땅하다고 생각한다. 대개의 기독교인들은 살인자가 사형받는 것이 마땅하다고 생각한다. 이런 점을 생각해볼 때 이 시편은 문제가 안 되는 것 같다. 물론 많은 기독교인은 이 시인의 감정이 기독교적이 아니라고 본다. 특히 '적을 사랑하라, 다른 뺨을 내놓아라, 두 마일을 가라'는 예수님의 가르침에 의하면 기독교적이 아니라고 볼 수도 있다. 우리가 가지고 있는 도덕적 표준과 이 시인이 말하는 표준에는 이렇게 차이가 있다. 그러나 사실 우리가 좀 더 정직하면,

---

10) H. Gunkel, *The Psalms*, A Form-Critical Introduction, trans. T. M. Horner. FBBS19(Philadelphia: Fortress, 1967), 35.

11) W. Brueggemann, *op. cit.*, 83.

이 시편은 우리 자신들에 대한 느낌을 가르치고 있다고 생각할 수 있을 것이다. 우리에게는 복수하고 싶어 하는 경향이 많이 있다. 이 시편이 서술하는 점들은 우리 주변에서 흔히 찾아볼 수 있는 것들이다.

109편은 우리의 상태를 말하는 동시에 또한 우리 세상에 대해서도 말하고 있다. 이 시인은 억울하게 희생당하는 사람이다. 희생당하는 사람이 분노로 반응하는 것은 당연하다. 루이스(C. S. Lewis)는 시편 109편에 대하여 말하기를 인간 상처에 대한 자연적 결과라고 평한다.[12] 사람이 억울하게 당하면 땅을 치고 분노하기 마련이다. 즉 희생당할 때 정의를 구하는 것은 정당하다. 이 시인이 이렇게 상처입고 분노하며 하나님께 정의를 요구하는 것은 충분히 예상할 수 있는 일이다. 또 이러한 분노는 건강하다는 징조이다. 즉 이 시편은 목회 상담의 근본 원칙을 말한다. 이러한 분노는 희생자의 정당한 반응이다. 시인은 여기서 분노를 기도로 표현했고 또 하나님께 의탁했다. 21절과 27절에서 시인은 하나님께 분노를 표현한다. 이러한 분노를 기도로 표현할 때 적에게 실제로 복수하는 일이 없어질 것이다.

최종적으로 109편은 우리 자신과 우리의 세계에 대해 가르치는 동시에 하나님을 새롭게 이해하게 한다. 109편은 악과 불의와 억압을 가로막고 또 증오하라고 가르친다. 왜냐하면 하나님은 악을 증오하시기 때문이다. 이런 관점에서 볼 때 시인이 바라는 복수는 정의와 공의를 실천하는 일이다. 하나님은 인간을 희생시키기보다는 자비를 베푸실 것이다. 이 시편에는 네 번이나 '한결같은 사랑'이라는 말이 나온다(12, 16, 21, 26절). 이 시인의 적들은 하나님의 근본적 성격, '한결같은 사랑'을 이해하지 못한다. 이 시인은 '하나님의 한결같은 사랑'에 근거하여 도움을 구한다(21, 26절). 시인이 볼 때 하나님의 사랑이란 희생을 강요하는 자들에게는 심판을 뜻한다. 109편은 하나님이 누구이시고, 무엇을 뜻하시고, 우리는 무엇을 하여야 할지 가르친다.

---

12) C. S. Lewis, *Reflections on the Psalms*(NY : Harcourt, Brace, Co., 1958), 24.

그러므로 교육자인 시인은 도덕적으로 아무런 문제가 없다. 만일 그렇다면, 기도의 자료로서 이 시편을 어떻게 생각할 수 있을까? 제1세계에 사는 우리는 이 시인이 경험하는 그런 희생의 경험이 희박하다. 그렇다면 이 시편은 제3세계 사람들을 위한 기도로 볼 수 있을 것이다. 메이스(Mays)는 기도에 대해서 다음과 같이 제안한다.[13] 신앙을 유지하느라 핍박을 받는 제3세계 기독교인들이 이 시편의 기도를 사용할 수 있다는 것이다. 그리고 우리는 그들을 위해서 중재 기도를 드릴 수 있을 것이다. 사도 바울은 한 지체가 고통을 당할 때 전체가 고통을 당한다고 말한다(고전 12:26). 바울은 또한 권면하기를 서로 짐을 같이 지어야 한다고도 했다. 109편에 의하면 기도함으로써 서로 무거운 짐을 같이 지고, 고통과 억압당하는 사람들과 생명을 같이할 수 있다고 말한다. 바로 이러한 기도를 드릴 때 하나님은 우리와 같이하실 것이다(31절).

109편은 기독교가 항상 중요시해왔다. 놀랍게도 이 시편은 예수님의 고난에 관한 구절과 매우 비슷하다(시 31:18과 2절, 69:4와 3절, 69:26과 22b절, 사 53:5와 24절, 시 22:6-7과 25절). 109편과 같이 예수님의 삶과 죽음이 하나님이 가난한 자와 같이한다는 희소식을 증언한다.

2. 병든 자의 기도(시 6, 39, 62, 88편)

많은 시편은 병의 체험을 통해 창작된 시들이 있다. 고대 히브리 사상은 일반적으로 (육체적·물질적·정신적·영적인) 병과 고통을 하나님과의 관계가 파괴되어 일어난 것으로 이해했다. 욥기의 시인은 이 문제를 가지고 평생 많은 고민을 했다. 구약성서에서 질병 또는 고통은 하나님의 정죄

13) J. L. Mays, *The Lord Reigns: A Theological Handbook to the Psalms* (Louisville: Westminster John Knox, 1994), 52-53.

의 증거로 받아들였다. 지금까지 거짓 증언으로 고발당한 무죄한 사람들이 하나님의 변호를 통하여 그 고통에서 해방되고 구원을 받는 경우를 많이 본다. 다음 시편들은 병든 자의 기도를 담은 시편들이다(시 6, 39, 62, 88편).

시편 6편 ● 병으로부터 회복을 구하는 기도

(지휘자를 따라 팔연금에 맞추어 부르는 다윗의 노래)

병은 인간의 고통의 문제 중 가장 해결하기 힘든 문제이다. 특히 구약시대의 질병 문제의 심각성은, 이 징벌이 상벌 보복의 원리에 따라 하나님께서 내리시는 진노의 결과라고 보았다. 시편 6편의 시인은 육체적 병으로 신음하고 있다. 또한 기력이 다 소진한다. 그런데 문제의 심각성은 바로 이 병이 하나님의 진노로 생긴 병이라고 시인 스스로 생각한다는 데 있다. 설상가상으로 적들의 공격이 시인을 한층 더 고생스럽게 만든다. 시인은 대적들을 "악한 일을 하는 자들"이라고 부른다(8절). 시인이 점점 더 쇠약해짐에 따라 적들은 만족스러워한다(8절). 마지막으로 주님은 이 시인의 탄원과 기도를 받아주신다. 그의 원수가 다 수치를 당하고 벌벌 떨고 물러가는 것을 보았다(10절).

6편은 하나님께 인간의 고통 문제를 제기하는 동시에 또한 해결책을 제시한다. 하나님은 시인에게 공경의 대상이고 또 한편 시인의 유일한 희망이기도 하다. 만일 단지 육체적 병 때문에 기도를 드리는 것이라고 생각하면 이 시편을 해석하는 데 어려움에 빠진다. 스트레스나 병균 또는 화학적 공해나 해로운 음식을 병의 원인이라고 대부분 생각한다. 그런데 하나님이 노하셔서 병과 고통이 생겨난다고 생각한다면 잔인한 보복 사상을 강화하는 위험을 초래할 뿐이다. 부는 하나님의 혜택이고 가난과 고통은 하나님이 노하신 결과라는 것은 욥의 친구들이 내린 결론이다(욥 11:2-6, 22:4-11). 그러나 그들의 공격이 하나님과의 관계 문제라고 주장한 것이라면 현대인들에게는 교육적으로 가치가 있다. 만일 우리가 고통과 질병이 병균에서 왔다고 보면 병으로 오는 고통은 하나님의 영역에서 벗어나 있는 것으로 볼 수 있을 것이다. 6편은 이러한 입장을 거부한다. 우리는 욥의 친구들이 주장하는 보복 사상을 다시 주장하지 않아야 한다. 곧 모든 병과 고통이 다 보복 사상의 원인이라고 보는 것은 잘못된 생각이다. 6편이 말하는 질병과 고통과 죽음은 우리 인간의 한계성 때문이라고 이해하는 것이 좋을 것이다. 우리의 생명은 우리가 조정할 수 있는 것이 아니다. 인간의 삶은 하나님의 은혜와 사랑에 의존한다. 이러한 입장에서 삶과 고통과 죽음을 이해하면 해결책이 생긴다. 희소식은 이러한 어려움에도 우리를 하나님의 사랑에서 분리할 수 없다는 신앙을 우리가 가지고 있는 것이다. 이 시편이 삶을 긍정적으로 보는 것은 하나님의 은혜로 우리 생명이 유지된다고 믿기 때문이다.

시편 39편 ● 지혜와 용서를 구하는 기도
(여두둔의 지휘를 따라 부르는 다윗의 시)

39편은 38편과 같이 병든 사람이 이 시편의 주제이다(10절). 39편은 질병과 죄의 관계를 다루고 있다(8, 10-11절). 11절에 '벌하다'라는 말이 나오는데, 이 단어는 38:1의 '책망하다'라는 동사와 어근이 같다. 39편은 38편과 서로 유사한 점이 많다. 그러나 39편에는 이해하기 어려운 구절이 많다. 학자들은 이 시인의 심리 상태가 정상적이지 않기 때문에 이 시편을 해석하는 데 많은 어려움을 느낀다. 여기서 이 시인은 자기 자신의 문제를 가지고 탄원하는 것이 아니다. 인간의 일반적인 고통을 문제로 제기한다고 해도 이상한 점이 많다. 이러한 이유 때문에 학자들은 다양한 해석을 시도한다. 크레이기(Craigie)는 39편이 영적으로 성숙한 명상의 산물이라고 주장한다.[14] 그는 시인이 인간의 삶의 무상함을 잘 파악하여 죽음을 침착하게

14) P. Craigie, *Psalms 1-50*, WBC 19(Waco: Word, 1983), 310.

대면한다고 평가한다.[15] 올터(Alter)는 이 시인이 극단적 두 세계 사이를 헤맨다고 한다.[16] 시인은 절망과 희망을 동시에 느끼고 또 그 감정을 묘사한다는 것이다. 이 시인에 의하면, 인생은 참 짧으나 동시에 훌륭한 것도 많다는 것이다.

39편의 애매함과 긴장성은 오히려 신학적 명상을 하기에 좋다. 이 명상은 1-3절과 4-7절에서 내용의 흐름을 살펴보는 것으로 시작하는 것이 좋을 듯하다. 1-3절에서 시인은 도저히 입을 다물고 있을 수 없다고 말한다. 그런데 4-7절에서는 시인의 절망이 희망으로 바뀐다. 이러한 움직임은 서로 연관이 있다. 시인은 희망의 방향으로 나아간다. 곧 이 시인이 하나님과 대화를 한다는 자체가 인간의 무의미를 말한다. 사실 이 시편을 읽으면 "말하기 때문에 나는 존재한다"는 데카르트(Descartes)의 유명한 격언이 생각난다. 13절에서 시인은 죽음에 대해 이야기한다. 5절에서 나의 일생은 한낱 입김에 지나지 않는다고 고백한다. 그렇기 때문에 하나님을 향해 용기를 가지고 '내게 눈길 한 번 돌려주십시오'라고 애원하는 것이 중요하다(13절). 그런 의미에서 여기서 말의 내용보다는 이 시인이 하나님을 향해 말을 했다는 그 자체가 중요하다. 그렇기는 하지만 이 시인이 하는 말도 중요하다. 특히 애매함과 긴장성이 그렇다. 하나님의 현현이 방해가 된다고 하면서도 이 시인은 하나님 안에 희망을 표현하고 있는 것이 중요하다(7절).

8절과 12절에서 시인은 죄와 고통에 대해 하나님의 용서와 도움을 구한다. 시인은 이렇게 뒤섞어 말을 하면서 변증법적 심리를 보인다. 이 점은 신학적으로 중요하다. 욥과 같이 이 시편은 신정론의 문제를 취급하고 있다. 곧 죄와 인간의 고통과 관련하여 하나님의 정의를 논하는 것이다. 여러 어려운 문제에 부닥칠 때 인간이 하나님과 대화하는 것이 중요하다. 인간은 하나님과 대화하면서 문제에 대한 해결책을 모색한다.

---

15) *Ibid*.

16) R. Alter, *op. cit*., 69.

마지막으로 39편 시인의 확신은 허무감이 아닌 신앙 속에서 생기는 확신이다. 신약성서가 보여주듯이 세상을 살아가면서 생기는 어려운 문제들을 하나님께 의논드리는 것이 중요하다. 이 시인처럼 우리도 희망 없는 세상에서 희망을 가지고 살아야 한다. 실망 속에서도 우리는 하나님과 대화하면서 하나님의 동반자가 된다. 하나님의 동반자가 된다는 것은 창세기의 창조 이야기에서 찾아볼 수 있다. 하나님은 모든 것을 창조하신 후 인간에게 모든 피조물을 돌보는 청지기 사명을 주셨다(창 1:28). 하나님의 동반자로 인간은 하나님의 창조물을 보존하는 역할을 한다. 이 시인과 같이 우리가 여러 문제를 가지고 하나님과 대화할 때 우리는 인생을 더 높은 관점에서 바라볼 수 있을 것이다.

시편 62편 • 오직 하나님을 신뢰한다

(지휘자를 따라 여두둔에 맞추어 부르는 노래, 다윗의 시)

62편은 그 내용과 언어 선택에서 61편과 비슷한 점이 많기 때문에, 이 두 시편은 흔히 파트너 시편이라고 불린다. 예를 들면, 61:2-3에 나오는 "바위"와 "피난처"와 "견고한"과 같은 개념이 62:7에 나타나기도 한다. 그런데 62편의 내용과 이미지는 61편뿐만 아니라 63편에서도 나타난다. 이러한 배경에서 크라우스(Krause)는 61-63편이 서로 밀접하게 연관되어 있다고 지적한다.[17] 62편은 일반적으로 확신 또는 신뢰의 노래로 불린다. 62:3에 대적들에 대한 보도가 있고, 또한 4절에서 대적들의 공격에 대한 이야기가 있는 것으로 보아 이 시편을 고통 가운데서 도움을 구하는 기도로 볼 수 있다. 레슬리(Leslie)는 이 시편을 병으로 고생하는 사람의 기도로 본다.[18]

---

17) H.-J. Kraus, *Psalms 60-150*, trans. H. C. Oswald(Minneapolis: Augsburg, 1989), 8.

18) E. Leslie, *op. cit.*, 735.

시편 전체와 같이 62편 또한 종말론적 전망을 나타낸다. 이 시는 하나님의 능력과 통치를 확실히 표현한다(3-4절). 그러면서 우리의 결단을 요구한다. 다른 어느 시편보다 이 시편이 요구하는 결단은 명백하다(8-10절). 이 시편의 메시지가 고대 이스라엘에게 타당했던 것과 같이 현대인들에게도 마찬가지다. 결단의 내용은 여러 가지로 표현되어 있다. 예를 들면, "속마음"과 '신뢰'라는 표현이 8절과 10절에 반복적으로 등장한다. 또한 '그에게 너희 맘을 언제 털어 놓을 것인가'(8절)라고 하면서 결단을 촉구하기도 한다. 곧 절대적인 신뢰가 우리에게 있느냐 하는 질문이다. 누구를 또 무엇을 우리는 신뢰할 것인가? 안전하게 지켜달라고 우리는 누구에게 구할 것인가? 이런 질문들에 대해 이 시인의 대답은 분명하다. 항상 하나님을 신뢰한다는 것이다. 그러나 현대인들에게는 선택의 여지가 많다. 예를 들면, 부를 신뢰하는가? 구매력을 신뢰하는가? 마음만 먹으면 무엇이든 소유할 수 있지 않은가? 하는 등 여러 가능성을 생각하게 된다. 이 시인은 이런 현대인들의 선택을 거부할 것이다. 그 이유는 모든 것이 "입김"에 지나지 않기 때문이다(9절). 여기서 던질 수 있는 질문은 '무엇이 영원히 남느냐?' 하는 것이다. 어떤 삶이 가장 충만한 삶인가?(요 10:10-11) 이 시인의 선택은 하나님의 능력과 사랑이다. 하나님 안에서 평화를 구한다. 우리는 다음과 같은 질문을 계속한다. 무엇이 참 힘인가? 누가 정말 힘을 소유하느냐? 무엇이 평화인가? 어디서 평화를 찾고 또 구할 수 있을까? 이런 질문들을 하면서 우리는 영적으로 정말 무엇을 구하고 있는지 확인할 수 있을 것이다.

하나님의 평화는 어떤 능력으로 실현시킬 수 있을까? 우리는 결정하여야 할 것이다. 바울은 고린도교회 교인들에게 권면하기를 "내 은혜가 네게 족하다. 내 능력은 약한 데서 완전하게 된다. 그러므로 그리스도의 능력이 내게 머무르게 하기 위하여 나는 더욱더 기쁜 마음으로 내 약점들을 자랑하려고 합니다"(고후 12:9)라고 했다. 이 말씀은 평화를 가져오는 진정한 능력의 비결을 말하고 있다.

예수님은 62편처럼 우리의 결정에 대해 분명히 말씀하신다. 이 시인과 같이 예수님을 믿고 따르라고 한다. 우리는 결단하고 예수님을 따르는 것이다. 62편은 평화에 대한 대안을 제시한다. 이 시인은 평화를 신뢰와 기도 속에서 발견한다. 바울은 빌립보교회에 평화에 대한 확신을 다음과 같이 이야기한다. "사람의 헤아림을 뛰어넘는 하나님의 평화가 여러분의 마음과 생각을 그리스도 예수 안에서 지켜줄 것이다"(빌 4:7). 이 시편은 평화에 가장 큰 장애물은 재물이라고 한다(10절). 오늘날도 마찬가지이다. 이 시인의 명예와 재물은 하나님 안에 존재한다는 것이다(7절). 하나님의 주권과 통치를 믿는 신앙으로 무엇이 가장 중요한지를 결정해야 할 것이다.

시편 88편 ● 치유를 위한 병든 자의 부르짖음
(고라 자손의 찬송시, 에스라 사람 헤만의 마스길, 지휘자를 따라 마할랏르안놋에 맞추어 부르는 노래)

88편은 개인 애가인 동시에 도움을 구하는 기도이다. 이 시편은 전체가 심한 불평으로 거의 채워져 있다. 탄원은 2절에 국한되어 있고, 신뢰와 찬양은 전혀 찾아볼 수 없다. 많은 학자는 88편의 불평이 매우 심한 질병 때문이라고 생각한다. 시인은 몹쓸 병으로 죽음의 문턱에서 신음한다. 그러나 이 시편을 개인시로 이해할 필요는 없어 보인다. 이 시편은 개인 한 사람의 질병을 이야기하지만, 이것을 문자적으로 이해하기보다는 비유적으로 받아들일 수 있다. 곧 이 시편을 포로기 이후에 이스라엘 백성이 처한 곤궁한 상태를 다루는 것으로 이해할 수 있을 것이다.

88편에 나오는 시인의 정황이 여러 가지 측면에서 이사야 53장의 고난받는 종이나 욥기와 비슷한 데가 있다. 이사야 53장과 욥기와 같이 88편은 인간의 고통을 재검토하도록 촉구한다. 신학적 문제와 여러 가능성을 날카롭게 제기한다. 8절과 18절에서 시인은 하나님께서 시인의 고통과 고립을 가져왔다고 문제를 제기한다. 곧 여기서 하나님이 문제라는 것이다(6-7,

14, 16-17절). 그러나 한편 하나님은 해결하시는 분이다. 가장 어려운 순간에도 시인은 기도를 통하여 하나님과 관계를 갖고자 한다. 이렇게 이 시인의 부르짖음은 그의 깊은 곳에서 계속 울려 나온다(시 130:1).

브루그만(Brueggemann)은 이렇게 근본적인 신학 문제를 제기한다.[19] 88편이 전통적 신앙을 궁지에 몰아넣는다고 말한다. 또한 이 시편을 통하여 바라본 십자가의 의미는 완전한 포기 상태에서 충실성을 나타내는 것이다. 고린도전서 1:23에 의하면, "십자가는 유대 사람에게는 거리낌이 되고, 이방 사람에게는 어리석은 일이 된다"는 것이다. 88편은 예수님의 고통을 예고한 것은 아니다. 그러나 이 시편이 예수님의 경험들을 잘 묘사하고 있다. 십자가를 앞에 놓고 예수님의 마음은 근심으로 가득 차 있었다(3절, 막 14:33-34). 예수님의 가장 가까운 제자들도 예수님과 같이 고통에 참여하지 않고 도망갔다(8, 18절, 막 14:50). 사실 그의 가까운 제자들도 어둠 속에 있었다(18절, 막 15:33). 어둠 속에서도 하나님께 탄원한 이 시인과 같이 예수님은 계속 충실하셨고 끊임없이 희망적이었다. 완전히 포기한 상태에서 그가 부르짖은 말은 "나의 하나님, 나의 하나님"이었다(막 15:34). "나의 하나님, 나의 하나님"은 88:1과 흡사한 22:1을 인용한 것이다. 기독교인의 입장에서 이 시편은 인간의 가장 심한 고통의 순간 하나님께서 그의 사랑을 보여주신다는 것이다. 하나님은 십자가를 통해서 세상을 사랑한다는 사실을 보여주신다. 그러므로 여기서 이 시편 시인과 같이 그리스도인의 하나님은 고통 중에도 힘과 희망을 주시는 분이다.

이 시편의 과격한 성격이 우리에게는 가치 있는 신학적 자료이다. 이 시편을 읽으면 카타르시스(정화) 작용도 하지만, 그 이상의 가치가 있다. 이 시는 충실성을 나타내면서도 교육적이다. 완전히 캄캄한 상태에서도 이 시편을 읽으면 우리는 고독하지 않다. 우리는 옛 시인과 같이 서 있기 때문

---

19) W. Brueggemann, *Message of the Psalms: A Theological Commentary* (Minneapolis: Augusburg, 1984), 78, 81.

이다. 우리는 십자가에서 예수님과 같이 서 있는 것이다. 어둠에서 부르짖음은 "아, 주님은 나의 구원이시라"는 신앙 밑에 신앙 공동체가 결속하는 것이다. 삶이 죽음보다 그 뜻이 훨씬 더 크다는 신앙과 희망을 소유하는 것이다.

3. 참회의 기도(시 51, 130편)

시편의 참회의 시 가운데 51편과 130편이 있다. 특히 51편은 참회의 시 가운데 가장 큰 감동을 주는 노래다. 51편은 다른 시편들보다 죄에 대한 깊은 이해를 보여준다. 51편의 시인은 죄에 대해 민감하며, 이것을 기반으로 죄로부터의 정결과 용서에 대하여 다루고 있다. 죄를 정결함도 중요하고 또한 사회의 윤리적 정화도 중요하다. 51편은 이 두 가지 요소를 다루고 있다.

시편 51편 ● 깨끗함과 용서를 위한 기도(지휘자를 따라 부르는 다윗의 노래, 다윗이 밧세바와 정을 통한 뒤에 예언자 나단이 그를 찾아왔을 때에 뉘우치고 지은 시)

51편은 독자에게 큰 감명을 주는 참회의 시다. 죄를 진 사람의 개인 애가이다. 다른 시편들과 비교할 때, 이 시편의 시인은 죄에 대해 이해가 깊다. 시인은 병에서 회복되기를 갈망한다. 그러나 육체적인 회복보다는 용서에 대한 영적 욕망이 더 강하다. 왜냐하면 그는 자신의 육체적인 병이 그가 지은 죄 때문에 하나님이 징벌을 내리신 결과라고 보기 때문이다.

이 시편은 개인 애가, 불평 또는 도움을 구하는 기도라고 볼 수 있다. 51편이 시편 가운데 뛰어나다고 말할 수 있는 이유는, 시인이 자신의 죄 문제를 다루고 있기 때문이다. 기독교는 일곱 개의 참회시(시 6, 32, 38, 51, 102, 130, 143편) 가운데 하나로 이 시편을 선택하고 애용한다. 30편을 제외하고는 이 시편이 가장 널리 알려진 참회시이다. 학자들은 이 시편이 시편에서 가장 뛰어난 작품이라고 한다.[20] 이 시편은 신앙적으로나 신학적으로 그 통찰력의 깊이가 매우 깊기 때문에, 깊은 영적인 명상과 깨달음 없이는 이해하기 힘든 작품이다.

이 시편은 표제에 나타난 대로 죄와 죄의 용서에 초점을 맞추고 있다. 이 시편의 표제가 제시하는 대로 다윗 시대로 볼 수도 있겠지만, 대다수의 학자들은 포로기 이후의 편집자가 시편에 첨가했을 것이라는 견해가 많다. 표제어는 다윗이 밧세바를 취하고 그의 남편 우리야를 살해한 이야기(삼하 11장)와 관련된 시라고 언급한다. 나단 예언자가 다윗의 죄를 지적하자 다윗이 죄를 회개했다는 것이 그 주제이다. 그러나 이 시편은 죄를 주제로 하기보다는 하나님의 본성을 그 주제로 한다고 보는 것이 적절할 것이다(1-6절). 이 시는 하나님께 죄의 용서를 비는 탄원이다(7-12절). 죄의 용서와 회복을 위해 탄원한다(7-12절). 탄원 후 시인은 회복된 삶을 노래한다(13-15절). 또한 죄와 올바른 제사에 대한 시인의 결론적인 관찰이 나오고(16-17절), 마지막으로 후기 편집자들의 결론이 나온다(18-19절).

51편은 인간이 끊임없이 죄를 짓고 있다는 점에 우리의 눈을 돌리게 한다. 인간 역사를 보면 끊임없이 잘못된 행동으로 점철되어 있다. 수치스러운 일이 아닐 수 없다. 기독교의 역사도 마찬가지이다. 이스라엘의 역사도 잘못된 사건들로 가득 차 있다. 베스터만(Westermann)이 지적하듯 이런 면에서 출애굽기 33-34장은 전체 이스라엘 역사의 모범이 된다. 다윗 왕조부터 시작하여 그 후손 왕조의 역사도 수치스럽다. 51편도 마찬가지이다. 예수님의 제자들의 행동도 마찬가지이다(마 26:56). 바울의 서신들을 통해 보는 초대 교회의 경우도 같다(고린도전서 참고). 여러 세기를 거친 기독교 역사도 마찬가지이다. 오늘날 존재하는 여러 교파들과 교인들도 마찬가지이다. 솔직하게 말하자면 우리의 삶도 마찬가지이다. 곧 51편은 이스라엘

20) H.-J. Kraus, *Psalms 1-59*, 507; E. Leslie, *op. cit.*, 399; A. Weiser, *Psalm*, 401.

이나 다윗 또는 잘 알려지지 않은 이 시인이 아니라 우리 인간의 문제를 다루고 있다. 이 시편은 우리 자신, 가정, 교회가 누구이며 또 어떻게 살아야 하는가를 가르치고 있다. 그리고 죄가 우리 삶 속에 완전히 침투해 있음도 말해준다. 슬픈 현실이다.

그렇기 때문에 이 시편은 한층 더 돋보인다. 이 시편이 전하는 희소식은 하나님이 죄인들을 용서하고 또 회복시켜 재창조하신다는 것이다. 에스겔 예언자는 다 쓰러진 이스라엘이 회복될 것이라는 비전을 보여주었다. 다윗의 경우와 이 시인의 경우도 다시 살아날 가능성을 보여준다.

하나님의 은총이 죄보다 더 크다는 것이다. 하나님의 은총으로 불복종하는 이스라엘이 '영원한 계약'을 맺었다(사 55:3). 하나님의 은총으로 예수님의 제자들이 세상을 바꾸는 역사를 창조했다(행 17:6). 하나님의 은총으로 핍박하던 사울이 그리스도를 위하여 화해의 대사가 되었다. 하나님의 은총이 가장 힘찬 변화의 역사를 가져온다. 이것이 희소식이다.

사도 바울이 51편을 잘 알았다는 것은 놀랄 일이 없다. 바울은 로마서 3:4에서 이 시편을 인용하며 인간 죄에 대한 보편성을 주장한다. 하나님의 은총을 통해 의로움을 얻는다는 바울의 신학 사상은 이 시편의 영향을 받은 것이다(롬 3:21-31). 바울이 고린도교회에게 선포한 내용(고후 5:17-20)을 읽어보면 시편 51:10-13이 생각난다. 바울은 다음과 같이 증거한다.

> 누구든지 그리스도 안에 있으면, 그는 새로운 피조물입니다. 옛 것은 지나갔습니다. 보십시오. 새 것이 되었습니다. … 그리스도를 내세우셔서 우리를 자기와 화해하게 하시고, 또 우리에게 화해의 직분을 맡겨 주셨습니다. 그리하여 그리스도 안에서 자기와 화해하게 하신 것입니다(고후 5:17-19).

51편은 하나님과 화해하라는 부름이다. 바울의 말처럼 화해는 하나님이 용서해주시는 결과로 생겨나는 것이다. 그 결과는 새로운 피조물이 되는 것이다(10-12절). 그리하여 화해를 받은 자는 화해의 메시지를 받아 전해야 한다(13절).

51편은 하나님의 은혜로 죄인들이 의로움을 받는다는 희소식이고 선언이다. 믿음으로 의롭다는 바울의 말씀은 로마서 1-11장에 잘 표현되어 있다. 또한 바울은 다음과 같이 증거한다.

> 나는 하나님의 자비하심을 힘입어 여러분에게 권합니다. 여러분의 몸을 하나님께서 기뻐하실 거룩한 산 제물로 드리십시오. … 이 세상의 풍조를 본받지 말고, 마음을 새롭게 함으로 변화를 받아서, 하나님의 선하시고 기뻐하시고 온전하신 뜻이 무엇인지 분별하도록 하십시오(롬 12:1-2).

바울은 이 시인의 고백을 경청했을 것이다. 하나님의 자비하심으로 시인은 올바른 제사와 온전한 제물을 기쁨으로 받으실 것이라고 증언한다(17절).

이 시편이 죄의 용서와 하나님과의 화해를 증언하기 때문에 성회(聖灰) 수요일(Ash Wednesday)과 사순절(Lent)에 읽는 것이 좋을 것이다. 물론 하나님의 은총을 강하게 선포하기 때문에 모든 절기에 이 시편을 읽어도 좋을 것이다. 특히 1-5절과 10-12절은 죄를 고백할 때 많이 사용된다.

시편 130편 • 하나님의 구원을 기다림 (성전에 올라가는 순례자의 노래)

130편은 참회의 기도 양식으로 된 개인 애가이다. 이 시편의 기도는 걸작이다. 인간은 영적인 경험을 통하여 숭고하고 의미 있는 고백을 남겼다. 이 시편도 그 중 하나이다. 시인은 자신의 죄 때문에 생기는 고통을 통하여 영적으로 높은 경지에 도달한다. 시인은 "깊은 곳"이라는 표현(1절)으로 자신의 고통의 정도를 묘사한다. "깊은 곳"이라는 말로 인간이 경험할 수 있는 모든 육체적이고 정신적이고 영적인 고통을 묘사한다고 볼 수 있다. "깊은 곳"이라는 표현은 무질서의 세력이 파괴와 황폐화와 죽음으로 인간의 삶을 위협하는 것을 암시한다고 맥캔(McCann)은 주장한다.[21] 가장 절망적인 순간을 가리키는 말이다. 시인은 "깊은 곳"에서 하나님께 부르짖는다. 시인은 멀리 계실 뿐만 아니라 귀를 기울이지 않으시는 하나님께 탄원을 드린다.

130편은 여러 세기 동안 힘차게 우리에게 증거하고 있다. 죄를 정직하게 바라보면서도(3, 8절) 하나님의 은총을 깊이 신뢰하면서 드리는 고백 때문에 제5세기에 이 시편을 일곱 개의 참회시 가운데 하나로 선택했다는 사실은 이해할만하다(시 6, 32, 38, 51, 102, 130, 143편). 이 시편은 마르틴 루터(Luther)가 가장 좋아했던 시편이었다. 어떤 성인들은 130편을 암송하면서 죽음을 맞이했다고도 한다. 요한 웨슬리는 1783년 5월 24일 런던 성 바울 성당에서 130편을 노래하는 찬양을 듣고 많은 감명을 받았다고 한다. 웨슬리는 또한 130편을 올더스게잇 집회 장소에서 듣고 신앙의 확신을 경험했다고 전한다.

이 시편이 예수님의 고통을 예언했다고 주장할 수는 없으나 십자가 위에서 죽음에 직면한 예수님의 부르짖음의 깊이를 나타냈다고 볼 수 있다. 130편은 이집트에서의 부르짖음, 바빌론 포로들의 부르짖음, 십자가 위의 예수님의 부르짖음 등을 묘사하고 있다. 하나님은 사랑과 용서를 통하여 구속적 현현을 어디서나 나타내신다는 것이다.

이러한 신앙은 하나님과 우리 인간을 이해하는 데 깊은 함축성을 가지고 있다는 것이다. 인간이 깊은 곳에서 부르짖을 때 하나님은 움직이신다. 죄에 취약한 인간이 아우성칠 때 하나님은 마음을 여신다. 그러므로 인간은 그 어떤 힘으로도 하나님을 움직일 수 없고 그분이 주시는 사랑의 능력으로 움직일 수 있다. 충성스러운 삶은 주님을 기다리고 주님의 말씀을 희

21) J. C. McCann, *op. cit.*, 1204.

망하는 것이다. 하나님의 능력은 약한 데서 완전하게 되기 때문이다(고후 12:9). 우리는 믿음으로 희망을 품고 또 바울과 같이 "내가 약할 때 오히려 내가 강하기 때문이다"라고 간증한다(고후 12:10).

제11장

신뢰와 지혜의 노래

1. 신뢰의 노래(시 16, 91, 131편)

하나님을 신뢰한다고 하는 것은 모든 시편에서 일관되게 나타나는 사실이기 때문에, 모든 시편은 넓은 의미에서 신뢰의 노래라고 볼 수 있다. 하나님을 신뢰한다고 하는 것은 히브리 종교의 가장 기본적인 요소 가운데 하나이다.[1] 야웨를 신뢰하는 믿음은 아브라함에서 시작한다. 특히 야웨를 신뢰하는 주제는 이사야서도 강조한다. 이사야의 신뢰의 개념이 신약의 신학과 종교생활에도 큰 영향을 주었다. 바르트(Barth)에 따르면, 소위 '신뢰의 시편'은 '애가'의 한 부분으로 형성되었는데, 후에 독립적인 양식으로 발전되었다고 한다.[2] 곧 '신뢰의 시편'은 개인 애가의 시에서 '신뢰'를 표현하는 구절들에서 생겨났다는 것이 바르트의 주장이다.[3] 많은 시편이 신뢰와 확신의 개념을 포함하고 있다. 그러나 여기서 우리는 16, 91, 131편을 고찰

---

1) E. Leslie, *op. cit.*, 404.
2) C. Barth, *Introduction to the Psalms*, trans. R. A. Wilson(NY : Charles Scribner's Sons, 1960), 17.
3) *Ibid.*

함으로써 풍부하고 다양한 신뢰 경험을 맛보려고 한다.

시편 16편 ● 하나님에 대한 신뢰와 평안의 노래(다윗의 믹담)

16편은 진실하고 경건한 사람이 부른 신뢰의 노래이다. 시인은 죽음의 위협에 직면한다. 이때 시인은 보호해달라고 진심으로 하나님께 청한다. 시인은 이방 제사 의식에 참여하라는 압력을 받는다(3-4절). 이방 신들의 이름을 부르며, 피로 빚은 제삿술을 퍼붓는 예식에 참여하라는 것이다. 그러나 시인은 우상 숭배의 유혹을 물리치고, 하나님만을 신뢰하는 신앙을 유지한다. 시인은 주님 안에서 큰 즐거움을 얻는다. 주님을 절대적으로 신뢰하는 것만이 참 구원의 길이라는 것을 경험한다.

16편은 주제 면에서 13편과 연결되어 있다. 13편의 불평이 16편의 신뢰와 연결된다. 곧 13:1-4의 불평이 16:5-6의 신뢰와 연결되어 있다. 그러나 16편이 13편보다 더 월등한 신앙 고백으로 보기는 힘들 것이다. 13편과 16편은 모두 나름대로 정당한 신앙고백이다. 죽음의 위협을 받는 자(시 13:1-4)는 "나를 보호해 달라"고 기도드릴 수밖에 없다. 이와 달리 16편은 고통 속에서도 기쁨을 표현한다. 하나님께 완전히 삶과 미래를 바치는 자들은 고통과 영광을 분리할 수 없다. 이것이 예수님의 경험이고, 그의 제자들의 경험이었다.

이 시인은 부활 신앙을 소유하고 있지는 않았을 것이다. 그러나 베드로는 오순절에 예수님의 부활을 선언할 때 시편 16:8-11을 본문으로 사용했다(행 2:25-28). 죽음이라는 무자비한 세력에 부닥칠 때 예수님은 고통의 잔을 거둬 달라고 탄원하셨다(막 14:36, 15:34). 그러나 예수님은 이러한 어려운 상황 속에서도 하나님께 그의 삶과 미래를 완전히 맡기셨다(막 14:36). 예수님의 삶, 죽음과 부활은 16편이 증언하는 진리의 고백이다. 16편의 시인은 고통과 영광을 분리할 수 없다는 것을 발견한다. 히브리서 저자는 예수님의 십자가의 고통에 대해 다음과 같이 간증한다. "그가 자기 앞에 놓여 있는 기쁨을 내다보고서 부끄러움을 마음에 두지 않으시고, 십자가를 지고 참으셨다"고 증언한다(히 12:2).

하나님께 그의 삶을 바치는 사람은 깊은 안정(8절)과 기쁨(9a절)과 안전(9b절)을 경험한다. 죽음도 이들을 이기지 못할 것이다. 현대 우리 사회는 죽음에 대한 공포 때문에 물질적 방편을 통하여 안전과 기쁨을 성취하려고 한다. 16편은 근본적으로 다른 해결책을 제시한다. 풍부한 삶이란 우리가 우리의 힘으로 얻는 것이 아니라 하나님의 선물이라는 것이다. 이 시인과 같이 "당신은 나의 주님"(2절)이라고 고백할 때 우리는 이런 선물을 받을 수 있을 것이다. 이러한 겸손한 행동이 칭송을 받는다. 16편은 주님을 항상 우리 앞에 모시는 도전적인 자세와 하나님의 현현을 경험하는 것 그 자체가 보상이라고 말한다(요 10:1-11, 16:16-24).

시편 91편 ● 하나님의 보호에 대한 확신

91편은 고상한 신앙인의 노래이다. 이 시편은 개인을 중심으로 전개된다. 이 시인은 하나님과 관계를 잘 맺고 있다. 이 시편은 강렬하고 탁월한 개인주의적 표현으로 구성되어 있다.[4] 궁켈(Gunkel)은 이 시편이, 시편 전체에서 46편 다음으로 고상한 시편이라고 평가한다.[5] 이 시편은 여러 가지 어려운 상황과 위협 속에 살고 있는 독자에게 도움을 주는 시편이다.[6] 이 시편의 주제는 주님을 신뢰하는 자를 하나님께서 보호하신다는 것이다.

91편은 시인의 종합적이고 웅변적 신앙 고백을 매우 간략하고 또 수려

4) Herman Gunkel, *Die Psalmen: übersetzt und erklärt von Hermann Gunkel*, Gottigner Handcommentar zum Alten Testament. Abt.2, Bd.2(Göttingen: Vordenhaeck und Ruprecht, 1026), 403, 405.

5) H. Gunkel, *Einleitung in die Psalmen: die Gottungen der religiosen Lyrik Israels*(Göttingen: Vordenhaeck und Ruprecht, 1928), 391.

6) E. Leslie, *op. cit.*, 407.

하게 표현하고 있다. 그러나 이런 특징 때문에 오용할 수도 있다. 예를 들면, 많은 유대인과 기독교인들이 이 시편의 여러 구절을 부적으로 삼아 목에 달고 다니며 그 마법으로 위협을 피하려고 하였다. 11-13절에는 천사들이 그들을 보호할 것이라는 말이 나온다. 이런 식으로 시편을 잘못 이용하면 문제가 생긴다. 예수님이 사탄의 시험을 받은 것같이 우리도 시험을 받을 수 있다. 예수님은 하나님의 보호하심으로 이 시험을 물리쳤다. 마술을 부리는 부적처럼 91편을 사용하면서 위협과 위험에서 벗어날 수 있다고 생각해서는 안 된다. 이 시편을 읽으면 아무도 하나님의 사랑에서 우리를 분리할 수 없다고 하는 바울의 확고한 선언이 생각난다(롬 8:39). 예수님이나 바울은 하나님께 충성하였기 때문에 위험 속에 처하게 되었다. 예수님은 삶과 죽음과 부활을 통하여 자신을 부인하고 주님을 겸손히 신뢰하는 태도로 그 사명을 완성하셨다(2절). 이러한 신앙 태도로 살 때 하나님은 우리를 높이신다(15절).

이 시편은 전통적으로 사순절 초기에 사용한다. 사순절은 절제하면서 하나님을 신뢰하는 신앙을 나타내는 기간이다.

시편 131편 ● 신뢰의 노래(다윗의 시, 성전에 들어가는 순례자의 노래)

131편은 신뢰의 시다. 애가의 배경이 강하게 반영된다. 131편은 본래 그 기원이 개인 시편이다(1-2절). 그러나 현재 우리가 읽는 시편은 3절이 첨가됨으로써 회중 기도로 전환되었다. 1절에서 시인은 직접 하나님께 말하면서 자기의 교만한 자존심과 영적인 자만 등을 버린다. 이 시인은 이제 큰 것을 바라지 않고, 자신의 분수에 맞게 살기를 다짐한다. 한때 이 시인은 오만했으나 지금은 완전히 바뀌었다. 시인은 내적 안정을 찾았고, 영혼의 균형을 잡으려고 노력한다. 이러한 인간적 노력이 도움이 되었으나 근본적 변화는 하나님께서 하신다는 사실을 발견한다. 시인은 하나님과의 밀접한 관계 속에서 내적 변화를 느낀다.

131편은 짧지만 아름다운 시이다. 이 시편은 하나님의 속성을 이해하는 데 크게 도움이 된다. 즉 하나님은 사랑이시고 자비하시고, 위로하시는 어머니 같다는 것이다. 어머니는 어린아이를 위해 괴로움을 받기도 하고 피곤하지만, 어린아이가 어려움을 당할 때 그 어린아이를 품에 안고 다독거린다. 이 시편 시인은 그의 삶과 미래를 어린아이가 그의 어머니를 의지하듯이 하나님을 의지하고 신뢰한다(1-2절). 기독교인들은 이 시편을 읽으면서 고통당하는 인간들을 어머니가 어린아이를 품에 안는 것같이 예수께서 사랑하는 것을 상상한다(마 18:1-4, 막 9:33-37, 10:13-16).

이 시인은 무척 겸손하다. 시인은 “내가 교만한 마음을 버리고, 오만한 길에서 돌아 섰고, 너무 큰 것을 소유하려고 하지 않는다”고 간증한다(1절). 이 시편에서 하나님 앞에 여인이 평등을 경험하는 모습을 엿볼 수 있다. 예수님께서 여인들과 어린 아이들을 받아들이고 친구가 되셨다는 것은 우연이 아니다(막 9:33-37, 10:13-16, 15:40-41, 요 20:11-18). 마찬가지로 초대교회 여성들이 지도자들로 활약한 것도 우연이 아니었다(행 18:26, 롬 16:1, 고전 16:19). 내적인 해방의 경험을 통하여 이 겸손한 시인은 하나님께서 노예를 해방시키는 혁명적 희망을 또한 나타낸다. 오직 하나님만이 우리 인간의 주님이시라는 것이다. 하나님의 주권 아래 모든 인간이 해방되어 완전히 해방의 경험을 한다는 것이다. 이 시편의 시인은 해방의 경험을 통해 하나님을 찬양한다.

2. 지혜의 노래(시 37, 49, 73, 112, 128, 133, 1편)

시편에는 히브리 지혜 운동을 반영하는 여러 편의 노래가 있다. 고고학에 따르면, 지혜 운동은 이미 고대 근동, 즉 이집트, 가나안, 소아시아, 아랍 국가들, 메소포타미아 등에 일반화되어 있었다. 이 지혜 운동이 일찍이 이스라엘에 영향을 주었다. 솔로몬 왕은 지혜의 반석으로 여겨졌고, 잠언이나 전도서 같은 중요한 지혜문학은 솔로몬이 쓴 것으로 생각하였다. 비록 이스라엘의 초기 지혜운동이 야웨의 구원사와 직접적인 관계가 없다고 하더라도, 이스라엘은 그 지혜문학을 자신들의 정황에 맞게 변형시키고 발전시켰다. 잠언 9:10이 좋은 예이다. 잠언은 "주님을 경외하는 것이 지혜의 근본이다"라고 강조한다(욥 28:28, 시 111:10 등을 참고하라).

이스라엘은 지혜가 인간의 지혜에서 온 것이 아니라고 주장한다. 지혜운동이 이스라엘에서 알려지면서부터 경외를 받으시는 야웨 하나님에 대한 신앙이 지혜의 근본이라고 생각했다. 이와 함께 이스라엘의 시편 문학에서 지혜가 그 주제로 일찍이 자리를 차지해 왔다. 지혜 시편에 나타나는 지혜 운동은 두 가지 경향을 강조한다. 첫째는, 인과응보 사상이다. 세 편의 시편, 곧 37, 49, 73편이 이러한 문제를 취급한다. 지혜시의 두 번째 경향은 덕행에 대한 보상 문제이다. 하나님을 경외하는 사람은 행복과 번영과 성공을 얻게 될 것이라는 것이다. 또한 그의 가정이 행복하고 평안할 것이라는 것이다. 이 두 번째 시편들은 다음과 같다(시 112, 127, 128, 133편).

시편 37편 ● 인내와 신뢰의 교훈(다윗의 시)

37편은 그 양식과 내용으로 보아 지혜 시편이다. 이 시편은 히브리 알파벳 순서에 따라 배열되어 있다. 각 절은 두 행씩이며, 첫 행의 첫 문자가 히브리 알파벳의 순서로 나온다. 37편의 주제는 구약의 지혜문학의 한 축이라고 할 수 있는 인과응보 사상이다. 인과응보 사상에는 신정론이 등장한다. 자연적인 또는 도덕적인 악을 가능하게 하시는 하나님의 정의를 변호하기도 한다. 이 노래에서 드러나는 시인의 견해는 욥기에 등장하는 엘리바스와 빌닷과 소발의 인과응보 사상과 유사하다.

이 시의 기원은 기원전 4세기경일 것으로 추정된다. 이 시기는 에스겔 이후의 시대로 제사 법전이 유대교의 생활 지침이 되었을 때이다. 아마도 욥기 이전의 시대였을 것이다. 평신도 중심의 지혜운동이 그 후 제사장들과 성전 성가대의 독창자들이 지혜문학을 다루기 시작했다. 이로써 지혜의 노래들이 서서히 공동체 예배의식에 합류하게 되었으며, 이스라엘 회중이 많이 애용하게 되었다.

49편과 73편과 욥기 그리고 37편을 신정론이라고 한다. 이 시편은 정의의 하나님께서 어떻게 이 세상에서 악이 번성하게 놔두시느냐 하는 질문이다. 신정론은 문자 그대로 하나님의 정의를 뜻한다. 이 시편을 하나님의 정의에 대한 설교학적 연구로 생각해도 좋을 것이다. 여기서 "공의"라는 말이 6, 28, 30절에 나오는데 33절에 나오는 "선고하다"라는 말과 어근이 같다. 만일 하나님이 정의와 공의를 사랑하고 한낮에 햇살처럼 빛나게 하신다면 왜 악인들이 성하느냐 하는 질문이다(6절). 인간의 입장에서 질문하면 왜 의로운 사람이 고통을 받아야 하느냐 하는 질문이다. 물론 이 시편이 이런 질문에 만족할만한 회답을 주지 못한다. 설교학적 입장에서도 고통의 문제는 어렵고 만족할만한 해결책을 찾기 힘들다. 고통의 문제는 여러 가지로 복잡하고 또 난해한 면이 많아 해결책이 쉽지 않다. 그러나 우리는 계속 '하나님이 구원의 하나님이냐? 하나님이 도움을 줄 수 있을까?'라고 질문하게 된다.

이러한 질문에 37편은 답한다. 물론 구원은 하나님으로부터 가능하다. 주님만이 고통당하는 자들을 돕고 또 구원하신다(39-40절). 그리하여 이 시편은 신뢰하면서 희망을 품으라고 촉구한다(3, 5, 7, 9, 34절). 하나님의 뜻과 능력 하에 모든 것을 바로 세울 수 있다는 것이다. 기독교인들은 지금까지 여러 질문을 하면서 하나님의 사랑과 예수님의 고통의 구원의 역사를 통해서 그 해결책을 찾았다. 물론 37편은 예수님의 이야기를 언급하지 않는다. 그러나 하나님의 사랑과 예수님의 고통을 이 시편 속에서 읽어낼 수 있다. 예를 들면, 이 시편에서 신뢰와 선하심을 근거로 하나님의 주권을 선포한다(3, 13, 27절). "하나님의 나라가 가까이 왔으니 회개하고 복음을 믿으라"는 예수님의 근본 메시지와 그 내용이 같다. 예수님이 선포하신 하나님의 통치는 세상을 변화시키는 것이다(막 1:15). 왜냐하면 온유한 자가 땅을 차지할 것이기 때문이다(마 5:5). 하나님이 통치하시기 때문에 하나님의 의를 사모하는 자는 배부를 것이다(마 5:6). 하나님이 세상을 통치하기 때문에 세상이 줄 수 없는 평화를 누린다(요 14:27). 그렇지만 하나님이 세상을 통치한다고 해서 세상의 부를 차지하는 것은 아니다. 하나님이 세상을 통치하기 때문에 삶 속에서 충만한 복을 누리며 살 수 있다.

예수님의 일생, 곧 그분의 삶과 죽음과 부활이 보여주듯이 37편 또한 하나님께서 악에서 구하여 주시고 또 평화로운 미래를 열어주신다고 말한다(37, 40절). 예수님께서 약속하신 것을 37편도 약속한다는 것이다. 곧 예수님의 약속은 "누구든지 자기를 높이는 자는 낮아지고 자기를 낮추는 자는 높아질 것이라"는 것이다(눅 18:14).

확실한 것은 이 모든 확신과 약속은 종말론적이다. 즉 우리가 하나님 안에 산다는 확실성이다. 고통과 악에 대한 문제를 해결하는 데 우리가 이해하기 힘든 신비가 내포되어 있다. 그렇기 때문에 하나님의 통치 안에 산다는 것은 우리의 신앙적 선택이다. 우리가 하나님을 신뢰하고 선한 일을 행할 때 비로소 하나님이 이 세상을 통치하신다는 사실을 증거할 수 있다(3, 5, 27절). 하나님 안에서 피난처를 찾고 하나님을 겸손이 신뢰하고 섬길 때 우리는 땅을 차지할 것이다.

시편 49편 • 부유함을 신뢰하는 것은 허무하다
(지휘자를 따라 부르는 노래, 고라 자손의 시)

49편은 지혜시로, 개인의 품성과 그의 운명을 어떻게 규정할 수 있는가 하는 히브리 지혜를 다루고 있다. 시인은 악의 문제로 많이 고민한 것으로 보인다. 고민 끝에 시인은 결론을 내린다(1-4절). 그리고 시인이 얻은 지혜를 온 백성에게 그리고 온 세계에 전한다. 신분이 높은 사람이나 낮은 사람들을 환기시킴으로써 이 시편은 시작한다. 시인은 인생의 수수께끼를 해결할 수 있는 지혜를 가지고 있다. 4절에서 그는 수금을 타면서 수수께끼를

풀어 나간다.

10-11절과 17절에서 죽을 때에는 아무것도 가지고 가지 못한다고 한다. 우리는 물론 머리로 이 진리를 이해한다. 그러나 실제로 이것은 믿기 힘들다. 왜냐하면 우리는 수입이나 증권 또는 재산 등으로 우리의 가치성을 정의하기 때문에 이 시편의 주장을 받아들이기 힘들다. 우리의 경제 제도는 우리가 꼭 원하는 것은 가져야만 하고 또 계속 더 축척하도록 부추긴다. 우리는 생명 보험에 들면서 우리가 영원히 살 것이라는 희망 속에 산다. 따라서 이러한 소비자 중심의 경제 제도에서 이 시편의 주장은 중요하다. 누가복음 12장의 언급처럼 욕심이라는 것이 현대인들에게 문제이다. 신약성서의 어리석은 부자 이야기가 제시하듯이 제1세계에 사는 사람들에게 특히 문제가 된다(눅 12장). 49편과 같이 예수님은 어리석은 부자에 대해 말씀하시면서 '죽을 때 세상의 재물을 가지고 가지 못한다'는 진리를 가르치셨다. 49편의 교훈처럼 부자는 자기 재산 때문에 예수님을 따르지 못했다고 성서는 말한다(막 10:17-22). 부유한 율법학자와의 대화 후 예수님은 부자가 하나님의 나라에 들어가기 힘들다고 했다(막 10:25). 재산이 많은 자는 삶을 돈으로 살 수 있다고 생각한다. 한 가지 우리가 알아야 할 것은 하나님으로서는 모든 것이 가능하나 인간은 생명을 살 수 없다는 사실이다. 오직 하나님만이 겸손하게 신앙적으로 사는 사람에게 영생이 보장된다는 것이다.

삶이란 상으로 획득한다든지 소유물같이 구입하는 것이 아니다. 삶은 하나님이 주시는 선물이다. 우리가 살 수 있는 것은 하나님께서 그의 아들 예수 그리스도를 보내시어 그 대가를 치루셨기 때문에 가능한 것이다(막 10:45). 하나님의 통치에 들어가는 자들은 욕심으로 살 것이 아니라 감사함으로 확신을 가지고 살게 되는 것이다. 예수 그리스도의 죽음과 부활을 통해서 죽음의 능력보다 더 강한 하나님의 능력으로 생명을 얻는다. 하나님만이 궁극적으로 우리의 생명을 보장하신다.

시편 73편 ● 억압자들로부터 구원을 부르짖는 탄원(아삽의 노래)

73편은 시인이 평생 영적인 투쟁으로 얻은 결론으로 시작한다. 그 결론은 마음이 정직하고 정결한 사람에게 하나님께서 선을 베푸신다는 것이다(1절). 2-3절은 그러한 결론에 도달하기까지 시인에게 많은 세월이 흘렀음을 말한다. 그는 여러 가지 내적 갈등으로 한때 정직하고 정결한 신앙생활에서 벗어나기도 했다. 외적인 압력으로 확신을 잃고 참된 삶에서 벗어나기도 했다. 시인은 무슨 이유로 그러한 상태에 빠졌던 것일까? 그것은 바로 질투였다. 어떤 사람은 신을 배반했는데도 그들의 삶이 풍요로워 보였다. 그들은 자신들의 풍요함을 자랑하는데, 바로 이런 것이 이 시인의 마음을 아프게 했다(13절). 이에 시인은 깨끗하게 사는 것, 죄를 짓지 않고 사는 것이 헛된 일인가 질문하게 된다.

73편에서 시인은 궁지에 처하기도 했다(2-3절). 그는 그런 어려운 궁지에 빠지게 된 이유를 설명하는데(13-14절), 이것을 배경으로 여기서 보상과 벌에 대한 문제를 고찰한다. 이 시인은 거의 신앙을 잃는다. 왜냐하면 착한 행동이 물질적 보상을 가져올 것이라고 생각했기 때문이다. 그러나 실제는 그렇지 않았다(13-14절). 이 시인은 참된 삶과 행복과 평화는 하나님의 현현을 경험하면서 받는 영적 보상이라는 것을 알게 되었다(23-28절). 사실 충성스런 행동(1, 13절) 그 자체가 보상이라는 것을 깨달았다. 왜냐하면 개인이나 공동체 생활에서 하나님의 능력과 현현을 경험하는 그 자체가 보상이기 때문이다(25-26, 28절). 이 시인은 예수님이 선포한 행복을 벌써 알고 있었던 듯하다. 예수님은 "마음이 청결한 자는 복이 있나니, 하나님을 볼 것이다"라고 선언하셨다(마 5:8, 시 73:1, 28을 보라).

하나님의 능력과 현현의 경험은 시실 하나님을 보는 것이다. 이 시인은 충성스럽게 사는 삶이 허망한 삶이 아니라는 것을 최종적으로 깨달았다. 73편은 부활의 교리를 내포하고 있지는 않으나 기독교인인 우리는 바울이 예수 그리스도의 부활을 확신하며 한 말을 회상하게 된다. 곧 바울이 고린도교회에게 "여러분의 수고가 주님 안에서 헛되지 않습니다"라고 증언한다(고전 15:58, 시 73:13-14). 73편의 시인이 하나님의 능력과 현현을 힘차게 증언하는 모습을 보면 바울의 증언을 떠올리게 된다. 그 증언은 "우리를 우리 주 예수 그리스도 안에 있는 하나님의 사랑에서 끊을 수 없습니다"라는 확신이다(롬 8:39). 로마서 14:7-8에 나오는 사도 바울의 말씀은 73편의 정신과 증언을 집약하고 있다. 즉 그 말씀은 "우리 가운데에는 자기만을 위하여 사는 사람도 없고, 또 자기만을 위하여 죽는 사람도 없습니다. 우리는 살아도 주님을 위하여 살고, 죽어도 주님을 위하여 죽습니다"라는 바울의 증언이다(롬 14:7-8).

시편 112편 ● 의인이 받은 복

112편은 지혜문학의 영향을 받은 시편으로 히브리 알파벳 순서로 되어 있다. 이 시편은 의의 도덕성과 배상을 문제로 삼는다. 시인은 두 절(1, 2절)에서 "복"을 언급하는데, 이 복 개념은 지혜시의 특색이기도 하다. 이 시편의 기원은 제사장들과 예언자들과 현인들이 이스라엘의 신앙생활의 중추적 역할을 하던 시기이다. 현인들은 세속적 지혜에는 관심이 없고, 오직 종교적인 바탕에서 회중에게 교훈을 전하는 데 힘썼다. 지혜의 전통은 당시 성전 예배의 중요한 부분이었다.[7] 알파벳 순서로 기록된 시편은 비교적 후기의 작품이다. 제사법전이 소개된 이후 율법이 매우 중요한 역할을 할 시대이다. 이 시편은 성전 예배용으로 회중을 교육하는, 특히 젊은 사람들을 교육하는 용도로 사용되었다.

세속적 문화에서는 지혜의 개념이 충실성 개념과 상관없다. 또한 행복을 흔히 물질적 부강이나 안락한 삶과 피상적으로 연관시킨다. 111-112편들은 이러한 사고를 하는 사람들에게 새로운 가르침을 준다. 하나님의 목

7) S. Mowinckel, *Psalmstudien* IV(Kristenia: Dydwad, 1921-1924), 88.

적에 충성한다고 세상이 말하는 성공과 안전을 보장하지 못한다. 행복과 안전은 세상의 표준에서 찾는 것이 아니고 하나님을 인격적으로 만나 변화할 때 가능한 것이다. 세상의 표준과 달리 예수님은 세상적으로 볼 때 불행하고 행복하지 않다고 보나 사람들은 행복하다고 선언한다(마 5:3-11). 이러한 가르침은 물론 예수님의 하나님 통치 선언 속에서도 나타난다(마 4:17, 5:3, 10, 20, 6:33). 예수께서도 계속 반대 세력 중에서 하나님의 통치를 선언하는 종말론적 설교자였다. 반대 세력 속에서도 십자가를 통해 하나님의 주권을 드러내셨다. 그러한 태도는 물론 반문화적이면서 또 변화시키는 하나님의 능력을 증거하는 것이다. 이 시인은 하나님의 의의 특색을 이 시편을 통해 나타낸다(시 112:3b, 4, 5b, 6, 9). 이 시인은 하나님께서 보살피심으로 의인이 살아갈 때 하나님을 찬양한다고 말한다. 이 시편의 이러한 전망은 예수님의 산상보훈을 생각나게 하고 또한 바울이 자기를 닮으라고 한 말을 생각하게 한다(빌 3:17). 이러한 주장은 오만한 자의 주장이 아니고 그리스도가 내 안에 산다고 하는 주장에서 오는 것이다. 곧 이 시편 시인과 같이 바울은 하나님의 자비로 변화하여 의로운 사람으로 창조적 삶을 살아가면서 하나님의 사업에 참여한다는 것이다(롬 12:1-2). 사도 바울의 자랑거리는 자기 자신이 아니고 하나님이다(고전 1:31). 의로운 자의 삶이 변화하여 하나님을 찬양한다.

시편 127편 • 가정 안에서의 하나님의 복
(성전에 올라가는 순례자의 노래, 솔로몬의 노래)

127편은 두 개의 히브리 지혜 격언으로 구성되어 있다(1-2, 3-5절). 첫 번째 격언(1-2절)은 주님께서 주시는 복 없이 집을 짓는 것이 어리석은 일이라는 것을 강조한다. 하나님의 도우심 없이 성을 방어하는 것이 어리석은 일이다. 또한 아침 일찍부터 일어나서 저녁 늦게까지 수고하며 일하는 것도 어리석은 일이다. 자기 자신을 혹사시키며 일한다고 해도 자신이 의도했던 것을 성취하지 못할 것이며, 그뿐만 아니라 오히려 해를 불러올 것이다. 인간은 지혜롭게 행동해야 하는데, 그 지혜는 바로 하나님을 의지하는 것이다. 주님께서 복을 주시고 함께해 주셔야만 어떤 일이든 할 수 있다는 것이다.

120-134편은 순례자 시편으로 분류한다. 이 시편 중 몇 개의 시편은 노동과 가정생활과 같은 일상적인 면을 반영하기도 한다. 일상생활은 하나님의 뜻 안에 바탕을 두는 것이 특별히 중요하다. 현대인들의 꿈은 좋은 집을 가지는 것인데 그렇다고 해도 이것이 꼭 행복이고 하나님의 뜻을 성취하는 것으로 볼 수는 없을 것이다(눅 9:57-62). 범죄가 없는 좋은 동네에 산다고 해도 행복하리라는 보장은 없다. 이러한 물질적인 것은 방편에 지나지 않는다. 이 시편에 의하면 우리가 하는 일이 하나님의 목적에 맞지 않으면 모든 일이 헛될 것이다. 하나님께 의지하지 않고 자만한 태도로 나간다면 오히려 욕심을 추구하는 것밖에 안 될 것이다(시 1, 121편).

127편에 의하면, 개인의 삶과 공동체 삶에는 공통점이 있다. 주님의 몸된 교회나 비영리 단체를 설립할 때에 하나님의 통치를 원칙으로 삼지 않을 때 모든 것은 실패로 돌아갈 가능성이 많다. 127편은 교회 헌당식 때 많이 사용한다.

시편 128편 ● 신실한 사람의 행복한 가정(성전에 올라가는 순례자의 노래)

128편은 지혜의 시이다. 서론에는 복에 대한 전형적 표현이 나오고, 인과응보라는 이스라엘의 전통적인 개념이 나타난다. 이 시편은 유대교의 공중 예배와 관련이 있다. 남왕국 유다가 망한 뒤에 이 시편이 창작되었을 것이다. 남왕국 유다가 몰락하고 페르시아 점령자들이 이스라엘 공동체에 세금을 많이 요구했는데, 바로 느헤미야가 언급한 점령자들의 만행이었다(느 5:1-13).

이 시편은 장막절과 관련이 있다.[8] 이 시편은 이스라엘이 신년 축제 때 부른 노래로 시온의 행운을 강조한다. 또한 가정생활의 풍성한 복을 언급하기도 한다. 이스라엘 백성은 공중 예배 중에 주님께 이러한 복을 구했고, 또한 이러한 복을 백성에게 선포하기도 했다.

베스트만(Westermann)은 죽음에서 생명을 구하시는 하나님의 구원 활동과 인간의 일상생활에 필요한 것을 공급해 주시는 하나님의 활동을 구분한다.[9] 물론 하나님의 구원 활동 속에는 일상생활에 필요한 것을 채워주시는 것도 포함될 수 있을 것이다. 그러나 그 비중이 문제이다. 시편 128편은 매일매일 사업의 축복과 하나님의 가정에 주는 축복을 다룬다. 하나님이 내리시는 복을 보상과 벌이라는 기계적인 틀 속에서 바라보는 위험성이 있다. 물질적 축복이 필요하나 그 물질적 축복이 전체는 아니다. 영적 생활과 물질적 축복이 같이 나가야 할 것이다. 물질적 축복은 우리의 신앙적 생활과 정반대가 될 수도 있다. 시편은 이러한 경향에 저항한다.

이 시편은 또한 평화를 말한다. 우리 일상생활, 특히 가정에서 평화가 필요하다. 평화에 대하여 바울은 빌립보교회에 증언하기를 "그리하면 사람의 헤아림을 뛰어넘는 하나님의 평화가 여러분의 마음과 생각을 그리스도 예수 안에서 지켜줄 것이다"(빌 4:7)라고 했다. 하나님이 내리시는 복과 평화를 경험할 때 우리는 하나님께 먼저 감사드려야 할 것이다.

시편 133편 • 하나님의 백성이 하나 됨을 찬양

(다윗의 시, 성전에 올라가는 순례자의 노래)

133편은 지혜의 시며, 순례자의 시편(시 120-134편) 가운데 하나이다. 이 시편은 전형적인 히브리 지혜문학을 반영하는데, 아마도 포로기 이스라

8) E. Leslie, *op. cit.*, 426.

9) C. Westermann, *Elements of the Old Testament Theology*, trans. by, D. W. Stott (Atlanta : John Knox, 1982), 35-117.

엘 공동체가 직면했던 문제를 취급하는 것으로 보인다. 당시 이스라엘 공동체가 당면한 현실적인 문제는, 포로 사건으로 말미암아 통일성을 잃고 뿔뿔이 흩어진 공동체가 어떻게 안전하게 살 수 있는가 하는 것이다. 포로기 이후 유대교에서는 제사 법전이 이스라엘 사회와 종교생활의 기반이 되었다. 이 시편의 기원은 기원전 4세기 초로 보는 것이 적절할 것이다.

133편은 고대 이스라엘의 관심이었던 가정에 대한 지대한 관심을 반영하고 있다. 가정은 중요한 제도이다. 좋으나 나쁘나 가정 문제는 모든 사람에게 영향을 준다. 가정은 친밀감과 사랑을 경험하고 또 배우는 곳이다. 또한 여기서 미움과 파괴적 행위 등을 경험하기도 한다. 1절은 아주 아름다운 가정을 묘사한다. "얼마나 아름답고 즐거운가? 형제자매가 어울려서 함께 사는 일"(1절)이라고 가정의 평화스러운 모습을 묘사한다. 2-3절에 의하면 가정의 가치를 하나님과 하나님의 백성과의 관계, 곧 큰 가정 공동체 상황으로 간주하고 본다. 결과는 가정의 중요성을 상대화한다. 사회에서 가장 중요한 제도는 가정이다.

133편의 가르침과 예수님의 가르침은 같은 방향이다. 마가복음에서 예를 들면 예수님의 어머니와 형제자매가 예수님을 상봉하려 왔을 때 예수님은 말씀하시기를 "보아라 내 어머니와 형제자매들이 다 누구든지 하나님의 뜻을 행하는 사람이 곧 내 형제자매요, 어머니이다"라고 하였다(막 3:34-35). 곧 예수님에게 가정은 하나님의 백성이 다 포함되는 큰 가족제도이다(눅 11:27-28). 가족의 가치성은 개인적 가족만이 아니라 하나님의 백성이라는 대가족 공동체의 삶을 중요시하는 것이다.

133편이 묘사하는 가정은 넓은 의미에서 모든 사람을 다 포함하는 하나님의 대가족 공동체이다. 하나님의 대가족 속에서 삶의 참된 복이 흘러나온다. 전통적으로 이 시편을 성만찬과 관련시켜 읽어왔다. 성만찬은 모든 하나님의 백성이 한 식탁에 참여하는 거룩한 예배이기 대문이다. 어떤 전통에서는 133편을 기독교 결합(Christian Unity) 예배 때 사용하기도 한다. 곧 전체 하나님의 백성 공동체가 결합하여 성만찬에 참여하며 전 세계

성만찬 주일을 매년 10월 첫째 주일 거행한다. 또한 133편은 부활절에 사용하는 시편이다. 부활절은 죽음을 이기고 영원한 삶을 약속하는 절기이기 때문이다.

시편 1편 ● 삶의 두 갈래

1편은 지혜문학의 전형적인 유형인 '복이 있다'는 선언으로 시작한다. 시편에서 이러한 형태의 선언이 많이 나타난다(시 2:12, 32:1-2, 33:12, 34:8, 40:4, 41:1, 106:3, 112:1, 119:1-3). '복이 있다'라는 말이 시편에서만 25번 나오고 잠언에서도 8번 나온다.

1편은 지혜 시편 전통에 속하는 노래인데, 이 시편은 흔히 율법 시편이라고도 불린다. 지혜시는 일반적으로 예배의식과 직접적으로 관련은 없었던 것으로 보인다. 지혜시는 사람이 어떻게 참되고 바르게 살 수 있는지를 가르치는 노래로 주로 경건생활을 위한 묵상용으로 사용되었을 것이다. 지혜는 근본적으로 인간의 삶에 두 갈래 길이 있음을 전제하고, 어떤 길을 선택할 것인가를 가르치는 시편이다. 지혜로운 사람은 생명의 길을 택하여 그 길을 따라 걸어가는 반면에, 어리석은 사람은 멸망의 길을 선택한다는 것이 핵심 내용이다. 그러면 이러한 지혜의 전통의 뿌리는 무엇인가? 이스라엘의 전통적인 신앙에 따르면 참된 지혜는 인간의 머리나 인간의 사변적인 활동에서 나온 것이 아니다. 하나님으로부터 왔다는 것이다. 따라서 이스라엘의 참된 지혜는 하나님을 두려워하는 것, 야웨 하나님을 경외하는 것이다. 하나님을 두려워하는 것이 모든 지혜와 율법의 근본이라는 것이다.

1편은 복, 삶, 번영, 공의/악 등을 주제로 하고 있다. 이 시편이 언급하는 이런 요소들을 종교적으로 이해하는 것과 세속적으로 이해하는 데에는 근본적인 차이가 있다. 이 시편이 말하는 가치는 전적으로 하나님 중심이다. 그러나 오늘날 현대 인간들은 인간 중심으로 가치를 부여한다. 그리하여 현대인들에게 행복이란 자기 자신의 향락이다. 곧 삶의 목적은 자기 자신을 성취하고 번영하는 것이다. 따라서 의나 악이라는 것도 그들이 만들어낸 도덕과 법을 제대로 수행하느냐 못하느냐에 따라 결정된다. 곧 자신의 능력에 따라 모든 것이 결정된다.

1편에서 복은 자신의 삶을 즐기는 것이 아니라 하나님의 가르침을 기뻐하고 즐거워하는 것이다. 번영이라는 것도 자기가 원하는 것을 소유하는 것이 아니고 생명의 근원이신 하나님과 관계를 맺을 때 가능한 것이다. 시편 전체에 의하면, 의인은 항상 핍박과 공격을 받으나 악한 자는 번영을 누린다는 것이다(시 37:7, 73:3). 의로운 사람의 번영은 숨겨 있으나 순수한 금과 같이 가치가 있다는 것이다. 이 시편에 악한 사람에 대한 정의가 등장하는데 현대인들을 당황케 한다. 현대인은 가장 고립된 존재이다. 그들의 근본적 문제는 자기 자신에 만족할 뿐 하나님의 도움이 필요 없다고 생각하는 것이다. 성서적으로 볼 때 하나님과 다른 인간으로부터 고립된 자율적 존재라는 것이다. 자율적 존재는 결국 망하고 만다. 이 시편이 선택하라는 교훈은 고대뿐만 아니라 현대에도 타당하다. 우리가 자율적으로 우리 자신의 삶을 살든지 그렇지 않으면 하나님의 가르침에 마음을 열어 놓고 살든지 선택을 해야 한다. 연합 감리교회 장정에 기독교인들이 모든 일을 생각하고 결정할 때에는 다음의 네 조항을 명심하라고 한다. 곧 성서와 전통과 경험과 이성을 중심으로 판단하라는 것이다.

중요한 것은 독선적 생각이 아니라 하나님께 우리 전체를 바치는 것이다. 이 시편이 가르치는 삶의 선택은 예수님의 가르침과 같다. 회개하고(돌아서고) 하나님의 통치 안에 들어오라고 예수님은 초청하신다(막 1:14-15). 곧 자기 자신을 포기하고 하나님의 주권에 맡기라는 것이다(막 8:34). 이 시편과 같이 예수님은 또한 그의 제자들이 행복하고 복을 받을 것이라고 약속하셨다(마 5:3-11). 이 시편이 제안하는 것과 같이 여기서 말하는 행복은 핍박이나 고통과 상반되는 것이 아니다(마 5:10-11). 시편 1편은 의인과 악인의 길을 가르치는 동시에 하나님의 주권의 확신을 믿고 따르라고 한다.

참고문헌

Albright, W. F. *Archaeology and the Religion of Israel.* Baltimore: Johns Hopkins University Press, 1942.

_______. *From the Stone Age to Christianity.* Baltimore: John Hopkins University Press, 1940.

Allen, Leslie, C. *Psalms 101–150.* WBC 21. Waco: Word, 1983.

Alter, Robert. *The Art of Biblical Poetry.* Edingburgh: Clark, 1990.

Bellinger, W. H. Jr. *Psalms: Reading and Studying the Book of Praises.* Peabody, M. A.: Hendrickson, 1990.

Blackman, A. M. "The Myth and Ritual Pattern in Egypt," in *Myth and Ritual.* S. H. Hooke. ed. Oxford: Clarendon, 1958.

_______. "The Psalms in the Light of Egyptian Research," *The Psalmists.* D.C. Simpson. ed. London: Oxford University Press, 1926.

Bratcher, Robert G. and Wm D. Reyburn. *A Translator's Handbook on the Book of Psalms.* N.Y.: United Bible Societies, 1991.

Briggs, S. A. *A Critical Exegetical Commentary on the Psalms.* Vols. I–II. New York: Charles Scribner's Sons, 1906–1907.

Brown, F., S. R. Driver and C. A. Briggs. *A Hebrew and English Lexicon of the*

Old Testament. London: Clarendon, 1957.

Brueggemann, Walter. *Praying the Psalms*. Winona Lake, Minn.: St. Mary's, 1982.

_______. *Message of the Psalms: A Theological Commentary*. Minneapolis: Ausburg, 1984.

Butterwieser, Moses. *The Psalms Chronologically Treated with a New Translation*. Prolegomenon by Nahum M. Sarna. New York: Ktav, 1969.

Clifford, R. J. "In Zion and David A New Beginning: An Interpretation of Psalms 78," *Tradition in Transformation*. F. M. Cross. ed. Winona Lake: Eisenbrauns, 1980.

Cohen, Abraham. ed. *The Psalms: Hebrew Text & English Translation with an Introduction and Commentary*. Soncino Books of the Bible. London: Soncino, 1958.

Craigie, Peter. *Psalms 1-50*. WBC 19. Waco: Word, 1983.

_______. "Psalm 113," *Int*. 30(1980).

Dahood, M. *Psalms I-III*. Introduction, Translation, and Notes with an Appendix. Anchor Bible. New York: Doubleday & Company, 1966, 1968, 1970.

Driver, G. R. "The Psalms in the Light of Babylonian Research," *The Psalmists*. D. C. Simpson. ed. London: Oxford University Press, 1926.

Freeman, David Noel. "Other Than Moses. Who Asks (or Tells) God to Repent?," *Book Review* 1(1985).

Gestenburger, Erhard S. *Psalms*. Part I: With an Introduction to Cultic Poetry. Forms of The Old Testament Literature 14. Grand Rapids: Eerdmans, 1988.

Gillingham, S. E. *The Poems and Psalms of the Hebrew Bible*. Oxford Bible Series. Oxford: Oxford University Press, 1994.

Glueck, Nelson. *Hesed in the Bible*. Trans. Alfred Gottschalk with Introduction by Gerald Q. Larue. Cincinnati: The Hebrew Union College Press, 1967.

Gunkel, Herman. *Ausgewablte Psalmen.* 3rd ed. Göttingen: Yandenhoeck und Ruprecht, 2005.

_______. *Die Psalmen: Übersetzt und erklärt von Hermann Gunkel.* Göttinger Handkommentar zum Alten Testament. Abt. 2, Bd. 2. Göttingen: Vandenhoeck und Ruprecht, 1926.

_______. *Einleitung in die Psalmen: die Gattungen der religiosen Lyrik Israels.* Göttingen: Vandenhoeck und Ruprecht, 1928, 1933.

_______. *Geschichte des Volkes Israels.* 3. Aufl. Grundriss der Theologischen Wissenschaften. Tübingen: Mohr, 1914.

_______. *The Psalms: A Form-Critical Introduction.* trans. T. M. Horner. FBBS 19. Philadelphia: Fortress, 1967.

Guthrie, Harvey H. *Israel's Sacred Songs: A Study of Dominant Themes.* New York: Seabury, 1966.

Holladay, William I. *The Psalms Through Three Thousand Years: Prayerbook Of a Cloud of Witnesses.* Minniapolis: Fortress, 1993.

Hooke, S. H. *Essays on the Myth and Ritual of the Hebrews in Relation to the Culture Pattern of the Ancient East.* London: Oxford University Press, 1935.

Hulst, A. R. *Old Testament Translation Problems.* Leiden: E. J. Brill and United Bible Societies, 1960.

Jacob, Edmond. *Theology of the Old Testament.* trans. Artur W. Heathcote and Philip J. Allcock. New York: Harper & Brothers, 1955.

Johnson, Aubrey. *The Cultic Prophet in Ancient Israel.* 2nd ed. Gardiff: University of Walas Press, 1962.

_______. "The Psalms," *The Old Testament Modern Study.* H. H. Rowley. ed. London: Oxford University Press, 1951.

_______. "The Role of the King in the Jerusalem Cultus," *The Labyrinth.* ed. S. H. Hooke. New York: MacMillan, 1935.

Kittel, Rudolf. ed. *Biblia Hebraica.* 3rd ed. Stuttgart: Württ. Bibelanst, 1937.

Kraus, Hans-Joachim. *Psalms 1-59*. trans. H. C. Oswald. Minneapolis: Augsburg, 1988.

_______. *Psalms 60-150*. trans. H. C. Oswald. Minneapolis: Augsburg, 1989.

_______. *Theology of the Psalms*. trans. Keith Crim. Minneapolis: Augsburg, 1986.

Kselman, John S. "A Structural and Literary Study," *CBQ* 49(1984).

Leslie, Elmer. *Old Testament Religion: In the Light of its Canaanite Background On the Discussion on Ras Shamra*. New York: Abingdon-Cokesbury Press, 1936.

_______. *Poetry and Wisdom*. A Guide for Bible Readers. New York: Abingdon-Cokesbury Press, 1945.

_______. *The Psalms Translated and Interpreted in the Light of Hebrew Life and Worship*. New York: Abingdon, 1959.

_______. "Commentary on Psalms 1-72," *Abingdon Bible Commentary*. New York Abingdon-Cokesbury Press, 1929.

_______. "Introduction to the Psalms," *Abingdon Bible Commentary*. New York: Abingdon-Cokesbury Press, 1929.

Levine, Herbert J. *Sing unto God a New Song: A Contemporary Reading of the Psalms*. Bloomington: Indiana University Press, 1995.

Mays, James Luther. *The Lord Reigns: A Theological Handbook to the Psalms*. Louisville: Westminster John Knox, 1994.

_______. *Psalms*. Interpretation: A Bible Commentary for Teaching and Preaching. Louisville: John Knox Press, 1994.

McCann, J. Clinton. *The Book of Psalms: Introduction, Commentary and Reflection*. The New Interpreter's Bible. Nashville: Abingdon Press, 1996.

Miller, Patrick D. Jr. *Interpreting the Psalms*. Philadelphia: Fortress, 1986.

Moore, George Foot. *Judaism in the First Centuries of the Christian Era II*. New York: Schocken Books, 1971.

Morgenstern. "Jerusalem 485 BC," *HUCA* 27(1956): 101–179.

Mowinkel, Sigmund. *He That Cometh*. trans. G. W. Anderson. New York: Abingdon, 1954.

________. *Psalmenstudien* I–IV. Kristiania: Dybwad, 1921–1924.

________. *The Psalms in Israel's Worship*. Vols. 1–2. trans. D. R. Ap-Thomas. New York: Abingdon, 1962.

Msjie, Jorge. "Some Observations in Psalm 107," *Biblical Theology Bulletin* (1975).

Oesterley, W. O. E. *A Fresh Approach to the Psalms*. New York: Charles Scribner's Sons, 1937.

Orlinsky, Harry. ed. *The Psalms*. The Library of Biblical Studies. New York: Ktav, 1969.

Patton, J. W. *Canaanite Parallels in the Book of Psalms*. Baltimore: Johns Hopkins University Press, 1944.

Pedersen, J. *Israel, Its Life and Culture*. Vols. I–II. London: Millford, 1926.

Peterson, E. H. *Answering God: The Psalms as Tools for Prayer*. San Francisco: Harper & Row, 1989.

Pfeiffer, Robert H. *Introduction to the Old Testament*. New York: Harper & Brothers, 1941.

Pleins, J. David. *The Psalms: Songs of Tregedy, Hope and Justice*. Maryknoll, New York: Orbis, 1993.

Pritchard, James B. ed. *The Ancient Near Eastern Texts Relating to the Old Testament*. 3rd ed. With Supplement. Trans. Ferris J. Stephens. Princeton. N. J.: Princeton University Press, 1971.

Prothero, Rowland E. *The Psalms in Human Life and Experience*. New York: E.P. Dutton, 1903.

Ringgren, Franz. *Faith of Psalmists*. Philadelphia: Fortress, 1963.

Rosenthal, Franz. *A Grammar of Biblical Aramaic*. 2nd ed. Wiesbaden: Otto Harrassowitz, 1963.

Sarna, Nahum M. *Songs of the Heart: An Introduction to the Book of Psalms.* New York: Schocken, 1993.

Schmidt, Hans. *Das Gebet der Angeklagten im Alten Testament.* Beihefte zur Zeitschrift fur die Alttestamentliche Wissenschaft 49. Giessen: Topelmann, 1928.

________. *Die Psalmen.* Handbook zum Alten Testament. Tübingen: Mohr, 1934.

Smith, Mark S. *Psalms.* The Divine Journey. New York: Paulist, 1987.

Snaith, Norman H. *Studies in the Psalter.* London: Epworth, 1934.

Stoddard, Jane, T. *The Psalms for Everyday.* London: Hodder & Stoughton, 1939.

Stuhlmueller, Carroll. *Psalms I and Psalms 2.* Old Testament Message 21 and 22. Wilmington, Del.: Michael Glaxier, 1983.

________. *Psalms 2.* OT Message 22. Wilmington, Del.: Michael Hahm Glaxier, 1983.

Tate, Marvin E. *Psalms 51-100.* WBC 20. Dallas; Word, 1990.

Taylor, William R. *The Psalms.* The Interpreter's Bible IV. Nashville: Abingdon, 1955.

Weingreen, J. A. *Practical Grammar for Classical Hebrew.* 2nd ed. Oxford: Clarendon, 1959.

Weiser, Artur. *The Psalms.* trans. by H. Hartwell. OTL. Philadelphia: Westminster, 1962.

Westermann, Claus. *The Living Psalms.* trans. by J. R. Porter. Grand Rapids: Eerdmans, 1980.

Wilson, Gerald H. *The Editing of the Hebrew Psalter.* SBLDS 76. Chico. Calif.: Scholars Press, 1985.

Wright, G. Ernest. *God who Acts: Biblical Theology as Recital.* Studies in Biblical Theology. no. 8. London: SCM Press, 1969.

Zenger, Erich. *A God of Vengeance? Understanding the Psalms of Enmity.*

trans. Linda M. Maloney. Louisville: Westminster John Knox, 1995.

김정준. 『시편 명상』. 김정준 전집 5. 서울: 한국신학연구소, 1987.

함성국. "시편연구 I", 「기독교사상」(1972년 4월), 162-168.

함성국. "시편연구 II", 「기독교사상」(1972년 5월), 156-164.

함성국. "시편연구 III", 「기독교사상」(1972년 6월), 142-149.

함성국. "시편연구 IV", 「기독교사상」(1972년 7월), 154-161.

함성국. "시편연구 V", 「기독교사상」(1972년 8월), 152-159.

함성국. "시편연구 VI", 「기독교사상」(1972년 9월), 138-145.

함성국. "신뢰와 지혜의 시", 『오늘의 시편 연구』. 문희석 편. 서울: 대한기독교서회, 1974.

함성국. "우가릿 종교 원경과 시편", 『오늘의 시편 연구』. 문희석 편. 서울: 대한기독교서회, 1974.

함성국. 『시편 해석』. 서울: 대한기독교서회, 2005.

▼
▼

함성국

평양 성화신학교 본과 1년 수료
대한민국 해병대 근무(1951-56)
미국으로 유학, 웨스트 버지니아 웨슬레안 대학 문학석사(1958)
보스톤 대학교 신학석사, 신학박사(Th. D)(1962, 1970)
미 연합감리교회 목사 안수, 연합감리교회 목회(16년)
연세대학교 연합신학대학원과 신과대학, 구약신학 교수(1971-75)
러시아 연합감리교회 신학대학, 구약학, 특히 시편 강의(3년간)
미 연합감리교회 세계선교부 총무 역임, 정의·평화·통일 코리아교회 연합회 회장 역임, 재미동포전국연합회 회장 역임(1981-2004)

저서는 『세계종교』(공저, 연세대학교출판부, 1973), 『시편 해석』(대한기독교서회, 2005), 역서는 『아모스 연구』(버나드 도로구드 저, 대한기독교서회, 1973), 논문은 "우가릿 종교 원경과 시편"(문희석 편저, 『오늘의 詩篇研究』, 대한기독교서회, 1974), "시편연구 I-VI"(「기독교사상」, 1972), "What Should United Methodism Conserve, Jubilee Proclamation: Biblical Mandate for Mission"(Donald Messer, ed., *Unity and Charity Building Bridges Over Icy Waters*, Abingdon Press, 1996)